# 精英的傲慢

# *The* TYRANNY *of* MERIT

Can We Find the
Common Good?

## 好的社会
## 该如何定义成功？

(Michael J. Sandel)
[美] 迈克尔·桑德尔…………著
曾纪茂…………译
朱慧玲………审校

中信出版集团 | 北京

图书在版编目（CIP）数据

精英的傲慢：好的社会该如何定义成功？/（美）迈克尔·桑德尔著；曾纪茂译 . -- 北京：中信出版社，2021.8（2024.12重印）

书名原文：THE TYRANNY OF MERIT: Can We Find the Common Good?

ISBN 978-7-5217-3146-0

Ⅰ . ①精… Ⅱ . ①迈… ②曾… Ⅲ . ①社会学－研究 Ⅳ . ① C91

中国版本图书馆 CIP 数据核字（2021）第 098178 号



精英的傲慢——好的社会该如何定义成功？
著者：［美］迈克尔·桑德尔
译者：曾纪茂
审校：朱慧玲
出版发行：中信出版集团股份有限公司
（北京市朝阳区东三环北路 27 号嘉铭中心 邮编 100020）
承印者：北京通州皇家印刷厂

开本：787mm×1092mm 1/16　印张：21.5　字数：248 千字
版次：2021 年 8 月第 1 版　印次：2024 年12月第13次印刷
京权图字：01–2020–4757　书号：ISBN 978–7–5217–3146–0
定价：79.00 元

# 致中文版读者的几句话

我写这本书，是想要激发我的学生、中国的大学生、世界各地已经功成名就的大学毕业生，重新思考成功的意义。那些顶尖大学录取的人，还有那些找到好工作并赚了很多钱的人，都倾向于将自己的成就主要归功于自己的努力和勤奋工作。我们很容易忘记一路上帮助我们的机遇和好运。如此思维方式对身处竞争激烈的市场社会中的人来说司空见惯，在这样的社会中，取得成就的压力从一个人年幼之时就出现了，在高中和大学期间变得尤其大。例如，中国的年轻人承受着巨大的压力，为了准备参加高考，他们需要付出多年的努力补习功课和熬夜学习。

在竞争激烈的社会中取得成功的那些人开始相信，他们的成功完全是自己的功劳，因此他们理应得到成功带来的回报。他们也倾向于相信那些成就不如自己的人应该承受他们目前的境遇。

对才能和成就，以及谁应该得到高薪与社会尊重的这种思考方式，必然会损害社会团结。这种思考方式在赢家和输家之间挖掘了一条难以跨越的鸿沟，扩大了精英阶层和同胞之间的距离。这种思考方式也给赢家带来了伤害：相信命运完全掌握在自己手中会给我们带来追求成功的巨大压力——无论追求成功是为了取悦父母，还是为了取悦老师和我们自己。在美国、中国和世界各地，许多天赋很高的年轻人都受到了激烈竞争的压力的伤害。年轻人的心理健康问题日益严重，焦虑、抑郁情绪弥漫，自杀率不断上升。这本书想要探讨，我们如何才能找到理解成功的新方式，变得不那么焦虑，更宽厚、更谦逊，这种方式让我们对公共利益有更强的责任感。

很遗憾，新冠疫情让我在一段时间内无法访问中国。期待着有一天——希望这一天很快到来——我能够回到中国，继续与中国读者探讨公正、美德及成功的意义。

迈克尔·桑德尔

## A Message to Chinese Readers

I wrote this book to challenge my students, university students in China, and successful college graduates everywhere, to rethink the meaning of success. Those who win admission to top universities, or who get good jobs and make a lot of money, are tempted to believe that our achievements are due mainly to our effort and hard work. We easily forget the luck and good fortune that helped us on our way. This way of thinking is familiar in competitive market societies, in which the pressure to achieve begins at a young age and becomes especially intense during high school and college years. Consider, for example, the tremendous pressures placed upon young people as they prepare, over years of cram courses and late-night studying, to take the gaokao college entrance examination.

Those who succeed in competitive societies come to believe that their success is their own doing, and that they therefore deserve the rewards it brings; they also tend to believe that those less accomplished than themselves deserve their fate as well.

This way of thinking about merit and achievement, about who deserves high pay and social esteem, has a corrosive effect on social cohesion. It creates a deep divide between winners and losers, and widens the distance between elites and their fellow citizens. It also harms the winners: believing that our fate is in our hands creates enormous pressure to achieve—to please our parents, or teachers, and ourselves. Many gifted young people—in the U.S., China, and around the world—are harmed by these intense competitive pressures. Consider the growing mental health problems among young people, including anxiety, depression, and rising rates of suicide. This book asks how we can find a less anxious, more generous, more humble way of understanding success, one that points us toward a greater sense of responsibility for the common good.

I regret that the pandemic has prevented me from visiting China for some time. I look forward to the day, I hope soon, when I will be able to return to China to continue my conversation with Chinese readers about justice, merit, and the meaning of success.

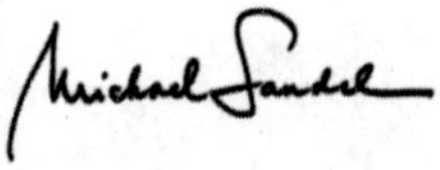

献给琦库

爱你

# 目录 CONTENTS

## 推荐序

# 优绩主义的陷阱[①]

华东师范大学政治学系教授　刘擎

2019 年，美国曝出了有史以来最严重的一起高校招生舞弊丑闻。联邦检察官在 3 月对 50 人提出指控，知名演员、商业领袖及其他富有的父母涉嫌行贿（金额从 5 万到 120 万美元不等），为子女“购买”耶鲁大学、斯坦福大学及其他名校的新生入学资格。舆论哗然，美国两党政要也纷纷对其予以谴责。[②]

公众的愤怒无须解释，因为这践踏了美国人深信不疑的“优绩主

① 此篇序言是在刘擎《2019 西方思想年度述评 · 下篇》内容的基础上，由刘擎教授本人补充修改而成的。——编者注

② Jennifer Medina, Katie Benner, and Kate Taylor, “College Admissions Scandal: Actresses, Business Leaders and Other Wealthy Parents Charged,” *The New York Times*, Mar. 13, 2019.

义”理想或“优绩制”(meritocracy)原则：社会与经济的奖赏应当依据才能、努力和成就这些“优绩”(merit)来决定。人们在机会平等的条件下公平竞争，成绩优异者获胜。因此，最好的大学应当录取成绩最出色的学生，收入最高的职位应当留给最有能力的人才。对美国人来说，这是不容挑战的理想原则。其实，不只是美国人，包括我们中国在内的大多数现代社会都认同优绩制，认为“择优录取”及“能者多得”是理所当然的公平原则。

可是，近来有学者向这种根深蒂固的观念发起了挑战。先是耶鲁大学法学院教授丹尼尔·马科维茨在新书《优绩制的陷阱》(*The Meritocracy Trap*)中评论说，人们对招生丑闻的谴责完全正当，但并没有触及深层的问题，他们只看到有人破坏游戏规则，却没有看透这个游戏本身是一个陷阱。他认为，现在“美国生活中主要的痛楚，不是因为优绩制没有得到充分落实，而是优绩制本身造成的”。优绩制根本无法兑现它许诺的公平竞争与社会阶层流动，在虚假承诺的伪装下只是一个陷阱。

哈佛大学教授迈克尔·桑德尔也加入了对优绩制的讨论。他在2018年5月发表的一篇文章中已经明确指出“优绩制的傲慢”引发了美国社会的分化，促进了民粹主义的兴起。[①] 他在2019年秋开设了一门“优绩至上论及其批评者”的本科生研讨课，并曾邀请马科维茨到课堂上与学生讨论。2020年，他出版了自己的新著作《精英的傲慢》(*The Tyranny of Merit*)。

---

① Michael Sandel, “Populism, Trump, and the future of democracy,” in openDemocracy (May 9, 2018), https://www.opendemocracy.net/en/populism-trump-and-future-of-democracy/.

桑德尔早年因其对哲学家罗尔斯正义论的批评而蜚声学界，坚持批判自由主义的个人观，被视为社群主义的代表人物之一。这部著作是其社群主义视野的最新延伸。他论证的主要观点是，优绩制造成了一种“暴政”，让社会撕裂、背离正义，也让工作丧失了尊严。

在这本书的开篇，桑德尔也提到了近年来美国大学招生录取的丑闻，但他随即表示：“大学招生录取并不是争论的唯一场合。在当代政治中，关于谁应该得到什么的辩论比比皆是。从表面上看，这些辩论关乎公平：每个人都有真正平等的机会去竞争理想的商品和社会地位吗？但我们关于价值的分歧不仅仅涉及公平。这些分歧也涉及我们如何定义成功和失败、赢和输——还关于成功者对那些不如自己成功的人应该持有什么态度。”

大学招生录取是优绩制的表现形式之一。优绩主义伦理的核心是，成功是凭借自己的努力和奋斗可以获得的东西，“英雄不问出处”，你哪怕出身贫贱，“只要努力，就能成功”，如果每个人都有平等的机会，那么成功者就应该获得奖赏。优绩主义其实本来蕴含着一种打破固定阶层、让社会流动的许诺，但现实情况是，它最终没有实现它所许诺的理想。

作为哲学家，桑德尔从道德哲学思考出发，揭示了优绩制的不公平性：影响我们成功与否的因素大都不是我们自己能决定的，例如性别、种族、地区、健康状况、天赋、家庭背景等，这些“运气”和你自己其实没有什么关系，却在很大程度上影响了你能否进入大学、能读什么样的大学，进而影响你未来的事业发展。

如果我们的命运如此深刻地依赖于我们无法选择的运气，那么我们获得的成就是我们理所当然获得的吗？桑德尔援引罗尔斯的观点，认为运气在道德上是一个“任意”的因素，因此依赖运气取得的“优绩”，并没有道德上“应得”的正当性，那么凭借“优绩”获得的社会等级也就谈不上公平。

马科维茨和桑德尔等学者对优绩制的批判主要包括以下方面。

第一，优绩制固化了社会阶层，折断了人们向上攀登的阶梯，实际上造就了新的世袭制。这是最致命的批判，因为优绩主义的道德吸引力原本就在于打破凝固的世袭阶层，让每个人都有改变自己命运的机会，凭借才能和努力向上攀登，保障《独立宣言》中的“追求幸福的权利”，这是所谓的“美国梦”的感召力所在。美国社会的现状是，精英阶层能够将优越的社会和经济地位“代际传递”给自己的子女。这当然不能依靠被废弃的世袭制度，而是通过教育。

教育本来是社会阶层流动的关键通道，但优质教育是稀缺资源，需要竞争才能获得。争夺优质教育资源是一个全球现象，在亚洲是如此（想想电视剧《天空之城》《你的孩子不是你的孩子》《小欢喜》中的情景，还有“小学不读民办，大学就读民办”之类的广告），在美国也不例外。

无数家庭卷入胶着的战场，但精英阶层最终会以压倒性的优势获胜。这突出体现在著名高校学生的家庭阶层分布。桑德尔指出，在常春藤联盟高校中，来自金字塔顶端 1% 家庭的学生比来自金字塔底层 50% 家庭的学生加起来还多。目前在贫富学生之间的学业成绩差距，已经超过 20 世纪 50 年代黑人与白人学生之间的差距。早在 20 世纪 60 年代，耶鲁大学校长小金曼·布鲁斯特就曾明确主张，学校要根据学生的成绩而不是其家庭背景来录取学生，希望由此打破精英的世袭。但他的期望落空了，因为精英阶层找到了保持优势的秘诀：通过支付高额费用，让孩子获得最好的升学训练，从幼儿园一直到高中，外加各种昂贵的课外补习班和培训项目，让他们的子女在各级入学申请中获得难以匹敌的竞争力。顶层富裕家庭对子女的教育投资是惊人的，对每个孩子的累积花费可以高达几百万甚至上千万美元，由此“维护了一个有效的世袭统治阶层”。[①]

第二，推行优绩制导致贫富差距扩大，结果瓦解了中产阶级。由于工作职位和收入水平与教育水平密切关联，可想而知，优绩制会导致精英阶层与中产阶级之间收入差距的扩大。

《纽约客》的一篇文章指出，美国曾经是全世界最主张平等主义的社会，托克维尔对此留下了深刻的印象。最富有的 1% 人口的收入在国民总收入中的占比，当时在美国不到 10%（而在英国超过了 20%），但现在上升到了 20%。

20 世纪 50 年代，美国企业高管的平均工资是普通工作者平均工资的 20 倍，而现在达到了 360 倍。[②] 贫富差异的加剧带来了美国社会结构的变化。整个中产阶级在过去半个世纪内不断衰落，小部分进入上层和精英阶层，而大部分的收入和地位不断下降（这也使中产阶级与底层人口的贫富差距相对缓和），结果形成了顶层与中下层之间严重的两极分化。一个由中产阶级占据美国主导地位的“橄榄型社会”消失了。

桑德尔认为，问题不仅仅是我们辜负了我们宣称的优绩主义原

---

① Thomas Frank, “Is Meritocracy to Blame for Our Yawning Class Divide?” *The New York Times*, Sept. 10, 2019.

② Liaquat Ahamed, “The Rich Can’t Get Richer Forever, Can They?” *The New Yorker*, August 26, 2019.

则，而是这种理想主义的思维本身就有缺陷。优绩主义侵蚀着公共利益（共同善），它导致了胜利者的傲慢和失败者的屈辱。它鼓励成功者深深沉迷于自己的成功，以至于忘掉了一路上帮助他们的时机和好运，同时也导致他们鄙薄那些比自己不幸、比自己更缺乏资格的人。结果，优绩制助长了阶级之间的对抗和怨恨，这种社会分裂的状况会侵蚀西方的公民社会和民主政治，为民粹主义的兴起提供推动力。

那么，我们该如何摆脱优绩主义的陷阱呢？桑德尔建议重新思考公民生活中的三个方面：大学的角色、工作的尊严及成功的意义。

首先，重新评估大学是否应当承担机会仲裁者的角色。大学文凭是获得有尊严的工作与体面生活的必要条件吗？在桑德尔看来，这是危险的。我们应通过建立更包容和更开放的教育体制来促进机会平等。他提出了一个创新的方案：让所有申请者在达到基本学术门槛后，通过抽签方式来录取。这种抽签录取制，不仅能让学生减轻压力，也会减少被录取学生的优越感。此外，还应把更多的注意力放在如何帮助没有文凭，但为社会做出重要贡献的人们改善生活上。

其次，我们应该更新“工作的尊严”的概念，并把它放在政治工作的中心。桑德尔认为，“一个社会表彰和奖励工作的方式是其定义公共利益的核心”。我们应该记住，工作不只是为了谋生，也是对公共利益做贡献并赢得相应的认可。我们经常假设人们的收入是他们对公共利益所做贡献的衡量，但这是一种不折不扣的误解。马丁·路德·金在被刺杀前夕给田纳西州孟菲斯罢工的清洁工人演讲时曾说：“清洁工人和医生一样重要，因为如果没有清洁工，疾病就会蔓延。所有的劳动者都有尊严。”如今的疫情更说明了这一点。它揭示了我们多么依赖那些经常被我们忽略的劳动者：快递员、维修工人、杂货店店员、卡车司机、护士助理、育儿工作者和家庭护理员等。

最后，在成功的意义方面，桑德尔提出应当重新讨论优绩的含义。他同意罗尔斯的一个观点，即优绩依赖于运气这种道德上任意的因素，然而他反对罗尔斯要在分配正义中清除优绩的看法。在桑德尔看来，分配正义可以纳入对优绩的考量，但优绩的概念本身需要重新理解，不是简单地根据市场竞争的输赢，而是要按照对公共利益的道德重要性来界定。比如，为赌徒提供赌场的经营者可能会在市场上获得更高的收益，他们的收入会比教师或者医生的更高，但他们具有更高的价值或者道德重要性吗？如何来衡量他们各自的优绩呢？当然，对于“什么是公共利益”“什么是真正的贡献”，人们会有不同的看法。但桑德尔认为，不能因为存在争议就拒绝尝试对优绩做出新的阐释。他呼吁社会开启道德甚至精神上的转变，扪心自问：“我的成就是否源自我活在一个奖励才能的社会中，而这种才能恰好是我所拥有的？还是因为我只是幸运而已？”意识到运气在生活中的作用会让我们变得谦卑。这种谦卑的精神就是我们现在需要的公民美德。它驱使我们重新定义成功的观念，为我们超越优绩制的暴政，走向一种少些怨恨、多些包容的公共生活指出了方向。

马科维茨与桑德尔对优绩制的批判揭示了严重的不平等对社会造成的巨大危害，引人深思，催人警醒。当然，他们的批评论述也引发了一些争议。比如，追究优绩制导致不平等的责任或许错置了指控的对象，因为优绩主义从未承诺结果的平等，促进机会平等和阶层流动在逻辑上无法提升结果的平等性。杜克大学荣休教授约翰·斯达顿在网刊 *Quillette* 发表的评论中指出，即便在一个极端理想的机会平等环境中，天赋才能的差异仍然会在竞争中产生等级差别，无论竞争的目标是什么。[1]

当然，严格的机会平等必须矫正不平等的起点，可以通过补偿措施“拉直”扭曲的起跑线。但在每一次比赛的起跑线之前，还存在更早的起跑线，而补偿的要求总是可以正当地向更早的阶段延伸——从大学录取延伸到幼儿园入学，一直追溯到遗传天赋这类道德上任意的运气因素，这会走向类似“运气均等主义”的道路，主张“敏于抱负，钝于天赋”。但我们很可能会发现，“抱负”和“努力”等品性也仍然与遗传有关，那么彻底的补偿措施只能走向（被我们姑且称为）“基因平等主义”的绝境，否则严格的机会平等仍然无法实现。

改变竞争的目标也只能更换获胜的人群而不是等级结构本身，在狩猎时代可能是体力（身强力壮）的等级，而在今天的信息技术时代可能是数学才能的等级。硅谷的程序员和公司的装卸工在 500 年前的等级地位可能正好相反。但用一种等级来取代另一种终究也无法达成平等的结果。

显然，竞争是优绩主义的界定性特征，即便是公平的竞争，也只会造成等级差异。我们崇尚优绩制并不是出于平等的理由，而是因为自由与效率。作为一种社会组织原则，优绩制有其无可替代的长处：最有效地发掘、选拔和使用社会最需要的人力资源，以效益最大化的方式使整个社会受益。“优绩”的确立当然取决于特定社会的功能需求，其内涵会随文化和时代而变化。但无论是骑马射箭、吟诗作画还是工程设计，一旦被确立为“优绩”，就会成为竞赛的目标，最终让特定的擅长者胜出。

---

① John Staddon, “The Meritocracy Trap: A Review.”

桑德尔并不认同运气均等主义及其分配正义的解决方案。他的批判指向了当前美国社会的目标定位——经济政策的唯一目标是提高GDP（国内生产总值）的年增长率，但这并不是美国的一贯传统，而是到第二次世界大战和凯恩斯主义经济学兴起之后才得以确立的。对GDP的痴迷并不是"道德上中立"的，因此将市场竞争、经济增长与收益分配作为最高的社会与政治议程是有待质疑和反思的。为此，桑德尔提出"贡献正义"的概念，这关乎人们赢得社会的承认与尊重的机会，而这种承认与尊重总是伴随着为他人所需之物和珍视之事做出的贡献。他指出，从亚里士多德、美国共和主义传统到黑格尔和天主教的社会教义，都曾有丰富的贡献正义的学说，其基本理念是："当我们为公共利益做出贡献，并因所做贡献而赢得同胞尊重的时候，我们是最完整的人。"按照这种传统，人类最基本的需求是"被那些与我们共同生活的人需要"，而工作的尊严在于满足这一需求。如果这意味着过一种美好的生活，那么把消费当作经济活动的唯一目的就是错误的。

由此看来，优绩主义的霸权源自资本主义经济的竞争逻辑和效率最大化原则，这造成了当代西方社会新的危机。但西方社会的传统不止崇尚单一的资本主义逻辑。对优绩制的讨论将重返政治理论家持久争论的难题：如何应对个人权利与公共利益之间、自由与平等之间、效率与公平之间、资本主义经济与宪政民主政治之间存在的内在张力？寻求两者调和的努力实际上贯穿于整个现代历史。当今西方社会再次陷入平衡失调的困境。这个教训告诫人们：优绩主义无法单独应对平等与自由之间的紧张，在这两种核心的现代价值之间，我们无法二择其一。

# 序 PROLOGUE

2020 年，新冠病毒大流行之际，美国像其他许多国家一样，没有做好准备。尽管公共卫生专家在那之前一年已就全球病毒蔓延的风险发出警告，甚至当 2020 年 1 月中国已经在与疫情抗争之时，美国仍缺乏实施大规模检测以控制疫情的能力。随着疫情的蔓延，这个世界上最富裕的国家发现自己甚至无法提供医生和护士治疗大量感染者所需的医用口罩和其他防护装备。各州政府和医院发现他们自己在相互竞标，以购买检测工具包和救生呼吸机。

准备不足的背后有多种原因。首先，时任总统特朗普无视公共卫生顾问的警告，在关键的几周里对这场危机不予重视，并在当年 2 月底坚称："一切都在我们的掌控之中……我们干得很棒……它会消失的。"[1] 其次，美国疾病控制与预防中心（CDC）最初发放的检测试剂盒有缺陷，却迟迟没有找到解决办法。最后，几十年来，美国公司大举实施外包，导致美国在医用口罩和医疗设备的生产方面几乎完全依赖中国和其他国外制造商。[2]

但除了后勤没有准备好，美国在道德上也没有为新冠病毒大流行做好准备。危机爆发前的那几年，经济、文化和政治已经严重分裂。几十年来，美国社会的不平等不断加剧，不同文化之间的怨恨不断加深，这直接引发了民粹主义者在2016年的愤怒反抗，并最终导致特朗普成功当选总统。虽然特朗普在上任不久后就遭到弹劾，但最终他并没有被免职，并一直任职至本书出版之时，最后特朗普不得不面对“9·11”事件以来美国遭遇的最严重的危机。然而，随着病毒的扩散，党派之间的分歧持续存在：很少有共和党人（只有7%）相信新闻媒体发布的关于新冠病毒的信息，也很少有民主党人（只有4%）相信特朗普提供的信息。[3]

在党派敌视和相互猜忌中，新冠疫情到来了。抵抗疫情要求社会团结起来，这种团结只有在战争时期才能实现。世界各地的人被恳求——在许多情况下被限令——保持社交距离，放弃工作，待在家里。那些无法远程工作的人面临减薪和失业的威胁。新冠病毒对老年人的威胁最大，但也可能感染年轻人，即使是那些安然无恙的人，也时刻担心着自己的祖父母和父母。

从道义上讲，新冠病毒大流行提醒我们注意自己的脆弱和我们对彼此的依赖：“我们都在一起。”政府官员和广告商本能地想到了这个口号。但口号所唤起的团结是基于恐惧的团结，是对感染病毒的恐惧，这种恐惧要求保持社交距离。我们需要保持社交距离，遵守自我隔离的约束，以此展现我们团结一致地共同面对人类的脆弱性。

在新冠病毒大流行的背景下，团结和分离相伴而行合情合理。英勇的医护人员和现场急救人员需要亲自在场帮助患者；零售店的收银员和送货员冒着健康危险，为那些在家中避难的人送去食物和生活用品。除了他们，我们大多数人都被告知，保护他人的最好方法是与其保持距离。

但是，以分离的方式来实现团结存在矛盾，这样的道德悖论凸显了“我们都在一起”这句承诺的空洞。共同体意识要扎根于相互承担义务和共同承受牺牲的持续实践中，以分离的方式实现团结无法体现这样的共同体意识。恰恰相反，这一口号出现在几乎前所未有的不平等的时代和党派相互憎恨的时代。同样，市场驱动的全球化导致美国无法在国内生产医用口罩和药物，也剥夺了众多劳动人民的高薪工作和社会尊严。

与此同时，那些从全球市场、供应链和资本流动中获得丰厚经济回报的人，不管是作为生产者还是作为消费者，对本国公民的依赖程度都越来越低。他们的经济前景和身份认同不再依赖于当地社区或本国社群。随着全球化的赢家脱身远离输家，他们也在以自己的方式践行着社交距离。

全球化的赢家解释说，重要的政治分歧不再是左派对右派，而是开放对封闭。在开放的世界里，成功取决于教育，取决于让自己具备在全球经济领域竞争和取胜的能力。这意味着各国政府必须确保每个人都有平等的机会获得对成功来说必不可少的教育，但这也意味着那些登上顶峰的人开始相信他们的成功是自己应得的。而且，如果机会真正平等，这就意味着那些落后的人也理应承受这样的命运。

这种看待成功的方式让人很难相信“我们都在一起”。这样看待成功，让赢家断定他们的成功是靠自己取得的，而让输家感觉那些高高在上的人在用轻蔑的眼神俯视自己。这有助于解释为什么那些被全球化抛在后面的人会充满愤怒和怨恨，以及为什么他们会被独裁式的民粹主义者吸引——民粹主义者严厉谴责精英并承诺以复仇的方式重新确立国家边界。

现在，正是这样一些政客，对专业科学知识和全球合作满怀提防之心，却被迫承担与这种流行病做斗争的任务。这并不容易。把社会动员起来应对我们面临的全球公共卫生危机，不仅需要医学和科学专业知识，还需要道德和政治上的革新。

推动特朗普上台的那种由傲慢和怨恨混合而成的毒药，不太可能带来我们现在所需要的团结。要想革新美国的道德和公民生活，就必须理解，在过去的 40 年里，美国的社会纽带和人们对彼此的尊重是如何瓦解的。本书试图解释这一现象是如何产生的，并思考美国应该开辟一条什么样的道路，以通往符合公共利益的政治。

2020 年 4 月

马萨诸塞州布鲁克林

# 引言

# INTRODUCTION: Getting In

## 走进大学校园

2019 年 3 月，美国的高中毕业生在等待大学申请的录取结果时，联邦检察官发布了一条令人震惊的消息。联邦检察官指控 33 名富有的父母参与了精心策划的作弊方案，以让他们的孩子被名牌大学录取，这些大学包括耶鲁大学、斯坦福大学、乔治敦大学和南加州大学。[1]

这场骗局的核心人物是无良的大学入学咨询顾问威廉·辛格，他开办了一家专门为焦虑且富有的父母提供服务的公司。辛格的公司专门利用竞争激烈的大学招生制度赢利，因为近几十年来，就读精英大学已成为通往成功和声望的主要途径。对于渴望拥有顶尖大学所需的亮眼的学业证书的学生，辛格设计了不道德的变通办法——付钱给 SAT（美国高中毕业生学术能力水平考试）和 ACT（美国大学入学考试）等标准化考试的监考人员，以修改考生答题卡的方式提高成绩，或者贿赂高校教练，让教练把申请人指定为学校招募的运动员，即使这些学生并不从事这项运动。辛格甚至伪造运动员证书，用修图工具把申请人的脸修到真实运动员的照片上。

辛格的非法招生服务并不便宜。一家著名律师事务所的主任为他的女儿支付了 75 000 美元，让她去一家考试中心参加大学入学考试，辛格付钱给这场考试的监考员，确保该生获得她需要的分数。有个家庭向辛格支付了 120 万美元，以使耶鲁大学以足球专业新生的名义录取他们的女儿，尽管她并不踢足球。辛格用其中 40 万美元贿赂了愿意配合的耶鲁大学足球教练，而后者也遭到起诉。一位电视女演员和她身为时装设计师的丈夫支付给辛格 50 万美元，让他们的两个女儿作为虚假招募的皮划艇队队员进入南加州大学。另一位涉案的名人是因出演电视剧《绝望主妇》而出名的女演员菲丽西提·霍夫曼，不知何故，她得到了大幅优惠，辛格只向她收取了 1.5 万美元，就搞定了她女儿的 SAT。[2]

在 8 年的大学招生舞弊中，辛格总共获利 2 500 万美元。

招生丑闻引发了广泛的愤怒情绪。在这个两极分化的时代，美国人几乎很难在任何事情上达成一致，但招生丑闻引发的愤怒跨越了政治派系，同时得到了各方大量报道，遭到广泛谴责——从福克斯新闻到微软全国广播公司节目、从《华尔街日报》到《纽约时报》，所有人都认为用行贿和作弊的手段获得名牌大学的录取资格应该受到谴责。但公众表达的愤怒不仅限于对享有特权的父母采取非法手段帮助孩子进入名牌大学这一件事，还有更深的指向。这桩标志性的丑闻，以人们难以言明的方式提出了更尖锐的问题，即谁会成功，以及为什么会成功。

愤怒的表达不可避免地带有政治色彩。特朗普的代理人在推特和福克斯新闻上嘲讽陷入这个骗局的好莱坞自由主义者。“看看这些人是谁。”总统的儿媳劳拉·特朗普在福克斯电视台说，“好莱坞的精英、自由派的精英总是在谈论人人平等，以及每个人都应该得到公平的机会，而到头来最大的伪善竟是：他们填写支票，弄虚作假，让自己的孩子进入这些学校——这些名额其实应该给那些真正有能力得到它们的孩子。”[3]

就自由主义者而言，他们认可这一骗局剥夺了有资格的孩子应得的位置，但自由主义者认为这一丑闻是关于更普遍的不公正的公开例证：财富和特权在大学录取中有着重要作用，即使这不涉及非法行为。在宣布起诉时，联邦检察官宣布了他所认可的原则：“不能有专为富人而设的大学招生制度。”[4]但社论和发布评论的人很快指出，在大学招生录取中，金钱通常都在起作用，最明显的是，许多美国大学对校友和大额捐赠人的子女给予特别考虑。

特朗普的支持者想要把招生丑闻归咎于自由派精英，自由主义者则援引公开报道反击：总统的女婿贾里德·库什纳尽管成绩平平，但仍被哈佛大学录取，因为他的父亲——一位富有的房地产开发商——向哈佛大学捐赠了 250 万美元。据报道，特朗普本人在他的孩子小唐纳德和伊万卡就读于宾夕法尼亚大学沃顿商学院期间，向该校捐赠了 150 万美元。[5]

## 大学招生录取的道德准则

辛格是这个招生骗局的主谋，他承认一份大礼有时会让勉强合格的申请人走通“后门”。他还钻营出了被他称为“侧门”的技巧，“侧门”方案性价比更高。他告诉客户，标准的“后门”手段与他的舞弊方案相比要多花 10 倍的钱，录取的把握还没有那么大。给大学一份大礼并不能确保录取，他采用贿赂和伪造考试成绩的旁门左道却可以。“我的客户想要得到保证。”他解释说。[6]

尽管“后门”和“侧门”的录取通知都可以用金钱买到，但这两种入校模式在道德上迥然有别。一方面，后门是合法的，而侧门不合法。联邦检察官说得很清楚：“我们不是在谈论捐赠一栋建筑，这样学校更有可能接收你的子女；我们谈论的是欺骗和舞弊、伪造考试成绩、伪造体育证书、伪造照片、贿赂大学行政人员。”[7]

在起诉辛格、他的客户和受贿的教练时，联邦调查局并没有宣称大学不能出售新生的名额，他们只是在打击舞弊案件。撇开合法与否不谈，“后门”和“侧门”在这个问题上完全不同：当家长依靠大笔捐款买下孩子的入学资格时，这笔钱就会进入大学，大学可以用它改善为所有学生提供的教育。在辛格的案件中，资金流向了第三方，因此对大学本身几乎没有任何帮助。（至少辛格贿赂的教练之一——斯坦福大学的帆船教练，显然在用贿赂支持帆船项目。其他人则把钱装进了自己的口袋。）

然而，从公平的角度来看，“后门”和“侧门”很难区分。这两种方式都给了富裕家庭的孩子优势，他们得以录取，取代了更优秀的申请人。这两种方式都允许金钱凌驾于成绩之上。

基于成绩的录取决定了“前门”的门槛。正如辛格所说：“‘前门’意味着你要自己进去。”这种录取模式是大多数人所认为的公正模式，申请人是否被录取应取决于自己的成绩，而不是父母的钱。

当然，在实践中，事情并非那么简单。金钱不仅悬停在“后门”门口，也盘旋在“前门”之上。衡量成绩的标准很难与经济优势分开。像 SAT 这样的标准化考试本身就是为了衡量成绩，有利于来自普通家庭的学生展示自己的智力潜能。但实际上，SAT 分数与家庭收入密切相关。学生的家庭越富裕，他可能得到的分数就越高。[8]

富有的父母不仅让自己的孩子参加 SAT 预备课程，还聘请私人招生顾问为他们的大学申请书润色，让他们参加舞蹈课和音乐课，并让他们练习击剑、壁球、高尔夫、网球、赛艇、长曲棍球和帆船等精英体育项目，以便他们更容易获得加入大学运动队的资格。这些都是富有、勤勉的父母用来为自己的子女争取入学资格的昂贵手段。

然后还有学费。除了少数几所富裕到可以不考虑学生支付能力而录取学生的大学，与那些需要经济资助的学生相比，不需要经济资助的学生更有可能被录取。[9]

考虑到这一切，常春藤联盟高校超过 2/3 的学生来自收入排名前 20% 的家庭也就不足为奇了；在普林斯顿大学和耶鲁大学，来自全美国前 1% 富裕家庭的学生比来自收入居于全美国后 60% 的家庭的学生还多。[10] 这种令人难以想象的机会不平等，一部分是由于余荫录取[①]和大额捐赠人的赞助（“后门”），另一部分是由于富裕家庭在推动孩子通过“前门”方面有优势。

批评人士指出，这类不平等表明高等教育并不像它所宣称的那样秉承优绩至上。从这个角度来看，大学招生丑闻是更广泛的、普遍不公平的令人震惊的实例，大学招生录取制度阻碍了高等教育践行自己

① 优先录取直系家族成员是校友的申请人，这项政策就叫余荫录取。——译者注

所宣称的优绩至上原则。

那些认为作弊丑闻极大地背离了招生准则的人，与那些认为这种背离在大学招生中已经无处不在的人，尽管存在分歧，但都认可同一个前提：大学招生录取应该依据学生的能力和天赋，而不是基于与学生能力和天赋无关的因素。换句话说，他们一致认同录取应该以成绩为基础。他们也同意——至少是默认，那些凭成绩被录取的人是堂堂正正地赢得录取资格的，因此理应得到录取所带来的好处。

如果这种熟悉的观点是正确的，那么优绩至上的问题不在于原则，而在于我们没有遵守原则。保守派和自由派之间的政治争论证实了这一点。我们的公共辩论不是关于优绩至上本身，而是关于如何实现优绩至上。例如，保守派认为，把种族或民族作为录取因素的平权法案[①]政策是对择优录取的背叛；自由派则为平权法案辩护，认为这是纠正持续存在的不公平的方式，并认为只有在特权阶层和弱势群体之间营造公平的竞争环境，才能实现真正的优绩至上。

但这场辩论忽略了一种可能性，即优绩至上的问题存在于更深层次。

再想想招生丑闻，大多数人的愤怒集中在作弊和不公平上，然而同样令人不安的是促成作弊行为的心态。在这桩丑闻的背后隐藏着一个假设——就读精英大学是备受追捧的奖励。对于这一假设，现在人们已经觉得理所当然，几乎没有人再去留心。这桩丑闻如此引人注

① 平权法案最早出现在肯尼迪总统于 1961 年签署的行政命令中，本来是为了禁止政府在招聘和政策的执行中针对特定种族与某些信仰等的歧视行为，后来进一步发展为在教育、就业、住房事务上给予历史上受到歧视的种族优待的政策。——译者注

目，不仅因为丑闻牵涉名人和私募股权巨头，还因为他们想要买通的渠道存在广泛的需求，是人们狂热追求的目标。

为什么会这样？为什么有权有势的父母会为了让自己的孩子进入精英大学而大肆造假？或者，在没有欺诈的情况下，为什么这些父母会花费数万美元聘请私人招生顾问，让孩子参加考试辅导课程，以增加孩子的机会，把孩子的高中时光变成充满压力的 AP 课程（美国大学预修课程）、简历建设和奋斗？为什么精英大学的录取在我们的社会中显得如此重要，以至于联邦调查局会投入大量执法资源追查这场骗局，以至于从起诉到对罪犯的判决，有关这起案件的新闻会占据数月的新闻头条和吸引公众关注？

这种对名牌大学录取的痴迷源于近几十年来日益加剧的不平等，这种痴迷反映了这样一个事实，即谁进入哪里利害攸关。当最富有的 10% 的人与其他人的差距越拉越大时，进入名牌大学的利益就增加了。50 年前，申请上大学并不像现在这样令人焦虑。只有不到五分之一的美国人上了四年制大学，而那些上了四年制大学的人往往选择的是离家近的学校。大学排名也不像今天这么重要。[11]

但随着不平等的加剧，以及有大学文凭和没有大学文凭的人之间的收入差距逐渐拉大，大学变得越来越重要。选择上哪所大学也是如此。如今，学生们通常会选择自己可能录取得上的招生最严格的大学。[12] 父母的养育方式也发生了变化，尤其是在专业人士阶层。随着收入差距的扩大，对地位阶层下滑的恐惧也在加剧。为了避免这种危险，父母们开始高度介入孩子们的生活——规划他们的时间，监督他们的成绩确保不落下，指导他们参加各种活动发展特长，为他们申请大学所需要的各种素养、资格做筹划。[13]

这种专横的直升机式育儿并非从天而降。这种反应是对不平等加剧的焦虑，但又是可以理解的，富有的父母希望自己的后代免受中产阶级生活不稳定的影响。名牌大学的学位已经成为那些寻求阶层上升的人向上流动的主要工具，也是那些希望留在舒适阶层的人防止向下流动的最可靠的堡垒。正是这种心态，导致惊慌失措、地位优越的父母参与大学招生骗局。

但经济焦虑并不是问题的全部。不仅仅是要对冲向下流动的可能性，辛格的客户还买了别的东西——不那么容易看见但更有价值的东西：让他们的孩子在名校里获得一席之地，也是在为孩子购买名校精英的光环。

## 为成功竞价

在不平等的社会里，顶层的人愿意相信自己的成功在道德上是合理的。在优绩至上的社会里，这意味着成功者必须相信他们的成功全是靠自己的才能和努力得来的。

矛盾的是，这正是作弊的父母想要给孩子的礼物。如果他们真正关心的是让自己的孩子过上富足的生活，那他们只需要给孩子设立信托基金就可以了，但他们想要的是别的东西——名牌大学录取所带来的精英声望。

当辛格解释说“前门”意味着“你自己凭能力进去”时，他明白这一点。他的作弊方案是退而求其次。当然，依靠 SAT 作弊或体育特长证书造假得以录取并不是“你自己有能耐”。这就是为什么大多数父母对他们的孩子隐瞒自己的阴谋诡计。只有在非法进入方式没有给人发现的情况下，从“侧门”进入与从“前门”进入才享有同样的荣誉。没有人会骄傲地宣布：“我被斯坦福大学录取了，因为我的父母贿赂了帆船教练。”

这与靠成绩录取之间的反差是显而易见的。那些以合法的身份被录取的人对自己的成就感到自豪，并认为他们是靠自己的力量进入大学的。这在某种程度上是一种误导，因为虽然被知名大学录取反映了他们的全身心投入和勤奋努力，但并不能说这完全归功于他们自己，那些帮助过他们的父母和老师呢？那些并非完全由他们造就的天赋和才能呢？在培养和奖励他们碰巧拥有的才能的社会中生活的好运呢？

那些靠努力和天赋在竞争激烈的优绩至上社会中获胜的人，在某种程度上也有所亏欠，这种亏欠给竞争遮蔽了。随着优绩至上原则的强化，奋斗如此吸引我们，以至于这种亏欠从我们的视野中消失了。即使是公正的优绩至上的社会，没有舞弊、没有贿赂、没有富人拥有特权，也会给人错误的印象——我们是靠自己取得成功的。精英大学的申请人需要付出多年的艰苦努力，这几乎让他们完全相信成功是自己的功劳，如果他们达不到要求，那他们只能怪自己。

这对年轻人来说是沉重的负担，也是对公民情感的腐蚀。因为我们越是认为自己是白手起家、自给自足的，就越难学会感恩和谦卑。而没有感恩和谦卑，我们就很难关心公共利益。

大学招生录取并不是人们争论的唯一事项。在当代政治中，关于谁应该得到什么的辩论比比皆是。从表面上看，这些辩论关乎公平：每个人都有真正平等的机会去竞争理想的商品和社会地位吗？

我们关于价值的分歧不仅仅涉及公平，也涉及我们如何定义成功和失败、赢和输——还关于成功者对那些不如自己成功的人应该持什么态度。这些都是会引发强烈情感反应的问题，我们想要避免这些问题，直到我们不得不直面它们。

要想超越我们这个时代的两极分化政治，我们需要重新认识“优绩”。在最近几十年里，优绩的含义是如何被重新定义的？优绩的新含义侵蚀了工作的尊严，让许多人觉得精英瞧不起自己。全球化的赢家是否有理由相信他们已经获得了成功，因此这份成功是他们应得的？或者，这是精英阶层存在的自高自大的问题吗？

在对精英的愤怒把民主推向悬崖边缘的时候，关于优绩的问题具有特殊的紧迫性。我们需要问一问，修复脆弱的政治的办法是更坚定地按照优绩至上的原则生活，还是应该在把人按才能分类及拼命奋斗谋生之外寻求公共利益？

# 1

# WINNERS AND LOSERS

# 赢家与输家

精英阶层的傲慢反映了成功人士倾向于过度沉醉在自己的成功中，而不记得有助于他们成功的时机和好运。

美国民主已屡陷危机！排外情绪日益高涨，独裁式政客威胁到民主规范的极限，公众却支持此类人物，在诸如此类的现象中，危险已清晰可见。这些趋势本身就令人不安，同样令人担忧的是，主流政党和政治家几乎没有表现出他们对搅动世界各地政治的不满情绪的理解。

一些人谴责民粹主义、民族主义的高涨，认为这不过是针对移民和多元文化的种族主义和仇外反应。另一些人则主要从经济角度来看，认为这是在抗议全球贸易和新技术带来的失业问题。

但只看到民粹主义抗议中的偏执，或只把这些视为经济层面的怨恨，都是不对的。就像英国脱欧得到民众支持一样，特朗普在2016年当选总统体现了对几十年来不断加剧的不平等和全球化的愤怒声讨。

这种全球化让顶层人士受益，但让普通公民感到自身权力遭受了剥夺。这也是对技术官僚治国方法的谴责，那些感到经济和文化的列车已经把自己抛下的人在高声呼喊，而技术官僚对这些呼声充耳不闻。

残酷的现实是，特朗普是凭借挖掘焦虑、沮丧和合理不满的源泉当选的，而主流政党对这些问题的回应不能让人信服。类似的困境也困扰着欧洲各民主国家。在对再次赢得公众支持重燃希望之前，这些政党必须重新思考自己的使命和目的。要做到这一点，主流政党应该从民粹主义对他们的抗议中吸取教训：不是去复制其仇外心理和咄咄逼人的民族主义，而是要认真对待与这些丑陋情绪纠缠在一起的怨恨。

思考应该从此开始：认识到这些不满不仅是经济上的，也是道德和文化上的；这些不满不仅关乎薪水和工作，也关乎社会尊严。

主流政党和执政精英发现自己成了民粹主义者抗议的目标，他们很难理解这是怎么回事。他们通常从两个角度诊断这些怨恨情绪：这些怨恨要么是针对移民、少数种族和少数民族的敌意，要么是对全球化和技术变革的焦虑。但这两种诊断都忽略了一些重要的东西。

## 诊断民粹主义的怨恨

第一种诊断认为，民粹主义者对精英的愤怒主要是对日益增长的种族、民族和性别多元化的反击。习惯于在社会等级制度中占主导地位的白人男性工人阶级选民支持特朗普，他们预感他们将在自己的国家成为少数群体、在自己的土地上成为陌生人，这一发展趋势让他们感受到了威胁。他们觉得自己比妇女或少数种族更容易成为被歧视的受害者，他们感受到了“政治正确”公共话语的压迫。这种对社会地位受损的诊断，凸显了民粹主义情绪的丑陋特征——特朗普和其他民族主义民粹主义者所表达的排外主义、厌女症和种族主义。

第二种诊断将工人阶级的怨恨归因于全球化和科技的快速变化所造成的困惑和混乱。在新的经济秩序中，工作与终身职业联系在一起的想法已经过时，现在重要的是创新、灵活性、创业精神和不断学习新技能的意愿。但是根据这一解读，许多工人对重塑自我的要求感到恼怒，因为他们曾经从事的工作被外包给了低工资国家或被分配给了机器人。他们似乎梦想回到过去稳定的社区和事业。面对全球化和技术的无情力量，这些工人感到无所适从，他们猛烈抨击移民、自由贸易和统治精英。这些工人的愤怒给人误导了，因为他们没有意识到自己是在对抗像天气一样不可改变的力量。他们的焦虑最好通过职业培训计划和其他措施来消除，以帮助他们适应全球和技术变革的需要。

两种诊断都包含了真实的元素，但两者都没有给民粹主义应有的地位。将民粹主义抗议解释为恶意的或错误的，就免除了统治精英的责任——他们创造了侵蚀工作尊严的条件，让许多人感到不受尊重并认为自身权力遭受了剥夺。近几十年来劳动人民的经济和文化地位的下降并不是不可阻挡的力量的结果，而是主流政党和精英统治方式的结果。

特朗普和民粹主义者支持的其他独裁者对民主规范构成威胁，那些精英现在对此感到震惊，也理应感到震惊。但他们没有认识到自己在激起民愤、导致民粹主义反弹中所扮演的角色，他们没有注意到我们正在目睹的动荡是对历史性政治失败的政治反应。

## 技术官僚治国与亲市场的全球化

这一失败的核心是主流政党在过去 40 年中构想和实施全球化的方式。全球化的实施在两个方面助长了民粹主义者的抗议：一是构想公共利益的技术官僚方式，二是用优绩至上的方式界定赢家和输家。

技术官僚对政治的理解与对市场的信仰紧密相连——后者倒不一定是不受约束的、自由放任的资本主义，而是一种更广泛的信念，即市场机制是实现公共利益的主要工具。从某种意义来说，这样思考政治的方式是技术官僚的，因为这种思考方式把公共话语争论中的实质性道德内涵掏空了，把意识形态上有争议的问题当作技术专家处理范围内的经济效率问题来对待。

不难看出技术官僚对市场的信仰是如何为民粹主义者的不满搭建舞台的。市场驱动的全球化模式造成了日益严重的不平等，还贬低了国家身份和政治忠诚的价值。随着商品和资本跨国界自由流动，那些站在全球经济之上的人将世界主义身份视为进步、开明的选择，以替代狭隘的保护主义、部落主义和冲突。他们认为，真正的政治分歧不再是左派对右派，而是开放对封闭的。这意味着对外包、自由贸易协定和不受限制的资本流动的批评是封闭的心态而不是开放的，是部落式的心态而不是面向全球的。[1]

与此同时，技术官僚的治理方法将许多公共问题视为普通公民无法触及的技术专业知识问题。这缩小了民主辩论的范围，掏空了公共话语的内涵，并让普通公民产生了越来越强烈的被剥夺权力之感。

左翼和右翼的主流政党都接受了有利于市场运作的、受技术官僚影响的全球化概念。事实表明，对于全球化本身及随之而来的民粹主义抗议，最重要的是中左翼政党对市场思维和市场价值观的接受。到特朗普当选总统时，民主党已经成为技术官僚自由主义的政党，更适合专业人士阶层，而不再是原来以蓝领和中产阶级选民为基础的政党。英国脱欧时期的工党和欧洲的社会民主党也是如此。

这一转变起源于20世纪80年代。[2]罗纳德·里根和玛格丽特·撒切尔曾辩称，政府才是问题所在，而市场是解决方案。当他们离开政治舞台时，接替他们的中左翼政治家——美国的比尔·克林顿、英国的托尼·布莱尔、德国的格哈德·施罗德——对市场的信仰虽然温和了一些，却更牢固了。他们软化了不受约束的市场的严酷刀刃，但没有挑战里根—撒切尔时代的核心预设——市场机制是实现公共利益的主要工具。本着这一信念，他们接受了有利于市场动作的全球化，并欢迎经济的日益金融化。

20世纪90年代，克林顿政府与共和党联手推动全球贸易协定，放松对金融业的监管。这些政策的好处大多流向了顶层人士，不平等日益加剧，金钱的力量在政治中的影响日益增强，但民主党人在解决这两个问题上几乎都无所作为。自由主义已经偏离其传统使命，不再驯服资本主义，不再让经济权力掌握在民主力量手中，失去了鼓舞人心的能力。

当巴拉克·奥巴马出现在政治舞台上时，一切似乎都改变了。在2008年的总统竞选中，他说出了一套激动人心的话语来取代技术官僚的管理语言，后者当时已经成为自由主义公共话语的典范。他证明了进步政治可以说出一种表达道德和精神目的的语言。

但奥巴马作为总统候选人所激发的道德能量和公民理想主义并没有延伸到他的总统任期。奥巴马在金融危机期间就职，他任命了若干经济顾问，这些人曾在克林顿执政期间推动放松金融管制。在这些经济顾问的鼓励下，奥巴马对银行予以纾困，但既没有让银行对它们导致危机的行为负责，也没有为那些失去家园的人提供多少帮助。

奥巴马的道德声音减弱了，他尽力平息了公众对华尔街的愤怒，而没有在政治上更明确地表达这种愤怒。对银行救助计划挥之不去的愤怒，给奥巴马的总统任期蒙上了一层阴影，并最终激发了民粹主义者的抗议情绪。这种抗议情绪波及了各个政治派别——在左翼表现为占领运动和伯尼·桑德斯出来竞选总统，在右翼表现为茶党运动和特朗普当选。

美国、英国和欧洲其他国家民粹主义的崛起是针对精英阶层的强烈反抗，但最引人注目的抵制针对的是自由派和中左翼政党——美国民主党、英国工党、德国社会民主党（SPD，在 2017 年的联邦选举中，他们的得票率创下历史新低）、意大利民主党（得票率跌至 20% 以下）与法国社会党（其总统候选人在 2017 年选举的第一轮投票中仅获得 6% 的选票）。

在对再次赢得公众支持重燃希望之前，这些政党需要重新考虑其以市场为导向的技术官僚执政方式。他们还需要重新思考一些更微妙但同样重要的东西——近几十年来伴随不平等的加剧产生的对成功和失败的态度。他们需要问一问：为什么那些在新时代经济中遭受损害的人会觉得胜利者在蔑视他们？

## 阶层跃升的话语

那么，是什么激起了许多工人阶级和中产阶级选民对精英阶层的怨恨呢？答案始于近几十年来日益加剧的不平等，但并不止于此。广泛的怨恨，本质上与社会认可和尊重的界定发生了变化有关。

至少可以说，全球化时代的回报很不均衡。在美国，20 世纪 70 年代末以来，全国收入增长的大部分都流向了收入在前 10% 的人，而收入居于后 50% 的人在这几十年的收入几乎没有增长。按实际价值计算，处于工作年龄的男性的年收入中位数约为 36 000 美元，低于 40 年前的水平。如今，美国最富有的 1% 的人，其收入比收入居于后 50% 的人的收入总和还要多。[3]

但即使是这种不平等的爆发，也不是民粹主义者愤怒的主要原因。长期以来，美国人一直容忍收入和财富的不平等，认为无论一个人的人生起点是什么，他都有可能从贫穷变得富有。这种对向上流动可能性的信念是美国梦的核心。

基于这一信念，主流政党和政治家以呼吁更大的机会平等来应对日益严重的不平等：对因全球化和技术更替而失去工作的工人进行再培训，增加民众接受高等教育的机会，消除种族、民族和性别障碍。这些关于机会的花言巧语可以被总结为这样一句口号：那些努力工作并遵守规则的人应该能够“尽其所能”向社会上游前进。

近几年来，两党的政客都反复强调这一口号，简直到了念咒的地步。共和党人中的罗纳德·里根、乔治·W. 布什（小布什）和马尔科·鲁比奥，以及民主党人中的比尔·克林顿、巴拉克·奥巴马和希拉里·克林顿都援引了这一口号。奥巴马特别喜欢这一口号的变体，这一口号取材于一首流行歌曲:“只要你努力,你就能成功。”(You can make it if you try.)在他担任总统期间,他在演讲和公开声明中运用这句话超过 140 次。[4]

现在,阶层跃升的话语听起来很空洞。在当今的经济形势下,实现阶层跃升并不容易。出生于贫穷家庭的美国人在成年后往往会一直贫穷。那些出生在收入最低的 20% 的家庭的人中,只有大约 5% 的人能够进入收入最高的 10% 的行列,大多数人甚至成为中产阶级都做不到。[5] 在加拿大、德国、丹麦和欧洲其他国家,摆脱贫困比在美国更容易。[6]

这与长期以来认为流动性是美国解决不平等问题的答案的信念不一致。美国人告诉自己,美国可以比欧洲国家的阶级社会更少地担心不平等,因为向上流动在这里是可能的。70% 的美国人相信穷人可以靠自己摆脱贫困,而只有 35% 的欧洲人这样认为。这种对流动性的信念或许可以解释,为什么美国的福利制度不如大多数欧洲国家慷慨。[7]

如今,流动性最高的国家往往也是最平等的国家。向上流动的能力似乎更多地取决于获得教育、医疗和其他资源,而不是来自贫困的鞭策,这些资源让人们能够在工作中取得成功。

近几十年来不平等现象的激增并没有加快向上流动的速度,相反,不平等加剧让那些处于顶端的人能够巩固自己的优势,并将这些优势传给子女。在过去的半个世纪里,名牌大学消除了种族、宗教、性别和民族的入学障碍,此前,这些名牌大学只限于特权阶层的子弟入学。SAT 的诞生源于这样一种承诺,即根据学业成绩而不是阶级和家庭出身来录取学生。但今天的优绩至上几乎已经变成了世袭贵族垄断。

哈佛大学和斯坦福大学 2/3 的学生来自美国收入最高的那 10% 的家庭。尽管有慷慨的经济援助政策，但只有不到 4% 的常春藤联盟高校学生来自收入最低的那 20% 的家庭。在哈佛大学和其他常春藤联盟高校，来自收入最高的那 1% 家庭（年收入超过 63 万美元）的学生比来自收入最低的那 50% 家庭的学生加起来还要多。[8]

美国人认为，只要努力工作，发挥才能，任何人都可以出人头地，这种信念已不再符合现实。这也许可以解释，为什么关于机会的花言巧语不像过去那样鼓舞人心。流动性不再能补偿不平等。任何对贫富差距的严肃回应都必须直接考虑到权力和财富的不平等，而不是满足于设计方案帮助人们爬上梯级间隔越来越大的梯子。

## 优绩至上的道德准则

优绩至上的问题不仅在于实践达不到理想。如果问题所在是实践未能达到理想，那么解决办法就在于实现机会的完全平等，在于建立这样一个社会：无论人们生活的起点多么低，他们都可以向上流动到凭借自己的努力和天赋所能达到的高度。但是，即使优绩至上的原则得到完满的实现，这样的社会在道德上或政治上是否令人满意，也值得怀疑。

市场驱动的社会会慷慨地给予成功人士巨额报酬，从道德上讲，我们并不清楚为什么这些有才能的人理应得到这么多报酬。优绩至上伦理的核心问题是这样一种理念：我们不应基于我们无法控制的因素而得到奖励或受到阻碍（滞留底层）。但拥有（或缺乏）某些天赋真的在于我们自己的行为吗?如果不是这样,那就很难理解,为什么那些因为自己的天赋而上升的人,应该得到比那些同样努力工作却没有市场社会所奖励的天赋的人更多的报酬。

那些颂扬优绩至上理念并将其作为核心政治方案的人忽视了这个道德问题,也忽略了一些更具政治影响力的东西:优绩至上的准则所产生的情感,无论在成功者还是失败者中,在道德上都不受欢迎。在成功者中,优绩至上催生了狂妄自大;在失败者中,优绩至上带来了屈辱和怨恨。这些道德情感位于反对精英的民粹主义暴动的核心。比起对移民和外包的抗议,民粹主义者做得更多的是控诉优绩至上的暴政。控诉者是有理由的。

不断强调要建立公平的优绩至上社会,社会地位要反映努力和天赋,这对我们解释人们何以成功(或不成功)的方式具有腐蚀性的影响。制度奖赏天赋及努力工作这一观念,鼓励赢家将他们的成功都视为靠自己取得的,把成功与否视为衡量优点的标准——而看不起那些比自己不幸的人。

精英阶层的傲慢反映了成功人士倾向于过度沉醉在自己的成功中,而不记得有助于他们成功的时机和好运。那些登上顶峰的人自鸣得意地相信他们的成功是自己应得的报酬,而那些居于底层的人是咎由自取。这种态度是技术官僚治国的道德伴生物。

强烈感觉到我们的命运具有偶然性,有助于产生某种谦卑:“若非上帝的恩典,或者命运的安排,我也会遭受如此厄运。”但完全遵照优绩至上原则,会让人丧失对上天眷顾和恩宠的感受力。优绩至上观念削弱了我们将所有人视为同呼吸共命运的同伴的能力。当我们思考自己的天赋和财富的偶然性时,我们能感受到与同伴休戚与共,但优绩至上的原则几乎没有为休戚与共的意识留下任何空间。这就是优绩至上成了一种暴政或不公正统治的原因。

## 羞辱政治

从下往上看，精英们的傲慢令人难堪。没有人喜欢被人瞧不起，优绩至上的信念却使这种情况雪上加霜。你的命运掌握在自己手中，“只要你努力，你就能成功”。这类箴言是双刃剑，在某种程度上鼓舞人心，另一方面却令人反感。优绩至上的观念祝贺成功者，却诋毁失败者，即使在失败者自己的眼中也是如此。对那些找不到工作或入不敷出的人来说，他们很难摆脱一种令人沮丧的想法：他们的失败是自己造成的，他们纯粹是无能或没有努力追求成功。

在这方面，羞辱政治不同于非正义政治。对不公正的抗议是朝外的，是指控制度被操纵，赢家以欺骗或操纵手段登上了顶峰。对羞辱的抗议在心理上更沉重，它混合了对胜利者的怨恨和挥之不去的自我怀疑：也许富人之所以富有，是因为他们比穷人更值得拥有；也许失败者是他们自身不幸的同谋。

羞辱政治的这一特点导致羞辱比其他政治情绪更具可燃性。这是激起民粹主义者抗议的愤怒和怨恨这些不稳定因素中的强力成分。尽管特朗普自己就是亿万富翁，但他还是理解并利用了这种怨恨。巴拉克·奥巴马和希拉里·克林顿经常大谈“机会”，与他们不同，特朗普很少提这个词。相反，他直言不讳地谈到了赢家和输家（有趣的是，社会民主民粹主义者伯尼·桑德斯也很少谈机会和流动性，而是高度关注权力和财富的不平等）。

精英们如此看重大学文凭（大学文凭既是取得进步的途径，也是获得社会尊重的基础），以至于他们很难理解优绩至上制度所能产生的傲慢，以及它给予那些没有上过大学的人的刻薄评价。这种态度是民粹主义反弹和特朗普获胜的核心。

当今美国政治中最深刻的政治分歧之一是，有大学文凭和没有大学文凭的人之间的分歧。在 2016 年总统大选中，特朗普赢得了 2/3 没有大学文凭的白人选民的支持，而希拉里·克林顿在拥有高学历的选民中获得了压倒性的胜利。英国脱欧公投也出现了类似的分歧，没有受过大学教育的选民压倒性地投票支持英国脱欧，而绝大多数拥有研究生学位的人投票反对脱欧。[9]

一年半后回顾 2016 年总统竞选，可以发现，希拉里·克林顿表现的优绩至上的傲慢是她失败的重要原因。“我赢得了代表美国国内生产总值 2/3 的人的选票，”2018 年，她在印度孟买的一次会议上说，“所以我赢得的是乐观、多元化、充满活力、不断前进的地方的支持。”相比之下，特朗普得到的是那些“不喜欢黑人获得权利，也不喜欢女人……得到工作”的人的支持。希拉里赢得了全球化赢家的选票，而特朗普赢得了全球化输家的选票。[10]

民主党曾经代表农民和劳动人民反对特权阶层。现在，在这个优绩至上的时代，民主党失败的旗手却夸口说，这个国家繁荣、开明的地区投票支持自己。

唐纳德·特朗普对羞辱政治非常敏感。从经济公平的角度看，他的民粹主义是假的，实质上是一种财阀民粹主义。他提出了一项医疗计划，该计划将削减那些支持他的工人阶级的医疗保健支出，他还颁布了一项税收法案，该法案对富人大幅度减税。但只关注虚伪就没有抓住重点。

当特朗普宣布美国退出《巴黎气候协定》时，令人难以置信的是，特朗普辩称他这样做是为了保护美国人的就业。但他做此决定的真正意义，即其政治理由，包含在这句看似离经叛道的话中："美国在什么时候被人瞧不起了？他们是从什么时候开始嘲笑我们这个国家的？……我们不希望其他领导人和其他国家再嘲笑我们。"[11]

将美国从《巴黎气候协定》的所谓负担中解放出来，并不是真正为了就业或全球变暖。在特朗普的政治想象中，这是为了避免羞辱。这引起了支持特朗普的选民的共鸣，甚至包括那些关心气候变化的人。

## 技术官僚眼中的优绩与道德判断

就其本身而言，英才治国的观念并不是我们这个时代特有的。在古代中国，孔子教导说应该由那些德才兼备的人执政。在古希腊，柏拉图想象中的最好的社会是由哲人国王领导，并由具有公共精神的卫士阶级支持的。亚里士多德不认可柏拉图所说的哲人国王，但他也认为英才应该在公共事务中发挥最大的影响力。对他来说，与治国相关的优点不是财富或高贵的出身，而是公民美德和对公共利益进行理性思考的卓越的实践智慧。[12]

美利坚合众国的创始人称自己为"卓越的人"，并希望像他们这样有道德、有知识的人能当选总统。他们反对世袭贵族，但并不热衷直接民主，他们担心这会让煽动者上台。他们想要设计若干制度，比如美国参议院和总统的间接选举，这能让有才干的人执政。托马斯·杰斐逊支持建立在“美德和才能”基础上的“自然贵族”，而不是“建立在财富和出身基础上的人造贵族”。“这种形式的政府最好，”他写道，“有利于把这些天生的亚里士多德选进政府机关。”[13]

尽管这些传统的政治精英统治论之间存在差异，但它们的各种不同版本（从儒家学说到柏拉图主义到美利坚合众国开国先贤的理念）都认为治国所需要的才干包括道德和公民美德，因为所有人都同意公共利益至少部分在于公民的道德教育。

美国英才治国的技术官僚版本①切断了英才和道德判断之间的联系。在经济领域，技术管理简单地假设公共利益是由 GDP 定义的，而人们贡献的价值在于他们出售的产品或服务的市场价值。在政府领域，技术管理认为精英意味着技术专家的专业知识。

这一点可以从这几个方面看出来：经济学家作为政策顾问发挥越来越大的作用，日益依赖市场机制界定和实现公共利益，以及公共话语未能面对本应成为政治辩论中心的重大道德和公民问题。第三个方面所说的问题包括：我们应该如何应对日益加剧的不平等？国界的道德意义是什么？是什么造就了工作的尊严？作为公民，我们对彼此亏欠了什么？

在道德上狭隘地考虑价值和公共利益的方式在几个方面削弱了民主社会。第一个是最明显的：在过去的 40 年里，精英们统治得并不是很好，1940—1980 年统治美国的精英们成功得多。他们在第二次世界大战中获胜，帮助重建了欧洲和日本，巩固了福利制度，消除了种族隔离，富人和穷人都受益的经济增长持续了超过 40 年。相比

① 桑德尔认为，我们这个时代的英才治国是技术官僚治国。——译者注

之下，在那以后执政的精英们给美国带来了 40 年来大多数工人的工资水平停滞不前的局面、20 世纪 20 年代以来从未见过的收入和财富不平等、伊拉克战争、长达 19 年的阿富汗战争、放松金融管制、2008 年全球金融危机、衰败的基础设施、世界上最高的监禁率，以及竞选资金制度和不公正划分国会选区的制度——该制度是对民主的嘲弄。

技术官僚治国不仅作为一种治理模式失败了，而且压缩了公民项目的存在空间。当今，人们主要从经济角度来理解公共利益。这些官僚根本不考虑培养公民之间的团结、加深公民关系，只是一门心思要满足以 GDP 衡量的消费者偏好，这导致了公共话语的贫乏。

如今，政治争论的内容要么是无聊的、管理学的、技术官僚的话语，鼓舞不了任何人；要么是争相大喊大叫，对立党派各执一词，无人倾听。各政治派系的公民都发现这种空洞的政治话语让人难受，让人无劲可使。他们准确地意识到缺乏强有力的公共辩论并不意味着没有政策正在制定，只是意味着政策是在其他地方做的决定，而不是在公众视野中——政策由行政机构（通常由行政机构监管的行业控制）决定，或者由中央银行和债券市场决定，或者由公司说客决定，他们以竞选捐款换取了对政府官员的影响力。

但这还不是全部。除了掏空公共话语的内涵，技术官僚眼中的优绩提升了有资格证书的专业人士阶层的声望，贬低了大多数工人的贡献，削弱了他们的社会地位和尊严，还以这些方式重新界定了获得社会认可的条件。正是技术官僚治国的这一面最直接地促成了我们这个时代政治的两极分化、愤怒对抗。

## 民粹主义者的反抗

60 年前，一位名叫迈克尔·扬的英国社会学家就预见了优绩至上原则带来的傲慢和怨恨。其实是他创造了 meritocracy 这个词。在出版于 1958 年的《优绩至上的崛起》(*The Rise of the Meritocracy*)一书中，他问道：如果有一天，阶级壁垒被消除，每个人都有真正平等的机会，完全凭自己的能力实现向上流动，将会发生什么？[14]

一方面，这会是值得庆祝的事情：工人阶级的孩子最终会与特权阶层的孩子并肩公平竞争。但是，迈克尔·扬认为，这场胜利会有副作用，因为这场胜利注定会助长胜利者的狂妄自大和失败者的屈辱。赢家会认为他们的成功是“对他们自己的能力、自己的努力、自己不可否认的成就的回报”，因此会看轻那些不如自己成功的人。那些失利的人会觉得他们只能怪自己。[15]

在扬看来，优绩至上的社会不是理想的社会，它一定会走向不和谐。几十年前，扬瞥见了如今毒害我们的政治、激起民粹主义者愤怒的严酷的优绩至上逻辑。对那些对优绩的暴政感到愤恨的人来说，这个时代的问题不仅在于工资水平停滞不前，还在于社会尊严的丧失。

技术和外包导致的工作岗位流失与社会对工人阶级所做工作的尊重程度降低相伴而生。随着经济活动从制造转向管理金钱，随着社会给予对冲基金经理巨额报酬，对华尔街的银行家和专业人士来说，传统意义上对工作的尊重已经变得脆弱且不确定。

主流政党和精英们忽略了政治的这一层面。他们认为市场驱动的全球化的问题仅仅是分配正义的问题，那些从全球贸易、新技术和经济金融化中获益的人并没有充分补偿那些失败的人。

但这误解了民粹主义者的控诉，也反映了技术官僚治理方式的缺陷。在进行我们的公共讨论时，似乎可以把道德和政治判断外包给市场或专家和技术官僚，这让民主辩论失去了意义和目的。这种公共意义的真空总是被严厉的、专制的身份认同和归属形式——无论是宗教原教旨主义还是刺耳的民族主义——填补。

这就是我们今天目睹的情况。40 年来市场驱动的全球化掏空了公共话语的道德内涵，剥夺了普通公民的权力，并引发了民粹主义的反弹，民粹主义试图给空旷的公共广场披上一层不宽容的、报复性的民族主义外衣。

为了给民主政治注入新的活力，我们需要找到一种在道德上更具活力的公共话语，认真对待优绩至上原则对构成我们共同生活的社会纽带的腐蚀。

2

# "GREAT BECAUSE GOOD":

## A Brief Moral History of Merit

# “因践行善德而伟大”：优绩的道德简史

如今，我们看待成功的方式就像清教徒看待救赎一样，我们认为成功不是靠运气或恩典，而是凭借自己的努力和奋斗。这是优绩至上理念的核心。

唯才是举并没有错，通常这样做很合理。假如我需要水管工来修理马桶，或者需要牙医治疗牙齿，我会努力找到最适合这份工作的人。当然，也许我找的不是技术最好的，我不会在全球范围内去找最好的那个人，但我当然想要个相当合适的人。

在填补职位空缺时，才能很重要，原因至少有两个：一个原因是效率，相比找个能力差的水管工或牙医，若我找的是个能干的水管工或牙医，那我必然受益；另一个原因是公平，因种族、宗教或性别偏见而歧视最合格的申请人，雇用不太合格的人，这显然不对。即使出于自己的偏见，我愿意接受劣质的管道维修或牙齿根管治疗，这种歧视也仍然不公平。更有资格的候选人可以理直气壮地抱怨，他们受到了不公正的损害。

如果唯才是举是正确且明智的做法，那么优绩至上又有什么错呢？像优绩至上这样良善的原则，怎么会激起如此强烈的怨恨洪流，从而改变世界各地民主社会的政治？优绩至上到底是什么时候变得有害的，这种转变又是如何发生的？

## 优绩为什么重要

社会应该根据优绩分配经济回报和工作岗位的想法，有几个吸引人的原因，其中两个原因是将招聘中对才能的看法推而广之形成的，即效率和公平。奖励努力、主动性和才能的经济体系，可能比无视贡献大小而给每个人相同报酬，或者根据喜好分配社会地位的经济体系更有生产力。严格论功行赏相对公平，只考虑取得了多少成效，不存在任何歧视。

奖励优绩的社会在是否让人向往的考虑上也是有吸引力的，这种社会不仅促进效率、摒弃歧视，也与某种自由观契合。这种自由观相信我们的命运掌握在自己手中，我们的成功不受制于自己无法控制的力量，而取决于我们自己。我们不是环境的受害者，而是命运的主人，只要我们努力、有天分、有梦想，我们想飞多高就能飞多高。

这是人类能动性令人振奋的愿景，与之相伴而生的是道德上令人欣慰的结论：我们获得的正好是我们应该得到的。假如我的成功是我自己争取的，是我凭借天分和努力获得的，那我就可以为此感到自豪，相信我的成就带来的回报都是我应该得到的。因此，优绩至上的社会在两方面都令人向往：一方面与强大的自由观契合，另一方面也给予人们他们因为自身努力而应得的东西。

尽管鼓舞人心，但优绩至上原则可能会发生转变，走向暴虐。这不仅发生在社会没能践行这项原则的时候，更可能发生在社会遵从该原则的时候。优绩至上理想的阴暗面植根于其最诱人的承诺，即掌控自己的命运并实现自我的承诺。自我掌控与自我实现的承诺伴随着令人难以承受的负担。优绩至上的理想非常重视个人责任的概念。在一定程度上，让人们对自己的所作所为负责是件好事。这尊重了人们作为道德主体和公民为自己着想和自我行动的能力。但让人们对道德行为负责是一回事，假定我们每个人都对自己的命运负有全部责任就是另一回事了。

就连“人生际遇”这一短语也借鉴了道德词语，暗示了无限责任也有一定限度。说到某人的际遇（lot），也就是在说他抽的签，抽签的结果是由命运、财富或天意决定的，而不取决于我们自己的努力。[1]它超出了成就和选择的范围，指向了运气和机会的范畴，或者在某些情况下指向了天赐。这提醒我们，在历史早期，关于优绩最重要的辩论不是关于收入和工作，而是涉及上帝的恩典：优绩究竟是我们靠自己的努力赢得的，还是上天将其作为礼物赐予我们的？

## 优绩至上的宇宙

“自己的作为决定命运”，这种观念在西方文化的道德直觉中根深蒂固。《圣经》神学教导说，万事皆有因。风调雨顺，五谷丰登，是对良好行为的神圣奖赏；干旱和瘟疫是对罪恶的惩罚。当远航的船只遭遇暴风雨时，人们会问：是哪个船员激怒了上帝？[2]

从当今科学时代回望遥远的过去，这种思维方式可能显得天真，甚至有些孩子气，但并不像乍看起来的那么遥远。实际上，这种想法是优绩至上思维的起源，反映了这样一种信念，即道德世界的法则是“美德带来成功，恶行必致苦难”。这与人们熟悉的当代观点相差不远，即财富标示着天分和勤劳，而贫穷意味着懒惰。

《圣经》的世界观有两个方面与现代优绩至上主义非常相似：一方面是对人的能动性的宣扬，另一方面是对遭受不幸者的冷酷。当代优绩制似乎强调人的能动性和意志，《圣经》的世界观则将所有权力归于上帝，毕竟是上帝在施以惩罚和奖赏——洪水、干旱、拯救农作物的降雨。

事实上，这是一幅高度以人类为中心的画面，在这幅画面中，上帝大部分时间都在回应人类的行为：奖励人们的善良，惩罚人们的罪恶。矛盾的是，上帝变得受制于我们，他只要是公正的，就不得不给我们应得的回报。虽然上帝掌管赏罚，但他是根据人们的所作所为来赏罚，而不是任意施行。因此，即使在上帝面前，人类也是在争取——因此也可被视作在赢得——他们的命运。

而且，这种优绩至上的思维方式导致人们对遭遇不幸的人抱持苛刻的态度。痛苦越剧烈，人们就越怀疑受害者是自作自受。不妨回想一下《约伯记》，约伯正直贤良，却遭受了难以言喻的痛苦和折磨，他的儿女也在风暴中丧生。约伯始终真心信仰上帝，他想不通为什么这样的苦难会降临在自己身上。（约伯不知道自己是上帝与撒旦赌约的受害者，上帝与撒旦打赌，无论约伯遭受什么苦难，他的信仰都不会动摇。）

在约伯悼念逝去的家人时，他的朋友们（如果可以称他们为朋友）坚持认为他一定犯了什么滔天大罪，他们逼迫约伯去回想自己可能造了什么孽。[3] 这是优绩至上暴政的最早例证。约伯的朋友们坚信苦难暗示着罪孽，必定是由于这样或那样的罪过，约伯必须为儿女的死负责，这样进一步残酷地加剧了约伯的痛苦。虽然约伯知道自己实属无辜，但他与朋友对才能、品行的神学观念完全一样，因此他向上帝哭诉，询问上帝，为什么要让他这样正直的人遭受这么多苦难。

当上帝终于对约伯做出回应时，上帝抛弃了罪人才会受到惩罚的残酷逻辑，上帝否认了约伯和他的朋友共同信奉的品行决定命运的假设。上帝在旋风中宣告，并非发生的每件事都是对人类行为的奖赏或惩罚。降雨未必是为了浇灌义人的庄稼，干旱也未必是为了惩罚恶人，毕竟雨也会下在荒无人烟的旷野。创造世界不只是为了人类，与以人类为中心的图景相比，宇宙更为广阔，上帝行事的方式也更加神秘而不可揣度。[4]

上帝承认约伯是正直的，但责备他擅自揣摩上帝的道德准则。[5] 这大大背离了《创世记》和《出埃及记》中体现的按照功过进行奖惩的观念。通过否认自己建立的是优绩至上的宇宙，上帝宣告了他无限的力量，并教导约伯学会谦卑。信仰上帝意味着接受创世本身的伟大和神秘，而不是指望上帝根据每个人的所作所为及是否应得来施以奖惩。

## 救赎和自救

个人的作为有多大作用，这个问题在基督教关于救赎的辩论中再次出现：信徒能否凭借遵守教义和善行主动求得救赎？或者，上帝只是在完全自由地决定拯救的对象，而不管人们选择如何生活吗？[6] 第一个选项似乎更公正，因为它主张奖励善行并惩罚恶行，但在神学上，它引出了一个问题——这导致人们质疑上帝的全能。如果救赎是我们可以努力赢得的东西，那么就可以说上帝必然要认可我们所做的一切，救赎也就因此在一定程度上变成了自救，这意味着上帝的无限力量有其有限之处。

第二个选项将救赎看作无法凭努力获得的天赐恩典，这个观点肯定了上帝的全能，也提出了另一个问题：如果上帝对世间的一切都负有责任，那么上帝也必须为恶的存在负责。如果上帝是正义的，那么他怎么会允许他本可以杜绝的苦难和邪恶存在呢？如果上帝是全能的，那么邪恶的存在似乎暗示着他是不正义的。从神学上讲，即使不是不可能，也很难同时认可以下三种看法：上帝是正义的，上帝是全能的，以及世间存在邪恶。[7]

解决这个难题的办法是赋予人类自由意志。这就将邪恶存在的责任从上帝转移到了人类自己身上。如果上帝给我们每个人选择是否遵从正义法则的自由，人们无须被迫臣服于它，那么当我们选择作恶而不是行善时，我们应当自己承担责任。作恶之人无论在今生还是死后都应该接受上帝的惩罚，他们所遭受的苦难并不是恶，而是对他们不义之举的公正惩罚。[8]

最早支持这个解决方案的是公元 5 世纪的一位英国修道士，名叫伯拉纠（Pelagius）。尽管他声名不彰，但最近有评论家认为，作为早期基督教神学中自由意志和个人责任的倡导者，伯拉纠其实是自由主义的先驱。[9]

然而，在伯拉纠那个时代，他提出的解决方案遭到了以当时最令人敬畏的基督教哲学家奥古斯丁为代表之人的强烈反对。对奥古斯丁来说，承认人类的自由意志意味着否定上帝的全能，并削弱上帝的最终恩赐——耶稣在十字架上的牺牲——的重要意义。如果人们凭借善行和圣礼就可以实现自我救赎，那么道成肉身就变得无足轻重了，对上帝恩典的谦卑将让位于对自我努力的骄傲。[10]

尽管奥古斯丁坚持认为获得救赎仅有凭借上帝恩典这一条路，但教会在实践中又将根据所作所为进行奖惩这一观念带了回来。诸如洗礼、祈祷、做弥撒、行圣礼之类的仪式和典礼，除非让参与者产生足够的效用感，否则并不能长久坚持下去。倘若认为虔诚的宗教仪式和良好的行为并不会赢得上帝的青睐，在上帝眼中这些并无价值，信仰就很难维系下去。而当信仰需要体现在对仪式的外在遵守中，需要借助一系列复杂的教会行为来调解和加强时，关于感恩和恩典的神学将不可避免地滑向自傲和自救的神学。以上至少是马丁·路德对他那个时代的罗马教会的看法，距奥古斯丁抨击可以凭借自我作为实现救赎这一观点已经过去了十一个世纪。

新教改革之初衷，就是要批驳自我作为决定奖惩的观点。马丁·路德对那个时代天主教会的反抗只有部分与出售赎罪券的腐败行为有关，当时富人试图购买赎罪券以实现救赎。（严格来说，人们认为这种购买行为可以加速忏悔进度，并缩短人在炼狱停留的时间。）马丁·路德继承了奥古斯丁的观点并将其拓展为更广泛的观点：救赎完全是上帝的恩典，不会受任何试图取悦上帝的行为影响，无论是善行还是举行仪式。我们既不能祈求进入天堂，也不能花钱买一条路进去。对路德来说，蒙获上帝选中是与个人努力完全无关的恩赐。想要通过参与圣餐、弥撒或其他途径来说服上帝认可我们，进而增加进入天堂的机会的行为，是对上帝的放肆亵渎。[11]

严格的路德派恩典教义坚决反对优绩至上论，路德否定凭借善行实现救赎的可能，不给人类的自由或自我实现留下任何空间。然而，矛盾的是，路德发起的新教改革却导致日后新教教徒及其后继者为美国带去了强大的优绩至上主义工作伦理。在《新教伦理与资本主义精神》一书中，马克斯·韦伯解释了事情的来龙去脉。[12]

像路德一样，约翰·加尔文认为救赎纯粹是上帝的恩典，而与人类的功过或是否应得无关，他的这一神学见解是对新教教徒的启发。谁将获得拯救，谁又将遭受诅咒，这早已是命中注定，不会因人们选择如何生活而改变，即使做圣礼也无济于事。虽然必须尊重这些仪式以增进上帝的荣耀，但“它们不是借以获得恩典的方法”。[13]

加尔文主义的预定论引发了人们难以忍受的焦虑。个中原因不难看出：如果你认为自己死后的处境比今生你关心的所有事物都重要，那你会拼命想知道自己究竟是蒙获选中的还是遭受诅咒的，但上帝并不会提前告知人们这一点。我们不能靠观察一个人的言行举止判断他蒙获上帝选中与否。这种选择发生在“上帝无形的教会”中。[14]

正如韦伯所说：“自己是否蒙获上帝选中这个问题迟早会出现在每个信徒的脑海中，并将占据脑海中的所有位置，他们将会思索：我究竟怎样才能确定自己是否得到了恩典？”这个问题的持久性和紧迫性将加尔文主义者引向某种形式的工作伦理。既然每个人都听从上帝的召唤而去从事某一职业，那么尽力做好工作以回应这种召唤就是救赎的标志。[15]

这样一来，工作的意义不在于享受它带来的财富，而在于颂扬上帝，若为个人的奢侈享受而去工作，则是对这一目标的背离，陷于腐败。加尔文主义把艰苦的工作和禁欲主义结合在了一起。韦伯指出，努力工作但又很少消费，这种工作方式要求严苛，促进了资本积累，并给资本主义的发展提供了动力。即使后来这种最初的宗教动机消失了，新教的工作伦理和禁欲主义也为资本主义的积累提供了文化基础。

对本书写作的目的而言，此事的意义在于人类行为和上帝恩典之间存在的张力。一生勤勉工作以回应上帝的召唤，这诚然不是获得救赎的捷径，而是确认自己是否（已经）蒙获上帝选中的方式。勤勉工作是获得救赎的标志，而不是其原因。

事实证明，即便不是不可能，也很难让人们把这种世俗活动仅看作救赎的标志，而不是其来源。从心理上讲，人们很难忍受这样一种观点，即上帝会无视增加他的荣耀的虔诚努力。所以我一旦根据自己的勤勉工作推断出自己是蒙获选中的人，就很难抗拒这样的想法：我的良好表现或多或少促使了自己蒙获选中。从神学上看，凭借良好表现获得救赎这一优绩至上的理念早已出现，无论是在天主教对仪式和圣礼的强调中，还是在犹太人认为需要遵守律法和维护十诫以获得上帝青睐的观念中。

随着加尔文主义响应上帝召唤而工作的理念转变为清教徒的工作伦理，人们很难再抗拒其中的优绩至上主义内涵，即救赎是人们自己赢得的，工作不再仅是获得救赎的标志，而且是获得救赎的原因。韦伯通过观察提出：“实际上，这意味着上帝帮助自救的人，因此有人说加尔文主义者实现了自我救赎，或者更准确地说，实现了对自我救赎的确认。”一些路德教徒抗议说，这种观点相当于“回归到了工作实现救赎这一学说”，而路德恰恰认为这一教义是对上帝恩典的冒犯。[16]

加尔文主义的预定论与人们必须依靠在受召唤的工作中证明自己

蒙获选中的观点相结合，形成了这样一种观念：世俗概念上的成功将很好地体现谁注定要获得救赎。韦伯解释说："上帝为每个人都准备了一份召唤，人们应该接受这份召唤并为之努力工作。"这赋予了劳动分工神圣的认可，并支持了"对经济秩序所做的神意论解释"。[17]

依据人们的世俗活动证明其是否蒙受上帝恩典，这导致优绩至上主义卷土重来。中世纪的修道士秉持着"精神贵族"的理念，他们远离对世俗的追求，并追寻着苦行的召唤。但随着加尔文主义的出现，基督教禁欲主义"大步迈入了世俗的集市"并"关上了身后修道院的门"。所有基督徒都响应召唤努力工作，并在世俗活动中证明自己的信仰。"通过在预定论教义基础上构建的理论体系"，加尔文主义将"世俗之外与世俗之上修道士秉持的精神贵族理念"替换为"尘世中预定论教义下上帝所选圣徒秉持的精神贵族理念"。[18]

由于坚信自己是蒙获选中的人，这些蒙获选中的精神贵族带着轻蔑俯视显然注定要受到诅咒的人。在这里，韦伯瞥见了我所认为的优绩至上傲慢的早期版本。"坚信自己蒙获选中的人自诩圣洁，认为自己蒙受了神圣的恩典，这让他们在看待周围人的罪恶时居高临下：他们不仅未能因意识到自身的不足而对他人的恶产生同情式的理解，反而对这些注定承受永恒诅咒的上帝之敌深怀仇恨与鄙视。"[19]

因此，新教伦理不仅催生了资本主义精神，也在提倡自救和对自己的命运负责的道德观，而这种道德观符合优绩至上主义的思维。它让社会迸发了一股急切地、卖力地奋斗的热情，并产生了巨大的财富，同时揭露了自我负责和自我实现的阴暗面。在上帝恩典面前因无助而形成的谦卑，将让位于相信自我努力所带来的傲慢。

## 天命论思维：过去和现在

对路德、加尔文和清教徒来说，关于人类自我作为的辩论，本质上是关于救赎的问题：蒙获选中的人究竟是自己赢得救赎的，并因此理应获得这份救赎，还是说这份救赎只是人类无从控制的、来自上帝的恩典？对我们来说，关于自我作为的辩论本质上是针对世俗意义上的成功的问题：成功者究竟是自己赢得成功的，并因此理应获得这份成功，还是说他们的成就只是出于我们无从控制的外在因素？

乍一看，这两个辩论似乎没有什么共同之处。一个是宗教领域的，另一个着眼于世俗领域。但我们仔细审视就会发现，在我们当今时代的优绩至上主义背后，有着神学辩论的深深烙印，正是那些神学辩论产生了如今这一思想。新教的工作伦理最初是恩典与自我作为、无助与自救的紧张辩证关系。而到最后，自我作为战胜了上帝恩典，自我掌控和自我实现的道德压倒了对上帝的感激和谦卑。这时人们放弃了加尔文主义的预定论，不再焦虑地寻找救赎实现与否的标志，努力工作成为他们的当务之急。

人们很容易就可以把这些关于自我掌控和自我作为的思想归因于我们这个时代的世俗倾向。随着对上帝信仰的消退，对人类主观能动性的信心逐渐增强。我们越认为自己可以自我实现、自给自足，就越没理由对自己的成功感到愧疚或感恩。

但即使在今天，我们对成功的态度也并没有像我们想的那样与天命论毫不相关。我们是自由的主体，能够凭借自己的努力发迹、成功，这种想法只是优绩至上主义的一个方面。确信“成功的人理应成功”这一观念同样重要。优绩至上主义中成王败寇的理念让成功者变得傲慢，而让失败者感到屈辱。这反映了残存的天命论信念，而这种信念其实长存于世俗社会的道德话语中。

马克斯·韦伯观察到："幸运的人很少对自己拥有好运的事实感到满足，除此之外，他还想确认他有权利获得自己的好运，他想要确信自己理应获得这份成功。最重要的是，他想要确认，与其他人相比，他更配得上这份好运。他还想要确认，不那么幸运的人所经历的不幸都只是他们自己应得的。"[20]

优绩至上原则的暴政就来自（或者至少部分来自）上述这份冲动。如今的世俗优绩至上体系正在以呼应早期天赐神授的方式为成功披上道德的外衣，尽管成功者并不把他们的权力和财富归因于上帝的干预（他们认为这更是自己努力的结果），但他们仍认为这份成功反映了他们高人一等的美德，他们认为富人之所以富有，是因为他们比穷人更配得上这些。

优绩至上主义中成王败寇的观念其实是去除了上帝的天命论，至少在这种思想中，上帝并不会干预人类事务。成功者是靠自己的努力获得成功的，但这份成功是他们才能的体现。这种思维方式提高了经济竞争的道德风险，它将成功者神圣化，同时也丑化了失败者。

文化历史学家杰克逊·李尔斯解释说，尽管加尔文主义者关于预定论和人性本恶的思想消失了，但天命论思想仍然无处不在。对加尔文和清教徒来说，"每个人在上帝面前都是平等的"，没人是理应获得救赎的，救赎只能靠上帝的恩赐。[21]

> 但是当自由主义神学家开始强调人类自救的能力时，人们开始把成功视为个人努力和天赐安排融合的结果。这个转变过程可

> 能发展缓慢，甚至断断续续，但方向始终没变，新教教徒对天命论的信念变成了为经济地位现状提供精神上的合理化解释的方式，天命甚至默默地为财富不平等背书。[22]

李尔斯认为，在美国的公共文化中，天命论和一种更强的关于自我掌控的伦理之间存在不平衡的对抗。天命论强调生活中人们无法理解和掌握的维度，它认为世间人们的所作所为和回报并不一定要匹配，它允许神秘、悲剧和谦卑存在。这就是《传道书》所传递的情感：“我回来了，并且清晰地看到，跑快的未必得赢，力强的未必得胜，智慧的未必得粮，明哲的未必得财，技高的未必得喜，时机和际遇会左右众人。”[23]

相比之下，自我掌控的伦理认为“人类的选择才是精神世界的中心”。[24] 这并不意味着完全放弃上帝，而是重塑了上帝在天命论中扮演的角色。李尔斯证明，掌控和控制自我的道德观发源于福音派新教，并最终占据了价值观的主导地位。这种道德观带来了“从恩典之约到路德所批判的奋斗之约”的转变。18 世纪中叶，“人们关注的不再是神圣的仪式（比如传统天主教仪式），而是世俗的奋斗”。[25] 但这些世俗的奋斗仍然将天命安排视作其道德正确性的依据。

> 在新教的信仰体系中，天意仍然主导着一切，但人类可以自由选择如何参与实施上帝的计划，并可以用某种方式迎合上帝的目的。福音派的这种理性在对至高无上天意的信仰和对人类努力的空前颂扬之间实现了平衡。[26]

将人类的自我努力和天意的奖惩结合起来的做法为优绩至上主义的发展提供了绝佳的土壤。这样就摒弃了天命论，并将世俗的成功与道德上的正当性联系起来。李尔斯认为这其实是一种道德上的退步，他说："反过来说，如果某种文化能够不那么强调个人自己掌控命运的责任，那么它会更宏大、更宽容，也会更亲切。"更敏锐地认识到运气和命运是多么难以预测，"可能会促使幸运的人想象自己不幸的样子，从而克服优绩至上主义的傲慢，并促使他们承认人们得到自己所应得的这种事是多么偶然、多么难以预测"。[27]

李尔斯用非常直接的语言对道德和公民所受的损害做出了评价：

> 自我掌控的文化继续支撑着自鸣得意、世俗化的基督教天命论，而在过去的两个世纪内，这种观点一直在塑造着美国的道德体系，尽管现在流行的词语是技术官僚而不是宗教。天命论的傲慢在于其倾向于把世俗神圣化，不仅武断地认定我们都是神意安排或"逐步演变"计划的一部分，还将现实中社会地位和经济利益的分配，乃至全球权力斗争的结果都视为这个计划的体现。[28]

天命论思想认为人们得到的是他们应得的，这在现代公共舆论中引起了巨大反响。当前的天命论有两个版本，一个是傲慢式的，另一个是惩罚性的。两种版本都认为我们应该对自己的命运负责，无论是好运还是厄运。2008 年的金融危机是傲慢式天命论的显例。华尔街银行冒险和贪婪的行为把全球经济带到了崩溃的边缘，而这需要大量纳税人的援助。就在家庭和小微企业艰难复苏之际，华尔街的上层银行家很快给自己开出了数百亿美元的奖金。面对公众的怒火，当有人问高盛 CEO（首席执行官）劳尔德·贝兰克梵何以获取如此丰厚的薪酬时，他回答说，他和银行家同事们是在“做上帝的工作”。[29]

在致命的飓风和其他灾难过后，一些基督教保守主义者提出了惩罚性版本的天命论。当卡特里娜飓风在 2005 年摧毁新奥尔良市时，牧师富兰克林·格雷厄姆宣称这场风暴是对这样一个以马尔迪·格拉音乐狂欢节、性变态、狂欢和其他罪恶活动闻名的“邪恶之城”的神圣报复。[30] 2009 年在海地发生的地震夺去了超过 20 万人的生命，而电视福音传道者帕特·罗伯逊把这场灾难归咎于海地奴隶在 1804 年反抗法国时与魔鬼签订的契约。[31]

“9·11”恐怖袭击事件之后几天，牧师杰里·福尔韦尔出现在罗伯逊的基督教电视节目中，他把这场袭击解释为对美国罪恶的神圣惩罚：

> 堕胎者必须为此事承担部分责任，因为上帝绝不允许遭受嘲弄。当我们杀死 4 000 万名无辜婴儿时，我们惹恼了上帝。我坚定地认为，这些试图让不生育成为生活方式的人——异教徒、堕胎者、女权主义者、同性恋者，还有美国公民自由联盟……这些想要把美国世俗化的人，我要用手指着他们的脸说：是你们促使了灾难降临。[32]

将史诗般的灾难解释为神罚并不是基督教天命论的“专利”。2011 年毁灭性的地震和海啸袭击日本并引起核电站熔毁，东京直言不讳的民族主义官员石原慎太郎认为这场灾难是对日本物质主义的神罚，他说："我们需要这样一场灾难来消灭利己主义，利己主义思想长期以来已经腐蚀了日本人的心灵。"[33]

## 健康和财富

最近几十年，美国基督教产生了一种乐观的天命论信仰的新变体，叫成功神学。该教派的领导者是美国最大的几个教堂的电视福音传道者和传教士，教义是上帝赐予财富和健康来奖励人们的信仰。成功神学并不是把上帝的恩典视为神秘的、可以不劳而获的礼物，而更加强调人的主观能动性和意志。20 世纪早期的福音传道者 E. W. 凯尼恩为这场运动奠定了基础，他竭力让基督徒们相信："上帝的能力是我的，上帝的力量是我的，上帝的成功也是我的，我就是胜利者，我就是征服者。"[34]

研究成功神学的历史学者凯特·鲍勒写道，该教派的教义完全可以用"我得到了上帝的祝福"这句话来概括，在这句话中，受上帝祝福的证据体现在健康和富有中。[35] 乔尔·奥斯廷是成功神学的著名传道者，他在休斯敦的教堂是美国最大的教堂。他曾告诉奥普拉·温弗瑞："耶稣的死是为了让我们能够过上富足的生活。"[36] 他的畅销书里有大量其凭借信仰获得上帝祝福的例子，包括他住的豪宅和他在乘坐某次航班时获得了升舱。[37]

看起来，关于上帝祝福的教义会让人们在好运面前保持谦卑，而不会像优绩至上主义那样，认为财富和健康都是自我美德的标志。但正如鲍勒所观察到的，"blessed"（受上帝祝福）这个词语其实模糊了恩赐和回报之间的界限。

> 一方面，这个词可以表达纯粹的感激：“谢谢你，上帝，没有你，我仅靠自己是不可能获得这些的。”另一方面，通过这个词也可以推出人们应得这些事物：“谢谢你——我自己，感谢我做了正确的选择。”对美国社会来说，这是一个完美的词，因为美国梦基于努力工作，而不是运气。[38]

虽然大约有100万名美国人参加了宣扬成功神学的大型教堂活动，但成功神学更广泛的影响在于其与美国人对奋斗和自救的信念的共鸣。《时代周刊》的一项民意调查发现，近1/3的美国基督徒同意，如果你把钱交给上帝，上帝就会保佑你获得更多的钱；61%的信徒相信“上帝想让人们成功”。[39]

到21世纪初，成功神学因其推崇努力工作、阶层跃升、乐观思维，变得很难与美国梦本身区分开。鲍勒写道：“成功神学运动不仅带来了美国人要实现自我创造的启示，更肯定了个体赖以生存的基本经济结构。”而且，它深化了成功是美德带来的结果这一信念。像早期的成功神学一样，它相信市场“会在人们幸运或失败时给予奖励或惩罚，善良的人将得到丰厚的报酬，而邪恶的人将会倒下”。[40]

成功神学的吸引力部分在于它对“个体应对自己的命运负责”的强调，[41]这是个鼓舞人心的、令人振奋的想法。从神学角度来说，成功神学认为救赎是我们自己获得的成就；从世俗角度来说，成功神学给人们充足的信心，让人们相信只要付出足够的努力、拥有足够的信念，他们就能获得健康和财富。这是彻底的优绩至上主义，与所有优绩至上的道德观一样，当事情进展顺利时，这种关于个人责任的高尚理解可以令人满意，但当事情进展不顺时，这种道德观又非常令人沮丧，甚至带有惩罚性。

以健康为例，还有什么能比相信健康掌握在我们自己手里，可以凭借祈祷治愈疾病，能够凭借良好的生活方式和对上帝的热爱避免疾病更有力量呢？但是这种对积极主观能动性的强调也有其黑暗的一面：当疾病来临时，这不仅是一种不幸，更是对我们美德有亏的批判，死亡甚至可谓雪上加霜。鲍勒写道："如果一个信徒得病去世，其余人的羞愧会加重悲伤。他们会认为他们所爱之人的去世是因为其在信仰的考验中失败了。"[42]

成功神学思想残酷的一面在关于医保的辩论中可见一斑。[43]当特朗普和国会中的共和党人想要废除奥巴马医改计划时，大多数人认为他们更愿意选择市场化的替代方案，这种方案能够增加竞争度并因此降低成本，同时可以使用先前存在的医保条款保护人们。但是来自亚拉巴马州的保守派共和党议员莫·布鲁克斯提出了不同的观点，他承认共和党的方案会使在医疗方面有更多需求的人付出更多金钱。但这是优点，而不是弊端，因为这会奖励选择良好生活方式的人。允许保险公司向需要更多医疗护理的人收取更高的保费不仅在经济上有效，在道德上也是合理的。收取病人更高的保费会减少身体健康者的生活成本，而健康的人"过着良好而健康的生活，他们会做很多事保证自己的身体健康。现在，这些正确行事的人反而面对生活成本的飙升"。[44]

国会议员反对奥巴马医改计划的案例，重申了从清教徒到成功神学所信奉的优绩至上主义冷酷的一面：如果生活富足是获得救赎的标志，那么遭受苦难就是罪恶的象征。这个逻辑不一定与宗教观念挂钩，这其实是一些伦理价值观的共同特征，这些伦理统统认为人类自由就是可以不受约束地行使意志，并且人类对自己的命运负有全责。

2009 年，奥巴马医改方案首次得到公开讨论时，全食公司（Whole Foods）的创始人约翰·麦基在《华尔街日报》上写了一篇专栏文章，公开反对获得医保的权利，他的论点主要基于自由主义而不是宗教观念。然而，像成功神学教派的传道者一样，他极力主张个人责任，认为良好的健康是我们自己的事情。

> 我们的许多医疗健康问题都是自己造成的：如今美国有 2/3 的人超重，1/3 的人肥胖。致命的疾病，比如心脏病、癌症、中风、糖尿病和肥胖，占据了所有医疗支出的 70%，而这些疾病大多可以通过适当的饮食、锻炼、不吸烟、少量饮酒和其他健康的生活方式进行预防。[45]

他认为，如今许多人健康状况不佳，只能怨他们自己，怨不得别人。这不是因为他们缺乏对上帝的信仰，而在于他们不重视科学和医学研究，而这些研究表明以植物为基础的低脂肪饮食“有助于预防甚至能够治愈大多数致命且医疗费用高昂的退行性疾病，我们本可以在 90 岁甚至 100 岁之前都过着几乎不被疾病困扰的生活”。尽管他没有明确声称患病者活该，但他始终坚持认为这些人至少不应该期望从同胞那里得到帮助。“我们都要对自己的生活和自己的健康负责。”[46]

对麦基来说，就像对成功神学教派的传道士来说一样，健康是美德的标志——无论人们是坐在大教堂的长椅上获得它的，还是在全食的有机食品区域的过道里获得它的。

## 自由主义的天命论

将财富和健康看作上帝的赞扬或批评，这是优绩至上主义看待生活的方式。优绩至上主义不承认运气，也不承认恩典，想让我们对自己的命运全权负责，认为发生的每件事都是对我们所做的选择和生活方式的奖励或惩罚。这种思维方式颂扬了绝对的关于掌控和支配的道德，并最终助长了精英的傲慢。优绩至上主义让成功人士相信他们自己是在“做上帝的工作”，并瞧不起不幸的受害者，认为遭遇飓风、海啸、疾病是他们自己罪有应得。

这种傲慢不仅存在于成功神学教派的保守主义者及福利制度的自由主义批评者当中，也是自由主义和进步主义政治的显著特征。例如，美国人经常用天命论来形容美国的巨大力量和繁荣来源于其神授的或正义的地位。希拉里·克林顿在接受民主党 2016 年总统选举提名的演讲中宣称：“归根结底，这是特朗普永远不会明白的事情。美国之所以伟大，是因为美国践行善德。”[47] 在竞选期间，她经常使用这句话，因为她想要说服选民，特朗普自相矛盾，他承诺要“让美国再次伟大”，却又行事狠毒、唯利是图。

但其实践行善德和伟大之间没有必然的联系。对国家和个人来说，正义是一回事，权力和财富则是另一回事。回顾历史可以发现，强大的力量并不一定是正义的，而道德上令人钦佩的国度也并不都强大。

对于“美国因践行善德而伟大”这句话，我们现在耳熟能详，结果却忘了这句话背后的天命论前提。这句话呼应了一个持久的信念，即美国在世界上背负着神圣的使命，这个清晰的使命就是征服一片大陆或维护世界范围内的民主。但即使这种神圣的使命感消退了，政治家们仍在重申美国的伟大源于美国践行善德。

这句口号本身是最近才被提出的。第一位使用它的总统是德怀特·D. 艾森豪威尔，他误以为这句话是托克维尔在经典著作《论美国的民主》中所写的。在 1953 年的演讲中，艾森豪威尔提到了"到美国来的一位有智慧的法国访客"，这位访客在寻找美国成功的源泉。艾森豪威尔引用这位访客的话如下："直到我走进美国的教堂，看到布道坛上正义的火焰，我才明白美国天赋和力量的秘密。美国之所以伟大，是因为践行善德，美国如果不再践行善德，那也就不再伟大。"[48]

尽管这些句子没有出现在托克维尔的作品中，[49] 但事实证明这些话很受后来的总统（尤其是共和党人）的欢迎。杰拉尔德·福特、罗纳德·里根和乔治·W. 布什都在鼓舞人心的场合说过这些话，通常是在对教徒听众演讲时。[50] 1984 年，里根总统在一次基督教福音派大会上的演讲中，明确提出了这句口号的天命论基础：

> 我们所有的物质财富和所有的影响力都建立在对上帝的信仰和这种信仰所带来的基本价值观之上。据说，150 年前，伟大的法国哲学家托克维尔就发现，美国之所以伟大，是因为践行善德，美国如果不再践行善德，那也就不再伟大。[51]

20 世纪 90 年代，民主党人为了让宣传言论引发人们的精神共鸣，开始采用这一口号。在总统任职期间，克林顿共用了 9 次。约翰·克里和希拉里·克林顿也都在总统竞选期间说过这句话。[52]

## 历史正确的一边

声称美国因践行善德而伟大，是认为暴风雨的目的在于惩罚罪孽这种天命论观点光明、积极的一面。这是优绩至上信念应用于一个国家的结果。根据历史悠久的天命论传统，通常意义上的成功是获得救赎的象征，或从世俗角度来讲，是善行的象征。但是，如此诠释美国在历史中扮演的角色对自由主义者提出了挑战：如果富裕和强大的国家力量来源于其美德，难道对有权、有钱的公民就不能这么说吗？

许多自由主义者和进步主义者，尤其是其中重视平等的人，他们反对一种观点：富人有钱是因为他们比穷人更配得上。他们认为这是反对向富人征税以帮助弱势群体的自私的、道貌岸然的理由。比起主张富裕意味着道德上的优越，平等自由主义者更强调财富的偶然性。他们指出，市场经济社会下的成败与品格和美德有关，但受运气和环境影响也很大。从道德的角度来看，决定胜负的许多因素都是随机的。

但是，很难一方面同意一种道德化的天命论观念，即国家的伟大是因其践行善德，另一方面又否定另一种道德化的、优绩至上主义的观念，即富人的财富源自其美德。如果对国家而言，伟大意味着正义，那么对财富排名前 1% 的人也可以这样说。在道德和神学上，国际层面的天命论和国内的优绩至上主义要么同存，要么俱亡。

尽管最近几十年的政治家没有明确承认这种观点，但他们在处理国内外事务时逐渐展现了优绩至上主义的思维倾向。“因践行善德而伟大”的天命论中隐含的优绩至上主义观点，在美国国内关于团结、责任和福利制度的讨论中逐渐表达了出来。自 20 世纪八九十年代起，自由主义者逐渐接受了保守主义者对福利制度的批评，包括他们对个人责任的苛刻要求。尽管美国的比尔·克林顿和英国的托尼·布莱尔等政客并没有将所有健康和财富的获得都归因于个人善行，但他们在努力将能否获取福利援助与受助人的个人责任和资质挂钩。[53]

当代自由主义中隐含的天命论思想，也可以在涉及美国国内外政策的言辞的转变中窥见。政府发言人不断坚称自己的政策或政治盟友站在“历史正确的一边”，并批评对手在“历史错误的一边”。或许有人认为，关于历史“正确的一边”和“错误的一边”的辩论在冷战时期达到了顶峰，那时共产主义超级大国和反对共产主义的超级大国相互对立，声称自己的体系终将获胜。然而，让人惊讶的是，没有哪位美国总统在冷战背景下的辩论中使用过这样的表述。[54]

直至20世纪90年代和21世纪头十年，站在历史“正确的一边”或“错误的一边”这样的表述才在政治表述中成为主流，主要是民主党人在用。小布什总统只用过一次这样的表述，他在2005年告诉美国陆军士兵，中东恐怖分子“会输掉这场战争，因为他们站在历史错误的一边”。他补充说，多亏美国入侵伊拉克，“自由的浪潮”才席卷了整个中东。一年后，副总统理查德·切尼在航空母舰上讲话，为伊拉克战争辩护，向美国部队保证：“我们的事业是必要的，我们的事业是正义的，我们站在历史正确的一边。”[55]

但大多数情况下，这种必胜主义的言辞来自民主党总统。比尔·克林顿在总统任期内用了25次，巴拉克·奥巴马用了32次。[56]有时奥巴马会像小布什和切尼那样，用这句话来描述与激进伊斯兰恐怖主义的斗争。他在西点军校的一次演讲中宣布：“基地组织及其分支都是站在历史错误的一边的小人物。”他在美国空军学院发表讲话时说，“伊斯兰国”恐怖分子永远不可能“有能力摧毁美国人或我们的生活方式”，部分原因是“我们站在历史正确的一边”。[57]

克林顿和奥巴马在其他情况下也曾采用这种必胜主义言辞。这反映了柏林墙倒塌和苏联解体之后，他们相信历史正不可避免地朝自由民主和自由市场的方向前进。1994 年，克林顿对俄罗斯第一位民选总统叶利钦的前景表示乐观，克林顿说：“他相信民主。他站在了历史正确的一边。”为了回应伊斯兰世界的民主运动，奥巴马在就职演说中向暴君和独裁者发出严厉的警告：“靠腐败、欺骗与压制异议的手段执政的人要知道，你们站在历史错误的一边。”[58]

2009 年，当伊朗人在街头向压迫式的政权抗议时，奥巴马称赞他们说：“为正义抗争的人永远站在历史正确的一边。”当 2011 年的“阿拉伯之春”让民主政治有希望取代北非和中东的专制统治时，奥巴马也援引了这句历史的裁决。他说利比亚独裁者卡扎菲“位于历史错误的一边”，并支持把卡扎菲赶下台。在有人质疑他对埃及解放广场民主抗议者的支持不足时，奥巴马回应：“我认为历史终将记录一切，在埃及局势的每个时间节点，我们都处于历史正确的一边。”[59]

在历史真正形成之前就宣称自己和它站在一边，这种做法存在两个问题。首先，对事情如何发展加以预测其实非常棘手。推翻萨达姆·侯赛因并没有给中东带来自由和民主。即使是“阿拉伯之春”带来的希望也很快被接下来的专制与镇压取代。从普京领导的俄罗斯的角度来看，叶利钦的民主时刻现在显得有些短暂。

其次，即使可以预见历史的进程，也无法为道德判断提供任何依据。事实证明，普京对俄罗斯的专制统治已经难以撼动，至少从这一点而言，站在历史正确的一边的人是普京，而不是叶利钦。在叙利亚，暴君巴沙尔·阿萨德在残酷的内战中幸免于难，从这个意义来讲，他处于历史正确的一边，但这并不意味着他的政权在道德上是正当的。

## 道德宇宙进步之路曲折

坚信自己的事业处于历史正确的一边的人可能会回答说他们指的是更长远的历史，但这种说法依赖于进一步的假设：只要有足够的时间，即便步履蹒跚，历史也终会走向正义。这一假设揭露了“历史正确的一边”这种论调下隐含的天命论思想。这种论证基于一种信念，即历史的进程由上帝指引，或在世俗中会朝着道德上进步、完善的方向发展。

奥巴马就持有这种观点并经常谈起它，他常引用马丁·路德·金的话说：“道德宇宙进步之路总是很曲折，但定会通向正义。”奥巴马非常喜欢这句话，并在总统演讲和声明中 33 次引用它，还将其织进总统办公室的地毯。[60]

这种天命论的信仰为历史“正确的一边”和“错误的一边”的论调提供了道德依据，还支持如此主张：美国（或任何国家）之所以伟大是因为践行善德。因为只有国家在替天行道，或在历史上不断迈向自由与正义，国家的伟大才标志着其道德上的优越。

相信自己的计划及目的与上帝一致，或者与历史迈向自由和正义的进程吻合，可以带来巨大的希望，特别是对为不公而奋斗的人们来说。马丁·路德·金相信道德虽走弯路，但终将“通向正义”，这一教导鼓舞了 20 世纪五六十年代的民权主义者，他们不顾种族隔离主义者的强烈反对，继续游行。马丁·路德·金那句令人难忘的话借鉴了19世纪马萨诸塞州废奴主义牧师西奥多·帕克的一次布道，帕克的版本比马丁·路德·金的复杂一些，他的话表明了天命论神学如何成为被压迫者希望的源泉：

> 看看这个世界，你会发现正义在不断进步与取得胜利。我不会装作理解道德宇宙，道德进步之路是曲折的，我的目光所能看到的不远。我无法凭视觉来计算这条弯路的弧度并预测它的走向，但我可以凭着良心感知。站在我的角度，我坚信这个世界会走向正义。乱象不会持续太久。当年杰斐逊一想到奴隶制，想起上帝是正义的，他就会颤抖。用不了多久，整个美国都会颤抖。[61]

就像帕克一样，在马丁·路德·金看来，道德宇宙进步之路虽然曲折，但必定趋向正义的信念，是在鼓舞性地、预言性地呼吁人们站出来反对不公。但是，天命论信念可以为无权无势者带来希望，也可能使强者变得傲慢。这可以从近几十年来自由主义意识形态的变化中看出，民权时代的道德紧迫感让位于自负的胜利者心态，这正是冷战的后果。

苏联的解体和柏林墙的倒塌让西方许多人认为，历史证明了他们的自由民主和自由市场的资本主义模式是对的。在这种假设的基础上，他们推动了新自由主义版本的全球化，其中包括自由贸易协定、放宽金融管制及其他促进货物、资本和人力跨国界流动的措施。他们满怀信心地预测，全球市场的扩张将增强全球相互依存的关系，减少国家之间爆发战争的可能性，缓解狭隘的民族主义，并促进对人权的尊重。全球贸易和新兴信息技术的巨大影响甚至可能动摇专制政权的统治，并引导这些国家走向自由民主。

事情并没有如是发生。全球化在2008年引发金融危机，并在8年后导致激烈的政治后果。民族主义和威权主义没有消失，反而在世界范围内获得发展势头，并成为对民主社会的自由制度和规范的威胁。

但是，在20世纪八九十年代，随着有利于市场运作的全球化得到发展，推进全球化的精英们对历史未来的发展方向再无疑问。从20世纪80年代初到2008年，在谷歌收录的书籍中，“历史正确的一边”这一短语的使用频率增加了8倍以上。[62]

全球化的支持者对历史站在自己这一边充满信心。比尔·克林顿在1993年敦促国会通过《北美自由贸易协议》（NAFTA），努力缓解人们对这一协议会威胁工人就业前景的担忧，但他最大的担忧是《北美自由贸易协议》倘若失败，将给全球化带来打击：“我最担心的是，随着我们迈向21世纪，协议倘若失败，将置美国于历史错误的一边……这压倒了其他所有担忧。”1998年，克林顿在柏林发表讲话时，赞扬德国“向全球化经济过渡的艰难过程”。他说，尽管许多德国公民“可能尚未感受到好处”，但德国对全球化的拥护让德国“显然处于历史正确的一边”。[63]

对自由主义者而言，站在历史正确的一边并不意味着拥抱无限制的自由市场经济学。这意味着在国外促进全球资本主义的同时，也要在国内消除歧视并为人们提供平等的机会。在不同时期，克林顿和奥巴马都将自己的政策确定为“历史正确的一边”，其中包括医疗保险改革、《家庭与医疗休假法案》（FMLA）、大学学费税收抵免及禁止歧视性少数群体雇员的行政命令。2008 年，在民主党全国代表大会上支持奥巴马的演讲中，克林顿回忆起尽管当年共和党指责他太年轻，缺乏经验，不适合担任政府首脑，但他仍赢得了总统职位的历程："在 1992 年，这些批评没有用，因为我们当时处在历史正确的一边。而这在 2008 年也不会有用，因为巴拉克·奥巴马正处在历史正确的一边。"[64]

反对歧视和为人们提供更多平等机会是有价值的事业，希拉里·克林顿也把这些作为她 2016 年竞选总统的中心议题。但在那时，新自由主义的全球化带来了收入和财富的严重不平等，经济体系受金融力量支配，金钱在政治制度中比公民发挥了更大影响，愤怒的民族主义浪潮也日益高涨，促进机会平等的计划似乎不合时宜，沦为天命论理想的苍白表达。

当奥巴马谈到道德宇宙进步之路虽曲折但必定趋向正义时，他补充了一项马丁·路德·金没有做出的保证："最终，美国总是能做出正确的选择。"[65] 但这扭曲了马丁·路德·金所说的话中包含的精神。

随着时间的流逝，奥巴马的天命论不再是对变革的呼吁，而变成停下改革脚步的正当理由和对美国例外主义安慰式的重申。"进步不总是走直线的。"2012 年，他在加利福尼亚州比弗利山庄举行的一次筹款活动中解释道，"进步之路是一条'之'字形曲线。有时候政治走错了路，有时候有些人被落下了。但是让美国与众不同的是，最终，我们必将做出正确的选择。马丁·路德·金所说的道德的曲折之路必将趋向正义，就是让美国与众不同的原因。这就是美国特殊的原因。"[66]

1895 年，韦尔斯利学院教授兼社会运动家凯瑟琳·李·贝茨发表了一首爱国主义诗歌《美丽的美国》。15 年后，一位教堂风琴师为其配乐。这首歌颂扬美国的良善，成为美国最受欢迎的爱国歌曲之一，许多人希望选它为国歌。[67]

与美国的官方国歌《星条旗》不同，《美丽的美国》是和平圣歌。这首歌赞美了美国的“紫色高山式的威严”，而不是“火箭的红色闪光，炸弹在空中爆炸”。这首歌的副歌是祈求上帝恩典的祈祷：

> 美利坚！美利坚！
> 上帝赐予你荣光，
> 并会冠你以手足之情，
> 直至彼岸闪烁的海洋！[68]

但是关于“上帝赐予你荣光”那句歌词有两种可能的解释，可以将其解读为表达了对将来的愿望——“（愿）上帝赐予你荣光”，或者可以用过去时来解读它，作为对事实的陈述——“上帝（已）赐予你荣光”。[69]

从歌词的其余部分可以清楚地看出，诗人的初衷是祈祷未来被上帝赐予荣光，诗的下一行清楚说明了这一点。它并不是说“（上帝已）冠你以手足之情”，诗人表达的是对上帝这样做的希望。

不可避免地，许多美国人以第二种方式解释“上帝赐予你荣光”这句歌词，把这看作既成事实。这反映了美国的天命论是信念，而不是志向。上帝的荣光不是无法赢得的礼物，而是美国人应得的，并且是实际上已经得到的东西。“美国之所以伟大，是因为美国践行善德。”

在建功立业与上帝的荣光之间维持平衡并不容易。从清教徒到成功神学的传教士，倡导赚钱和有所成就的行为准则都几乎产生了不可抗拒的吸引力，似乎快要压倒更谦卑的关于希望和祈祷、感恩和赏赐的道德准则。建功立业排挤掉了上帝的荣光，或者说优绩论以自己的理念重铸了上帝的荣光，把这种恩典变成了我们应得的东西。

2001年10月28日，在“9·11”恐怖袭击事件发生几周后，自小就失明的传奇非裔美国灵魂乐歌手和音乐家雷·查尔斯在世界职业棒球大赛第二场比赛开赛前演唱了一首激动人心的《美丽的美国》。查尔斯以演唱这首歌闻名，他能表现出其他演唱者无法展现的悲伤和救赎式的喜悦。那天晚上，查尔斯像往常一样添加了一段即兴演唱，观众从中可以听出这样一种论调——美国的荣光并不是希望和祈祷，而是既成事实：

> 美利坚！美利坚！
> 上帝确实赐予了你荣光。哦，是的。
> 并冠你以——不知道你是否记得——手足之情，
> 直至彼岸闪烁的海洋。[70]

当最后的和弦在体育场内回荡时，四架F-16战斗机在体育场上空飞过。查尔斯所演唱的歌曲的凄美与感伤让位于某些更有威力的、更不会宽恕的事物，这就是现代天命论信念带来的绝对自信。道德宇宙进步的曲折之路可能通向正义，但上帝会救赎的是自救之人。

3

# THE RHETORIC OF RISING

# 阶层跃升的话语

对那些困在底层或挣扎着维持生活的人来说，阶层跃升的话语与其说是承诺，不如说是嘲讽。

如今，我们看待成功就像清教徒看待救赎一样，我们认为成功不是靠运气或恩典，而是凭借自己的努力和奋斗。这是优绩至上理念的核心。优绩至上主义颂扬自由——凭努力工作掌握自己命运的能力——和应得的权利。如果我要为积累可观的世俗财富——收入和财产、权力和声望——负责，那么我必须配得上这些世俗财富。成功是美德的标志。我发的财是我应得的。

这种思维方式赋予我们力量，鼓励人们这样思考：自己对自己的命运负责，而不是成为自己无法控制的力量的受害者。但这种思维方式也有黑暗的一面。我们越是认为自己是白手起家、自给自足的，就越不可能关心那些比我们不幸的人的命运。如果我的成功是我自己努力实现的，那么他们的失败一定是他们自己的错。这种逻辑显示优绩至上原则侵蚀了人与人之间的共通性。对我们的命运负有个人责任的观念过于强烈，让我们很难换位思考。

在过去 40 年里，优绩至上的预设加深了对民主社会公共生活的影响。尽管不平等已经扩大到不容忽视的程度，但公共文化强化了这样的观念：我们要对自己的命运负责，我们所得到的一切是我们应该得到的。似乎全球化的赢家需要说服他们自己和其他所有人，那些处于顶端和底层的人已经到达属于他们的位置。即便不是这样，只要我们能够消除通往机会的不公平障碍，他们就会回到属于他们的位置。近几十年来，主流中右翼和中左翼政党之间的政治争论主要关于如何解释机会平等及如何实施机会平等，来让人们能够凭借自己的努力和才能取得更大的进步。

## 奋斗与应得

我最早是从与学生的交流中注意到优绩至上情绪的高涨的。1980 年以来，我一直在哈佛大学教授政治哲学，有时会有人问及这些年来学生的观点发生了怎样的变化。我通常觉得这个问题很难回答。在课堂上就我所教的主题——公正、市场和道德、新技术的伦理——开展辩论，学生们总是会表达各种各样的道德和政治观点。我没有注意到任何决定性的趋势，但有个例外：从 20 世纪 90 年代开始到现在，我的学生中似乎有越来越多的人相信，他们的成功是他们自己努力的结果，是他们自己取得的。在我教的学生中，这种优绩至上的信念得到了强化。

起初，我以为这是因为他们成长于罗纳德·里根时代，吸收了当时的个人主义哲学。但这些学生大多不是政治上保守的学生，信奉优绩至上的学生涵盖了各个政治派别。在关于大学招生的平权法案是否公正的争论中，他们的态度表现得尤为激烈。无论学生支持还是反对平权法案，大多数人都坚信他们努力学习才有资格进入哈佛大学，因此他们在哈佛的地位是当之无愧的。至于他们被录取是因为运气或其他自己无法控制的因素的说法，都会遇到哈佛学生的强烈抵制。

在精英大学学生中，优绩至上的看法日益强烈，这一现象不难理解。在过去的半个世纪里，录取到精英大学的路变得越来越难走，越来越令人畏惧。就在 20 世纪 70 年代中期，斯坦福大学录取了近 1/3 的申请人。20 世纪 80 年代初，哈佛大学和斯坦福大学录取了大约 1/5 的申请人；2019 年，这两所大学只录取了不到 1/20 的申请人。随着入学竞争的加剧，渴望进入一流大学（或被父母期望进入一流大学）的孩子们的青春期已成为激烈奋斗的战场——为了给大学招生委员会留下深刻印象，大学预修课程、私人升学辅导、SAT 培训、体育和其他课外活动、实习和在遥远国度的志愿活动都安排得很紧，压力很大，让人感到紧张，所有这些都是在为孩子寻求最好前程的超级父母的督导下进行的。

如果你不相信你能凭自己的努力和勤奋工作获得成功，你就很难从这种压力和奋斗的挑战中走出来。这并不会让学生变得自私或不负责任，他们中的许多人把大量时间投入公共服务和其他公益活动，这段经历确实让他们成为坚定的精英。就像他们的清教徒先人一样，这些学生相信他们通过努力工作所取得的成功是他们应得的。

我注意到，大学生中的精英意识并不是美国独有的现象。2012 年，我在中国东南沿海的厦门大学做了一次演讲，我的演讲主题是“市场的道德限度”。近期的头条新闻报道了一名中国少年为了买 iPhone（苹果手机）和 iPad（苹果平板电脑）而卖掉了自己的一个肾，[1]我问学生们对这件事情的看法。在随后的辩论中，许多学生持自由主义观点：如果该少年在没有压力或胁迫的情况下自愿同意卖肾，那他有权这样做。也有一些学生不同意，认为富人可以通过从穷人那里购买肾脏延长自己的寿命，这是不公平的。大厅后面的一位学生提出：有钱人赚了钱，就是有功劳，所以应该活得更久。

我被这种厚颜无耻的优绩至上思维吓了一跳。回想起来，我意识到，这在道德上类似于成功神学信仰，即健康和财富是上帝青睐的标志。当然，说出这句话的中国学生可能并没有沉浸在清教徒或天命论的传统中，但他和他的同学们是在中国转向市场社会的过程中成长起来的。

在过去 10 年里，我在访问中国多所大学时遇到许多学生，他们的道德直觉中深深地存在这样一种观念：那些成功的人所赚的钱是他们应得的。尽管存在文化差异，但这些中国学生就像我在哈佛大学的学生一样，是在高度竞争的市场社会背景下展开的高度竞争的录取过程中的赢家，难怪他们会抵制这样一种想法，即我们的成功另有原因，他们更容易被另一种想法吸引：我们赢得了成功，无论制度对我们的努力与天分给予什么样的回报，那都是我们理应得到的。

## 市场与优绩至上

邓小平在 20 世纪 70 年代末、80 年代初启动中国的市场改革时，英国的撒切尔夫人和美国的罗纳德·里根都在寻求让他们的社会更多地依赖市场。这一时期对市场的信仰为随后几十年优绩至上价值观及其实践的兴起奠定了基础。

可以肯定的是，市场并不一定依赖于优绩至上的假设。支持市场机制最常见的论点与效用和自由有关。第一种观点认为，市场创造了刺激 GDP 增长和总体福利最大化的激励机制；第二种观点认为，市场让人们自由选择他们所交换的商品的价值。

20 世纪 80 年代的市场必胜论促使人们提出了第三个理由，即优绩至上论：只要在机会均等的公平体系中运作，市场就会让每个人得到他应得的东西。只要每个人都有平等的竞争机会，市场结果就会奖励优秀的人。

在撒切尔和里根的自由市场保守主义中，优绩至上伦理有时是隐而不现的，但这一观念在他们的继任中左翼人物的政治中得到了最充分的表达，原因在于 20 世纪 90 年代以来中左翼政治争论的显著特征：托尼·布莱尔和比尔·克林顿等政治人物没有质疑撒切尔和里根的市场信念，而是接受了这套信念，并想要软化其最苛刻的特征。

他们接受了里根—撒切尔的观点，即市场机制是实现公共利益的首要工具，但他们希望确保市场在公平的条件下运行。所有公民，无论其种族或阶级、宗教或民族、性别或性取向如何，都应该能够在平等的条件下参与竞争，以获取市场给予的回报。对中左翼自由主义者来说，机会平等不仅仅需要消除歧视，还要求获得教育、医疗保健、儿童保育和其他服务，让人们能够在劳动力市场上有效竞争。

于是，从 20 世纪 90 年代到 2016 年，亲市场的中左翼自由主义主张如下：让每个人都能在平等的条件下竞争，这不仅符合市场社会的要求，也是实现市场机制基本原则的方式。其中两个原则是公平和生产力。消除歧视和扩大机会将促进市场变得更加公平，吸纳更广泛的人才进入市场会让市场更具生产力。（比尔·克林顿经常在生产力论的掩护下提出关于公平的论点，比如他会说："我们不能浪费一个人。"[2]）

除了公平和生产力，自由派的观点还指向了第三个更有力的理想，即隐含在市场中的理想：让人们能够完全基于努力和天赋进行竞争，会实现市场结果与才能的一致性。在机会真正平等的社会里，市场会给予人们应得的东西。

在过去的 40 年里，关于价值和应得的表述，已经成为公共话语的核心。向优绩至上的转变一方面显示了英才统治冷酷的一面，其冷酷性体现在对个人责任的严格要求上，这种要求伴随着对福利制度的控制和把风险从政府和公司转移到个人身上的努力。[3] 这种转变另一方面则更有抱负。优绩至上观念体现在所谓的阶层跃升的话语中，保证那些努力工作并遵守规则的人应该站在他们的才能和梦想所能达到的高度。近几十年来，关于个人责任和阶层跃升的话语引发了激烈的政治争论，最终导致了民粹主义对精英统治的强烈抑制。

## 责任的言辞

20 世纪八九十年代，有关责任的言论在针对福利制度的辩论中占据了重要地位。在 20 世纪的大部分时间里，针对福利制度的争论都是有关团结的争论，以及关于我们作为公民应该为彼此承担什么。一些人对团结的观念有更高的要求，另一些人的观念则有更多的限制性。20 世纪 80 年代以来，针对福利制度的辩论与其说是关于团结的，不如说是关于弱势群体在多大程度上要对他们的不幸负责的。一些人主张更严格的个人责任观念，另一些人则主张有限个人责任。

个人责任的拓展观念是一条线索，表明优绩至上的预设正在准备实施。我们对命运负责得越彻底，我们的生活就越值得赞扬或责备。

里根、撒切尔对福利制度的批评认为，人们应该对自己的福祉负责，而国家与社群只应帮助那些不幸并非由自己的过错造成的人。“我们永远不会抛弃那些并非由于自己的过错而必须得到我们帮助的人，”里根在国情咨文中宣称，“但是，让我们努力看看有多少人能够摆脱对福利的依赖，实现自力更生吧。”[4]“并非由于他们自己的过错”，这句话发人深省，一开始是慷慨的比喻：“那些并非因自己的过错”而需要帮助的人有权要求社群的帮助。但是，就像所有的责任归属一样，这一条件也有冷酷的一面。如果说环境的受害者应该得到我们的帮助，那么可以说与自己的不幸有关系的人不应该得到我们的帮助。

在总统辞令中，卡尔文·柯立芝和赫伯特·胡佛首次使用了“并非由于他们自己的过错”，这意味着严格的个人责任概念：那些由错误的选择导致贫困或健康状况不佳的人不应得到政府的帮助，而应该自己照顾自己。富兰克林·D. 罗斯福在谈论由大萧条导致失业的人不应该受到责难时，不时地采用这句话。[5]

罗纳德·里根想要削弱政府的作用，他比此前任何一任总统都更频繁地使用“并非由于他们自己的过错”，但在里根之后的每一位民主党继任总统——比尔·克林顿和巴拉克·奥巴马——采用它的频率都达到了里根的两倍。[6] 在这样做的时候，他们像里根一样，含蓄地区分了值得帮助的穷人和不值得帮助的穷人。那些由于无法控制的力量而挣扎的人应该得到政府的援助，那些对自己的不幸负有责任的人则可能不应得到援助。

1992 年，克林顿在竞选总统时保证“结束我们所知道的福利”。作为总统，他把责任的言辞与阶层跃升的话语联系在一起，让人同时想起了精英统治冰冷严酷的一面和抱负宏大的一面。“我们必须做美国最擅长的事情，”他在第一次就职演说中宣布，“为所有人提供更多的机会，要求所有人承担更多的责任。现在是时候戒除从我们的政府或彼此那里不劳而获的坏习惯了。”[7]

责任的言辞和阶层跃升的话语有一个共同点：两者都指向自力更生和自我创造的理想。在 20 世纪八九十年代，责任意味着摆脱福利，找到一份工作，机会意味着获得能够在劳动力市场有效竞争的教育和技能。如果机会是平等的，那么人们能凭借他们的努力和才能向上跃升，他们的成功会是其所作所为的衡量标准。“所有美国人不仅有权利，而且有庄严的责任，向上攀登到各自的天赋与毅力所能达到的高度，”克林顿宣称，“机遇和责任这二者相辅相成，我们不能只有一个而没有另一个。”[8]

克林顿赞同里根的观点，即福利发放对象应仅限于那些“并非因自身过错而需要帮助的人”。克林顿说：“政府的作用是创造经济机会，帮助那些并非由于自身过错而承受经济负担的人。”[9] 1996 年，他签署了一项福利改革法案，该法案要求个人承担更大责任，要求福利领取者工作，并限制他们享受福利的时间，但这一法案遭到了许多民主党同僚的反对。[10]

对责任及其优绩至上的内涵的重新强调，跨越了大西洋两岸。当克林顿以个人责任的名义实施福利改革时，即将成为英国首相的托尼·布莱尔也发出了类似的信息：“我们需要为新时代的福利问题达成新的解决方案，在这个新时代，机会与责任并存。”布莱尔明确表示，他的政治目标是追求优绩至上。“新工党致力于实现优绩至上，”他写道，“我们认为，人们应该能够凭借自己的才能而不是出身或特权优势实现阶层跃升。”[11]

几年后，德国总理格哈德·施罗德用类似的措辞为福利改革辩护：

> 我们的福利国家正在经受全球化风暴的考验，采取这些措施，我们才能平稳承受风暴的考验。在这样做的过程中，我们在各个方面都需要增加责任：为我们自己承担更多的个人责任，为我们孩子的机会承担更多的共同责任……就社会政策而言，这意味着每个人都有同样的机会，也意味着每个人都有责任抓住机会。[12]

到目前为止，责任的言辞还是大家熟悉的面貌，以至于人们很容易忽略责任一词在近几十年来的独特含义，以及责任与优绩至上原则对成功的解释之间的联系。长期以来，政治领导人一直在谈论责任，通常指的是公民对国家和同胞的义务。正如亚沙·芒克所指出的，责任现在指的是“我们有责任照顾好自己——我们如果不这样做就得承担后果”。福利国家少了“责任缓冲”，而多了“责任跟踪”。把福利资格限制在那些因运气不好而不是不良行为而陷入困境的人身上就是例子，这是想要根据人们的所作所为来对待他们。[13]

## 尽你所能，达所当止

阶层跃升的话语很新颖，也很容易遭人忽视。机会平等和阶层跃升的理想一直是美国梦的一部分。这些理想也激励了许多其他社会。人们应该能够凭借自己的才能和努力工作实现跃升，这一观念已是老生常谈，几乎没有争议。主流政治家经常援引这句话，没有人反对这一点。

但令人惊讶的是，这个口号其实挺新的。在过去40年里，这句话才在美国政治话语中变得突出。罗纳德·里根是第一位将其作为政治理论支柱的美国总统。在白宫为政府的黑人成员举行的简报会上，他明确指出了优绩和晋升权利之间的联系。“所有美国人都有权仅仅依据个人的成就来得到评判。”他说，“梦想有多远，勤奋工作就能让每个人走多远！”对里根来说，阶层跃升的话语不仅仅关于消除歧视。它有很多用处，包括主张减税。降低税收会“扫除通往成功之路的障碍，让所有美国人都能凭借自己的辛勤劳动、技能、想象力和创造力走得更远”。[14]

比尔·克林顿采用了里根的口号，并经常使用。“我们从小就有简明而强大的美国梦：只要你努力工作，遵守规则，你就应该有机会在上帝赋予你的能力范围内走得更远。”到21世纪初，阶层跃升的话语已经成为美国两党共同的言论。共和党人乔治·W.布什、约翰·麦凯恩和马尔科·鲁比奥都援引了这一点。但没有哪个美国总统比巴拉克·奥巴马更热衷于这一口号，他用这一口号的次数超过了历届总统的总和。事实上，这可以说是他总统任期的中心主题。[15]

“谈到高等教育时，”奥巴马在白宫对一群教育工作者说，“最重要的就是确保聪明上进的年轻人……有机会利用他们的才能、职业道德和梦想走得更远。”他认为大学教育是阶层跃升的主要机制。“现在，作为一个国家，我们不承诺平等的结果，但我们国家得以创建的理念是，每个人都应该有平等的成功机会。无论你是谁，无论你长什么样，无论你来自哪里，你都能成功。这是美国的基本承诺。你的起点不应该决定你的终点。所以我很高兴看到大家都想上大学。”[16]

在另一个场合，奥巴马举了他的妻子米歇尔的例子。她出身于工人阶级家庭，但就读于普林斯顿大学和哈佛大学法学院，并得以实现阶层跃升。“米歇尔和她的兄弟能够接受令人难以置信的教育，并在他们的梦想中行以致远。”这支持了奥巴马的信念：“是什么让美国如此与众不同？是什么让我们如此特别？是这项基本契约：在这个国家，无论你长什么样，来自哪里，姓什么，经历了什么挫折，只要你努力工作，只要你愿意承担责任，你就能成功。你可以出人头地。”[17]

与里根和克林顿相呼应的是，奥巴马的阶层跃升话语指向了优绩至上原则。这一原则强调不歧视（无论你长什么样，无论你来自哪里），坚持努力工作，并告诫公民对自己负责。这就是阶层跃升话语和优绩至上伦理之间的联系：如果机会是真正平等的，那么不仅人们会因为他们的才能和努力而实现提升，而且他们的成功将是他们自己的成就，他们将得到他们应得到的回报。

## 得到你应得到的

随着阶层跃升话语的日益突出，优绩和应得的语言在整个公共文化中得到了越来越多的表达。回想一下 20 世纪七八十年代无处不在的麦当劳广告口号（和顺口溜）：“你今天值得休息一下。”或者看看书和报纸。谷歌的 Ngram 功能可以跟踪单词和短语在书中出现的频率，根据谷歌的 Ngram 检索，1970—2008 年，“你值得拥有”（you deserve）这个短语的使用次数增加了两倍多。在《纽约时报》上，“你值得拥有”在 2018 年出现的次数是罗纳德·里根上任那年的 4 倍多。[18]

一些对应得的引用明确地与优绩至上思维有关。例如，1988 年《纽约时报》的一篇文章描述道，录有伴随海浪声、带催眠效应、在潜意识层面有激励信息的轻言低语的录音磁带，其销量不断增长。其中一条信息是：“我应该比爸爸做得更好。我应该成功。我应该达到我的目标。我应该富有。”但随着应得的表述注入流行文化，这句话变成了令人宽慰的、万能的成功承诺，就像《纽约时报》近期一份食谱的标题：“你值得吃到更多汁的鸡肉。”（吃到你想要的嫩鸡肉的秘诀是什么？不要煮过头。）[19]

随着优绩和应得的表述在日常生活中变得越来越突出，类似的事情也发生在学院哲学中。20 世纪六七十年代，主要的英美哲学家反对优绩至上，理由是人们在市场上的收入取决于他们无法控制的偶然性，比如对一个人的才能的需求，以及一个人的才能是普通的还是罕见的。但到了 20 世纪八九十年代，一群有影响力的哲学家——或许反映了当时政治中盛行的责任言辞——重新开始为优绩辩护。他们被称为运气平等主义者，他们认为，社会帮助失利者的义务取决于找出穷人中谁应该为他们的不幸负责，以及谁是坏运气的受害者。他们坚持认为，只有那些对自己的困境不负责任的人才应该得到政府的帮助。[20]

在政客中，优绩和应得的表述与阶层跃升的话语相伴而行。在 20 世纪六七十年代，美国总统很少想要通过告诉听众他们应该得到什么来左右听众。约翰·F. 肯尼迪从未用过“你值得拥有”这个短语。里根改变了这一点，他采用“你值得拥有”的次数比他的五位前任加起来还要多。[21]例如，他在1983年对一群商界领袖发表讲话时说：“那些靠自己的努力取得成功的人应该得到奖励。”

> 这个国家不是建立在嫉妒和怨恨的基础上的。我一直坚信的梦想是，无论你是谁，无论你来自哪里，只要你努力工作，振作起来并取得成功，那么，天哪，你就应该得到人生的奖赏。人人努力争取这种奖赏，让美国成为世界上最伟大的国家。[22]

在里根之后，“你值得拥有”成为总统演讲中所有党派的固定用语。克林顿使用这个短语的次数是里根的两倍，奥巴马的频率是里根的三倍，讲话场合包括从日常谈话到各种重要场合。国防部在一座城市新设了行政中心，增加了不少工作岗位，克林顿在该市发表讲话：“你们得到它，是因为你们值得拥有它。”奥巴马在向一群仓库工人发表讲话时宣称：“如果你辛苦工作了一天，那你应该得到体面的报酬。”在俄亥俄州的一所社区学院演讲时，他为中产阶级的减税政策辩护说：“你们应该休息一下，你们应该得到一些帮助。”[23]

在英国，托尼·布莱尔在20世纪90年代所表达的对优绩至上的信念继续影响着英国政治，甚至在英国脱欧公投之后也是如此。2016年，特蕾莎·梅在成为英国首相后不久就发表了对英国的愿景——“真正优绩至上的不列颠”。谈到普通的工人阶级，梅宣称：“他们应该得到更好的待遇。”特蕾莎·梅提出的所谓更好待遇要靠遵守优绩至上的原则来获得。[24]

> 我希望大不列颠成为世界上最伟大的优绩至上国家：在这个

> 国家，每个人都有公平的机会，在他们的才能和努力工作允许的范围内走得更远……我希望大不列颠成为优势是建立在优绩而不是特权基础上的地方。重要的是你的天赋和努力，而不是你出生在哪里、你的父母是谁，或者你的口音是什么。[25]

尽管谈到了阶层跃升和应得，但大多数美国政治家并没有明确谈到优绩至上，奥巴马是个例外。例如，在接受 ESPN（娱乐与体育电视网）体育评论员的采访时，他若有所思地说，体育吸引人们的是“这是少数几个真正实行优绩至上原则的地方之一。没有太多废话。最终，谁赢了，谁输了，谁在表演，谁没有——一切都摆在那里”。[26]

在 2016 年总统竞选期间，希拉里·克林顿经常采用阶层跃升与应得的言辞：“我们的竞选活动就是重申我们的基本信念，那就是：在美国，每个人，不管你长什么样，你是谁，你爱谁，你都应该有机会走得更远，只要你的努力和梦想能带你走得更远。”希拉里发誓，如果她当选，“让你得到你应该得到的，就会成为可能”。在一次竞选集会上，她宣称：“我希望这是真正的优绩至上。我厌倦了不平等。我想让人们感受到，他们如果为之努力，就能获得成功。”[27]

## 民粹主义的强烈抵制

不幸的是，到 2016 年，希拉里·克林顿的阶层跃升话语已经失去鼓舞人心的能力。击败她的候选人唐纳德·特朗普没有谈到阶层跃升，也没有谈到美国人可以凭借自己的才能和努力工作取得更大进步的信念。据我所知，特朗普在竞选期间从未使用过这一口号，在他的总统任期内也从未使用过。相反，他直言不讳地谈到了赢家和输家，并保证要让美国再次伟大。但他的伟大愿景与实现优绩至上这一主题毫无关系，尽管后者在过去 40 年里一直活跃在美国的公共话语中。

事实上，有理由认为民粹主义对自命不凡的精英的反感在特朗普当选中起了一定的作用。当年早些时候，英国举行了一场令人惊讶的投票，决定退出欧盟，也与这种反感有关。选举是复杂的事件，很难确切地说出是什么促使选民在投票时做出选择。但许多工人阶级选民支持特朗普，支持英国脱欧，支持其他国家的民粹主义政党。这些工人阶级选民似乎对阶层跃升的承诺不太感兴趣，而对重申国家主权、身份和自豪感更感兴趣。他们憎恨主张优绩至上的精英、专家和专业人士阶层，这些家伙颂扬市场驱动的全球化，从中获益，迫使劳动人民接受外国竞争的挤压。他们似乎更认同全球精英，而不是他们的同胞。

并不是所有民粹主义者对现有秩序的不满都是对优绩至上的傲慢做出的回应，一些不满与仇外心理、种族主义和对多元文化主义的敌意纠缠在一起。在一定程度上，引起民粹主义反弹的是一种令人难堪的感觉，即那些站在优绩至上等级制度之上的人蔑视那些他们认为成就不如自己的人。这种民粹主义的抱怨并非没有根据，几十年来，主张优绩至上的精英们吟诵着这样一句咒语：那些努力工作、遵守规则的人可以凭借自己的才能平步青云。他们没有注意到，对那些困在底层或挣扎着维持生活的人来说，阶层跃升的话语与其说是承诺，不如说是嘲讽。

这可能就是支持特朗普的选民在听到希拉里·克林顿关于优绩至上的辞令时却感觉像是听到了咒语。对他们来说，阶层跃升的话语更多的是侮辱而不是鼓舞。这并不是因为他们拒绝优绩至上的信念，相反，他们拥护优绩至上，但认为优绩至上已经是现成的运作方式。他们并不认为这是尚未实现的计划，需要政府采取进一步行动，来消除实现目标的障碍。这部分是因为他们担心这种干预会有利于少数民族和少数种族，从而违反而不是维护他们所认为的优绩至上原则。这也是因为，在努力取得了些许成功之后，他们接受了市场对自己的严厉裁决，并在道德和心理上投入其中。

2016 年总统大选后开展的一项调查，要求特朗普的支持者和反对者表达是否同意关于美国如何遵守优绩至上原则的几个说法，包括以下内容："总的来说，美国社会是公平、公正的"；"个人对其在社会中的地位负有责任"；"任何愿意寻找经济发展机会的人都可以得到这些机会"；"美国社会已经到达这样一个阶段，即美国白人和美国少数种族 / 民族享有平等的成功机会"。[28] 不出所料，与经济背景较差的受访者相比，富有的受访者更容易同意这些说法。但排除阶级地位的因素，特朗普的支持者比不支持特朗普的人更强烈地赞同这些陈述。[29] 特朗普的支持者憎恨自由派的阶层跃升话语，不是因为他们拒绝优绩至上，而是因为他们认为这描述了主流社会秩序。他们服从优绩至上主义的规则，接受了优绩至上规则根据他们自己的是非曲直做出的严酷评判，并相信其他人也应该这样做。

优绩至上论的暴政不仅仅来自阶层跃升的话语，它包含了一系列的态度和环境，这些态度和环境加在一起，让优绩至上变得"有毒"。首先，在不平等现象猖獗和流动性停滞的情况下，重申我们对自己的命运负责，以及我们得到的就是我们应得的东西，这些说法削弱了团结，并让那些被全球化抛在后面的人士气低落。其次，坚持认为大学文凭是获得受人尊敬的工作和体面生活的首要途径，这造成了文凭主义偏见，损害了工作的尊严，贬低了那些没有上过大学的人。最后，坚持认为社会和政治问题最好由受过高等教育、价值中立的专家来解决，这是技术官僚的自负，腐蚀了民主，剥夺了普通公民的权力。

## 如果你努力，你就能成功吗？

当政客们以令人麻木的频率重申神圣的真理时，我们有理由怀疑这不再是真理。阶层跃升的话语就是这样的例子。在不平等程度接近令人恐惧的程度时，有关阶层跃升的话语也达到了登峰造极的程度，这并非偶然。最富有的 1% 的人的收入超过整个底层一半人口的收入总和，[30] 中等阶层的收入也停滞了 40 年，[31] 努力和勤奋会让你走得更远的想法开始变得空洞。

这种空洞导致了两种类型的不满：一种是当制度未能兑现优绩至上的承诺时，那些努力工作并遵守规则的人无法进步，就会产生挫折感；另一种是人们相信优绩至上的承诺已经实现，而他们失败了，这让人感到绝望。这种不满更令人沮丧，因为这意味着对那些被甩下的人来说，他们的失败是自己的错。

美国人比世界上大多数人更坚持这样的信念：努力工作才能成功，我们的命运掌握在自己手中。根据全球民意调查，大多数（77%）美国人相信人们只要努力就能成功，只有一半的德国人这么看。在法国和日本，大多数人认为努力工作并不能保证成功。[32]

当被问及“什么因素对人生的成功至关重要”时，美国人以令人惊讶的比例（73%）把努力工作放在第一位，这反映了新教工作伦理的持久性。在德国，只有不到一半的人认为努力工作对获得成功非常重要。在法国，只有 25% 的人这样看。[33]

与所有这类调查一样，人们表达的态度取决于问题是如何提出的。相比被问到工作与成功的关系，当被问到为什么有些人富有而另一些人贫穷时，美国人对努力的作用就不那么确定了。当被问及富人富有是因为他们比别人更努力工作，还是因为他们在生活中有优势时，美国人的选择就变成了各占一半。而当被问及人们为什么贫穷时，大多数人认为这是由他们无法控制的环境因素造成的。只有 30% 的人认为贫穷是由于缺乏努力。[34]

相信提高工作效率是通往成功之路，反映了我们是自己命运的主人、我们的命运掌握在自己手中这一更广泛的信念。美国人比其他大多数国家的公民更相信人们能够掌控自己的命运。大多数（57%）美国人不同意生活中的成功在很大程度上是由我们无法控制的力量决定的这一说法。相比之下，包括大多数欧洲国家在内的其他国家的大部分人认为，成功主要是由我们无法控制的力量决定的。[35]

这些关于工作和自救的观点，会影响到公民之间的团结和是否愿意共同承担义务。如果每个努力工作的人都能成功，那么那些失败的人就不能责怪任何人，只能责怪他们自己，而且很难找到帮助他们的理由。这是优绩至上规则冷酷的一面。

如果那些处于顶端的人和那些处于底层的人都要对自己的命运负全部责任，那么社会地位就反映了人们本来就应该得到的东西。富人之所以富有，是因为他们自己的作为。然而，如果将社会中最幸运成员的成功归功于好运、上帝的恩典或群体的支持，那么分担彼此命运的道德理由就更强了。这也更容易证明“我们都在一起”。

这或许可以解释，为什么坚信人们是自己命运的主人的美国，其福利制度没有欧洲社会民主党那么慷慨，欧洲各国公民倾向于把他们的生活环境归为他们无法控制的力量。如果每个人都能通过努力和辛勤工作取得成功，那么政府只需要确保工作和机会真正向所有人开放。美国中左翼和中右翼的政客们可能会在机会平等政策的实际要求上产生分歧，但他们都认为政策目标是为每个人提供阶层跃升的机会，无论每个人的人生起点是什么。换句话说，他们赞同流动性是解决不平等的办法——那些实现阶层跃升的人会取得成功。

但美国人对凭借努力和勇气能够实现阶层跃升的信念不再符合现实。在第二次世界大战后的几十年里，美国人可以期望他们孩子的经济状况比他们的更好。今天，情况不再是这样的：在 20 世纪 40 年代出生的孩子中，几乎所有人（90%）的收入都超过了父母；在 20 世纪 80 年代出生的孩子中，只有一半人的收入超过了父母的收入。[36]

从贫穷到富裕的过程也比人们普遍认为的阶层跃升的过程更难。在美国出生的穷人中，很少有人能升到上层。事实上，大多数人甚至无法进入中产阶级。对阶层跃升的研究通常把收入阶梯分为五个等级。在那些出生于最低一层（收入最低的 20% 的家庭）的人中，只有大约 4%～7% 的人升到了最高一层（收入最高的 20% 的家庭），只有大约 1/3 的人升到了中层或更高的阶层。尽管每项研究的具体数据不尽相同，但很少有美国人能活出美国梦中白手起家的故事。[37]

事实上，美国的经济流动性比其他许多国家都要小。与德国、西班牙、日本、澳大利亚、瑞典、加拿大、芬兰、挪威和丹麦相比，美国人经济上的优势和劣势更容易代代相传。在美国和英国，高收入父母近一半的经济优势传给了他们的子女，这是加拿大、芬兰、挪威和丹麦（这些国家的人口流动性最高）的子女继承收入优势的两倍多。[38]

事实证明，丹麦和加拿大的孩子比美国孩子更有可能从贫穷走向富有。[39] 按照以上说法，美国梦在哥本哈根依然存在。

美国梦也在中国北京蓬勃发展。《纽约时报》近期的一篇文章展现了以下情景：

> 想象一下你要打赌。有两个18岁的年轻人，一个在中国，另一个在美国，他们都很穷，前途渺茫。你必须选择一个更有机会实现阶层跃升的人，你会选谁？
>
> 不久前，答案似乎很简单。毕竟，“美国梦”早就承诺为所有努力工作的人提供通往更美好生活的道路。
>
> 但今天的答案令人吃惊：中国崛起得如此之快，你在那里提高生活地位的机会大大超过了美国。[40]

考虑到中国1980年以来前所未有的经济增长，这一结论并不像看起来的那么令人惊讶。在中国，富人和穷人都实现了收入增长，而在美国，增长的收益主要流向了那些最富有的人。尽管按人均计算，美国仍是比中国富裕得多的国家，但如今这一代中国年轻人比他们的父辈更富有。[41]

更令人惊讶的是，根据世界银行的数据，中国的收入不平等水平与美国大致相同。此外，中国现在的代际流动性比美国更大，这意味着在美国这个充满机遇的地方，你赚多少钱与你的起点比在中国联系得更紧密。[42]

看到这些发现时，我的学生感到不安。他们本能地相信美国例外论，相信美国是个努力工作就能取得成功的地方。这种阶层跃升的信念是美国传统上针对不平等的解决方案。是的，他们的理由是，美国的收入不平等可能比其他民主国家更严重。但在这里，不像欧洲那些更严格的、阶级界限分明的社会，不平等问题不那么重要，因为没有人会被归入个人出生时所在的那个阶层。

但一旦他们了解到美国比其他许多国家不平等程度更高而流动性更低，他们就会感到困扰和难以理解。一些人拒绝接受流动性数据所显示的信息，而更乐于引用他们自己的奋斗和成功经验。我有一位来自得克萨斯州的保守派学生回应说，根据他的经验，真正重要的是一个人工作有多努力。“在我就读的高中，每个人都明白规则。”他说，“如果你在学校努力学习，表现出色，你就能进入好大学，找到好工作。如果做不到，你就得去油田工作。事情就是这样发展的。”另一些人虽然在高中期间也付出了艰苦的努力，但他们承认帮助他们取得成功的支持另有来源。

我的一些学生认为，即使美国梦与事实不符，重要的是不要传播这些信息，最好的办法是保护人们的想法不被搅乱，这样他们就会继续相信，只要持续发挥他们的才能并努力工作，他们就有可能实现阶层跃升。这会把美国梦变成柏拉图所说的“高尚的谎言”，这种信念虽然不真实，但可以诱导公民接受某些不平等现象是正当的，从而维持公民之间的和谐。在柏拉图的著作中，这是个神话，上帝创造了灵魂中有不同金属的人，赋予了神圣的安排，其中由哲学家国王领导的卫士阶级统治着城邦。[43] 在我们这里，这也是个神话：在美国，尽管贫富差距很大，但即使是底层的人，只要努力就也能成功。

对美国人的阶层跃升前景，我的学生并不是唯一持错误看法的人。当研究人员询问美国和欧洲国家的民众，从贫困变得富有的可能性有多大时，受访者普遍弄错了答案。然而，有趣的是，他们犯了相反的错误：美国人高估了美国人实现阶层跃升的机会，而欧洲人低估了欧洲人实现阶层跃升的机会。[44]

## 看到什么与相信什么

这些结果揭示了我们理解社会安排和政治安排的重要方式。我们根据自己的希望和恐惧来认识世界。乍一看，人们似乎只是对其社会中社会阶层流动性的情况缺乏了解。但有趣且需要解释的是，这些误解有特定的形态。欧洲社会比美国更平等，社会阶层流动性更大；欧洲人对阶层跃升的可能性过于悲观，美国人则过于乐观。为什么会这样?

在上文提到的两种神话的情景下，对观念的信念和对事实想当然的确信都塑造了人们的认知。美国人对个人主动性的强烈依恋，以及他们愿意接受不平等，导致他们夸大了凭借努力工作实现阶层跃升的可能性。欧洲人对个人努力战胜一切的怀疑，以及他们对不平等的容忍度较低，导致他们低估了向上攀升的可能性。

这种借助我们的理想和期望看待世界的倾向，揭示了优绩至上的承诺是如何让工人阶级和中产阶级选民感到沮丧，甚至感到被羞辱的。从表面上看，这很让人困惑：谁会反对打破壁垒、创造公平竞争环境、改善教育机会的提议，从而让每个人而不仅仅是那些生来享有优势的人都有机会实现美国梦呢？难道阶层跃升的话语不会吸引工人阶级和中产阶级选民，告诉他们说他们可以从教育机会、职业培训、儿童保育、家庭休假和自由派与进步派提供的其他政策中受益吗？

不，不一定。2016 年，随着全球化对普通工人的有害影响变得清晰，自由派精英们提出的阶层跃升话语传达了冷酷的暗示。即使面对不平等日益加剧，自由派精英也坚持认为我们要对自己的命运负责，因此，无论是获得成功还是遭遇不幸，都是我们应得的。

这种看待不平等的方式助长了精英的傲慢，强化了一种信念，即那些从全球化中获益的人理应得到奖赏，而那些落在后面的人理应贫困度日。奥巴马总统的经济顾问拉里·萨默斯直言不讳："对我们社会的一大挑战是，真相是打破平衡的东西。在我们的社会中，不平等加剧的原因之一可能是人们被对待的方式更接近他们应该被对待的方式。"[45]

也许有人会为阶层跃升的话语辩护，认为这些言辞是把平等竞争的机会描述为值得追求的理想，而不是我们所生活的世界的现实。但是优绩至上原则总是会过度延伸。它开始是一种理想，随后就滑入对事情就是如此的主张。

尽管阶层跃升的话语鼓舞人心，指向了尚未兑现的承诺，但它总是会变成一种祝贺："在美国，每个努力工作的人都能向上跃升。"就像大多数强有力的言辞一样，这种表述把渴望与祝贺混为一体，把希望说成事实。

奥巴马的言论就是很好的例子。2012 年，他在一次广播讲话中说："在这个国家，不管你长什么样、来自哪里，只要你肯努力学习，你的天赋能让你走多远，你就能走多远。只要你肯努力，你就能成功。"[46]

奥巴马的听众不会错误地认为他们的总统是在描述美国的实际运

作方式，他们知道总统是在展现他希望实现的更平等、更具流动性的社会理想。奥巴马以祝贺的语气赞扬美国实现了这样一种理想社会：努力工作才是成功的关键，继承特权不是。

然而，随着他继续讲话，他从祝贺变成了渴望："我之所以能成为今天的美国总统，是因为教育给了我机会，我希望美国每个孩子都能有这样的机会。这就是我奋斗的目标。我既然有幸成为你们的总统，这就是我会继续奋斗的目标。"[47]

这种从事实到希望，再从希望到事实的倾向，不是口误，也不是哲学上的混乱，而是政治修辞的特征。这在阶层跃升的话语中表现得特别尖锐，它把希望和事实混为一谈，混淆了输赢的意义。如果优绩至上是一种抱负，那么那些达不到目标的人总是可以归咎于制度；如果优绩至上是事实，那么那些达不到目标的人就应该责备自己。

最近几年，他们首先要为没能获得大学文凭而自责。精英的傲慢最令人难堪的特征之一就是文凭主义。

# 4

# CREDENTIALISM:

## The Last Acceptable Prejudice

# 文凭主义：最后可接受的偏见

把大学文凭作为获得有尊严的工作和赢得社会尊重的条件，围绕这一理念构建政治，会对民主生活产生腐蚀作用。

多年来，迈克尔·科恩一直担任唐纳德·特朗普的私人律师和调停人。2019 年 2 月，他在众议院听证会上做证。那时，他已经背叛前老板，并揭露了他代表特朗普办的一些令人厌恶的事，包括向色情明星支付封口费，以阻止她披露与特朗普的婚外情。在证词中，科恩还透露了他在特朗普的要求下完成的另一项任务：威胁特朗普曾就读的大学和大学理事会，如果他们公开特朗普的大学成绩或 SAT 分数，特朗普就要起诉他们。[1]

据推测，特朗普对自己的学习成绩感到尴尬，显然他担心公开成绩会损害他的总统候选人资格，或者至少会损害他的声誉。科恩强调了特朗普想要隐瞒学习成绩的虚伪。几年前，特朗普坚持要求奥巴马公开他的学习成绩。“我听说他是个很差劲的学生，很差劲。”特朗普在2011年宣称，“这么差劲的学生怎么能去哥伦比亚大学，然后去哈佛大学？……让他拿出学习成绩来看看。”[2]

科恩披露了他如何想办法让特朗普的成绩和SAT分数远离公众视线，这件事引起的关注远不如他贿赂色情明星引起的关注大。但作为这个时代的标志，遮掩学习成绩这件事更重要，展现的是文凭主义的公共意义。到了21世纪，一个人在大学里的表现，甚至是在大学入学考试中的表现，都大到足以给总统带来荣耀或耻辱。唐纳德·特朗普肯定是这么想的。他首先想要索要奥巴马的出生证明以抹黑奥巴马，让人们对其国民身份产生怀疑。这个方案失败后，他对奥巴马进行了又一次有力的羞辱——质疑其精英身份。

## 大学文凭武器化

特朗普的攻击路线反映了他自身的不安全感。在竞选和担任总统期间，特朗普经常夸耀自己的智力天赋。一项关于总统用词的研究发现，他的词汇量只有四年级水平，是过去一个世纪的所有总统中最低的；据报道，他自己的国务卿称他为白痴，他的国防部长说他对世界事务的理解是五六年级的水平。这些和其他关于特朗普智力的轻蔑言论刺痛了他，他煞费苦心地坚持说自己是个聪明人，实际上“一直是个天才”。在2016年总统竞选期间，当有人问他正在咨询的外交政策专家是谁时，他回答道：“我在给自己提供咨询，首先，因为我有很好的头脑，我说了很多有价值的话……我的主要顾问是我自己。”他一再声称自己智商高，而批评他的人智商低，这是他特别针对非裔美国人的侮辱。[3]

痴迷于智商遗传学的特朗普经常提及他的叔叔曾是麻省理工学院的教授（“一位学术天才”），这证明他（特朗普）拥有“良好的基因，非常好的基因”。在任命第一届内阁后不久，特朗普就宣称：“我们拥有有史以来智商最高的内阁。”在就职典礼后第二天，特朗普对中央情报局的员工发表了一场奇怪的演讲，他想要清除人们对他智力的怀疑：“相信我，我是个聪明人。”[4]

他经常觉得有必要提醒听众他的大学学历，在转到宾夕法尼亚大学之前，他在福特汉姆大学学习了两年；在宾夕法尼亚大学，他上了沃顿商学院的本科课程。他夸口说他去了“最难进的学校，世界上最好的学校……超级天才的玩意儿”。[5] 在 2016 年的总统竞选活动中，他抱怨说，媒体对保守派有偏见，导致他需要不断重述并捍卫自己的智力证书。

> 如果我以自由派民主党的身份参选，他们会说我是世界上最聪明的人。确实是这样！但当我是保守的共和党人时，他们会想办法——他们会做许多事情来中伤我。这就是为什么我总是以这段话开头：“去了沃顿商学院，是个好学生，去了那里，做了这个，创造了财富。”你们知道，我必须一直提供我的证书，因为我们有点儿处于弱势。[6]

尽管特朗普受自己的怨恨和不安全感所激，一再坚持自己是个聪明人，但这点无论在批评他的人看来多么哀怨和滑稽，事实上都变成了他的政治资产。因为这些批评引起了愤愤不平的工人阶级支持者的共鸣，他们参加了特朗普的集会，和他一样，工人阶级憎恨精英们自诩英才的傲慢。特朗普的抗议展现了优绩至上社会可能带来的羞辱。他辱骂精英，又渴望得到精英的尊重。2017 年，在一次竞选集会上，他猛烈抨击精英，然后声称自己也是精英：

> 你们知道，我是个好学生。我总是听说关于精英的事。你们知道，精英——他们是精英吗？我上的学校比他们的好。我是比他们更好的学生。我住在更大、更漂亮的公寓里。我也住在白宫，这真的很棒。我想——你们知道吗？我觉得我们才是精英。他们不是精英。[7]

特朗普并不是唯一一个在面对有关其精英资历的问题时表现防御性的政治人物。1987 年，乔·拜登第一次参加总统竞选时，一位选民要求他说出他上的是哪所法学院，以及他在班上的位置，这让他很生气：

> 我想我的智商可能比你高得多。我是靠全额奖学金上的法学院——我是我们班上唯一一个拿到全额奖学金的人……事实上，我的成绩在班上名列前茅。在年末，我被选为政治系优秀学生。我在毕业时拿到了三个本科学位和 165 个学分——只需要 123 个学分就可以毕业，我很乐意坐下来和你比智商。[8]

事后核查发现，拜登的回答充满夸张。由于经济上需要资助，他获得了部分奖学金，成绩在班上垫底，获得了一个本科学位，而不是三个（尽管他确实有一个双学位），等等。[9] 然而，令人惊奇的不是政客们夸大自己的大学学历，而是他们觉得有必要这么做。

即使是那些精英资格不受质疑的人，有时也会以防御性的自以为是来援引相关材料。以 2018 年美国参议院对布雷特·卡瓦诺的提名确认听证会为例，特朗普提名他为美国最高法院大法官。在等待参议院确认的后期，一名女子指控卡瓦诺在高中时期的一次聚会上对她实施了性侵犯，这让卡瓦诺的大法官提名确认受到了质疑。

当参议员们就所谓的醉酒性行为向他提问时，卡瓦诺不仅否认了这一指控，辩护的内容还挺奇怪，与指控内容关系不大。卡瓦诺描述了他在高中期间如何努力学习，以及他是如何被耶鲁大学和耶鲁大学法学院录取的。当被问及他的高中毕业纪念册中明显提到饮酒和性剥削时，他回答说："我在学业上是班里的尖子生，在学校里拼尽全力。我担任大学篮球队队长。我进了耶鲁大学。当我进入耶鲁大学，进入耶鲁大学法学院时……那是全美国排名第一的法学院。我在那里没有人脉关系，我是在大学里拼了命才进入耶鲁大学法学院的。"[10]

卡瓦诺的精英资历没有受到质疑。很难理解精英资历与他 18 岁时是否曾在一次聚会上因喝醉而性侵他人这个问题有什么相关性。但到 2018 年，文凭主义已经成为无处不在的判断基础，文凭主义成为通用的可信度说辞，被部署在远远超出校园大门的道德和政治斗争中。

大学文凭的武器化表明，优绩至上可以沦为一种暴政。这是如何发生的，值得重新梳理一下。全球化时代给工人阶级带来了巨大的不平等，并导致工人的工资水平长期停滞不前。在美国，最富有的 10% 的人获得了大部分收益，而收入较低的那 50% 的人几乎没有获得任何收益。20 世纪 90 年代和 21 世纪头十年的自由派、进步派并没有采取经济结构改革来直接解决这种不平等。相反，他们接受了市场驱动的全球化，并想要通过寻求更充分的机会平等来解决全球化导致的利益不均衡。

这就是阶层跃升话语的要害。如果能够消除取得成就的障碍，那么每个人都会有平等的成功机会。无论种族、阶级或性别，人们都可以凭借自己的才能和努力取得更大的进步。如果机会真的平等，那么那些获得最高成就的人可以说配得上他们的成功及相应的回报。这就是优绩至上的承诺，这不是对更大的平等的承诺，而是对更大和更公平的流动性的承诺。阶层跃升的话语确认收入阶梯的梯级间距越来越大，并提出只是为了帮助人们更公平地竞争，以爬上梯级。

很容易看出为什么有些人会觉得这一政治方案不那么有吸引力，特别是对那些曾经致力于追求更高要求的公正和公共利益愿景的政党而言。但是，让我们暂时把优绩至上理念是否足以构成公正社会的基础的问题放在一边，考虑一下这一理念催生的对成功和失败的态度。

## 教育作为解决不平等的方案

那些拥护优绩至上原则的人知道，真正的机会平等需要的不仅仅是根除歧视。真正的机会平等还需要公平的竞争环境，让来自各种社会和经济背景的人都能装备自己，在以知识为基础的全球经济中有效地竞争。这导致 20 世纪 90 年代和 21 世纪头十年的主流政党把教育作为应对不平等、工资增长停滞和制造业就业岗位流失的关键手段。“想想我们面临的每个问题、每个挑战，”乔治·H. W. 布什（老布什）在 1991 年说，“每个问题的解决办法都以教育为起点。”在英国，托尼·布莱尔在 1996 年为工党制定了中间派的改革议程，他强调：“有人问我政府的三个主要优先事项，我告诉你：教育、教育和教育。”[11]

比尔·克林顿用押韵的对句表达了教育的重要性及其与就业的联系：“你能赚到什么取决于你能学到什么。”他认为，在全球竞争的新时代，没有大学文凭的工人会很难找到工资体面的好工作。“我们认为每个人都应该能上大学，因为你能赚到什么取决于你能学到什么。”克林顿在他的总统任期内，在演讲和评论中引用了这一对句 30 多次。这句话反映了当时的常识，并且对两党都有吸引力。共和党参议员约翰·麦凯恩在 2008 年总统竞选期间经常使用这句话。[12]

巴拉克·奥巴马也把高等教育视为帮助美国工人摆脱经济困境的办法。“在过去，”他在布鲁克林的一所技术学院告诉听众，“如果你愿意努力工作，你不一定需要接受良好的教育。”[13]

> 你只要上过高中，可能就会在工厂或服装行业找到工作。或者你还可以一边打工赚点儿钱，一边想办法跟上那些有机会上大学的人的步伐。但那些日子已经过去，那些日子不会再回来。
>
> 我们生活在 21 世纪的全球化经济中，在全球化经济中，工作可能出现在任何地方。那些公司，他们正在寻找受过最好教育的人，无论他们住在哪里……现在，从北京到班加罗尔，再到莫斯科，数十亿人都在直接与你竞争……如果你没有受过良好的教育，那你很难找到一份能维持生活的工作。[14]

在发表了这段关于面临全球竞争的严酷消息之后，奥巴马向听众保证，更多教育培训是解决方案。他最后以乐观的阶层跃升话语结尾：他会继续战斗，“以确保无论你是谁、来自哪里、长相如何，这个国家永远是你只要努力就能成功的地方”。[15]

在英国脱欧、特朗普当选总统和民粹主义者反抗之前的几十年里，自由派和进步派的基本论点就是：全球化经济仿佛是天然的事实，以某种方式降临到我们身上，并会继续存在。政治的核心问题不是如何重新配置全球化，而是如何适应全球化，以及如何减轻全球化对精英职业圈子之外的工人的工资和就业前景的破坏性影响。

答案是：提高工人的受教育程度，这样他们也能在全球经济中竞争并获胜。如果说机会均等是首要的道德和政治工程，那么增加接受高等教育的机会就是压倒一切的政策要务。

在克林顿—奥巴马时代行将结束之际，一些总体上同情民主党的评论人士质疑民主党的优绩至上自由主义——民主党的优绩至上自由主义拥抱全球化，重视大学教育，相信有才华、有文凭的人应该进入大学。作家兼 MSNBC（微软全国广播公司）电视节目主持人克里斯托弗·海斯指出，近年来，左派在一些让优绩至上制度更加优绩至上的问题上取得了巨大成功，比如打击种族歧视，推动女性接受高等教育，以及推进同性恋权利。但左派在“精英统治范围之外”的领域失败了，比如“缓解日益加剧的收入不平等”。[16]

> 在寻求结果中的机会平等而不是任何表面上的平等的制度框架内，教育系统会不可避免地被要求承担重任……随着不平等不断加剧，我们对教育系统提出了越来越多的要求，希望用教育弥补社会的其他罪过。[17]

托马斯·弗兰克是一位具有民粹主义敏感度的作家，他批评自由主义者把教育视为不平等的补救措施："对自由派来说，每个大的经济问题实际上都是教育问题，是失败者在学习正确的技能和获得证书方面的失败，每个人都知道你在未来的社会中需要这些。"弗兰克认为对不平等的这种反应是不近情理、极端自私的。

> 这根本不是真正的解决办法，而是道德判断，是成功人士从他们自身成功的角度提炼出来的。专业人士阶层是由受教育程度决定的，每次他们告诉国家，整个社会真正需要的是更多的教育时，他们都在说：不平等不是制度的失败，而是你的失败。[18]

弗兰克认为，所有关于教育的讨论都分散了民主党人的注意力，让他们无法清楚地思考哪些政策在导致不平等。他注意到，20世纪八九十年代，生产力提高了，工资水平却没有提高，他怀疑不平等主要是由教育的失败引起的。"真正的问题是工人的力量不足，而不是工人的智商不足。从事生产的人却无法要求分享他们的生产成果，拥有很多的人拿走的也越来越多。"没有看到这一点导致民主党人"忽视了实体经济中正在发生的事情——从垄断权力到金融化再到劳资关系——而沉迷于道德幻想，这种幻想让他们不与任何人对抗"。[19]

弗兰克提到的"成功者的道德判断"触及了一些重要的东西。鼓励更多的人上大学是件好事，让那些收入一般的人更容易上大学就更好了。但是，一门心思地把教育作为解决不平等问题、帮助在几十年的全球化中失利的工人摆脱困境的办法，已经产生了破坏性的副作用：这损害了那些没有上过大学的人所受到的社会尊重。

这在两个方面起了作用，两个方面都与损害工作尊严和工人阶级尊严的态度有关。首先，大多数美国人没有大学文凭。对那些每天与管理专业人士阶层为伍的人来说，这可能会让他们感到惊讶。尽管近几十年来大学毕业率有所上升，但也只有约1/3的美国成年人从四年制大学毕业。[20] 当精英们把成败与获得大学文凭的能力如此紧密地联系在一起时，他们是在含蓄地指责那些没有大学文凭的人，后者在全球经济中陷入了严酷境况。这样精英们也免除了自己推行的经济政策的责任，这些政策提高了大学文凭所能带来的工资溢价。

其次，告诉工人们，他们受教育不足是他们陷入麻烦的原因，精英们由此把成功和失败道德化，并无意中助长了文凭主义——为没上过大学的人带来潜在偏见。

文凭主义的偏见是优绩至上傲慢的症状。近几十年来，随着优绩至上的预设变得愈加严苛，精英们养成了习惯，看不起那些没有实现阶层跃升的人。不断呼吁上班族采取攻读大学学位的方式来改善自己的状况，无论动机多么好，最终都会助长文凭主义，并削弱社会对那些没有大学文凭的人的认可和尊重。

## 最好的人与最聪明的人

奥巴马是优绩至上思想的标志性人物，到21世纪初，优绩至上思想已经成为专业人士阶层的常识。正如乔纳森·奥尔特所写：“在某种程度上，奥巴马接受了这样一种观点：顶级专业人士已经经历了公平的分类过程，这样的分类过程推动他和米歇尔进入常春藤联盟高校，因此他们的地位提升在某种程度上是他们自己应得的。”[21]

在一本记录奥巴马总统任期第一年的书中，奥尔特注意到他任命的人中有 1/4 与哈佛大学有某种联系（作为校友或教师），最早任命的人中超过 90% 拥有高等学位。“奥巴马的信念在于‘咖啡中的奶油总会自己浮上来’。因为他本身就是美国战后优绩至上原则的产物，他永远无法完全摆脱站在他所登上的地位阶梯上看世界。”[22]

奥巴马对高学历人士的喜爱，贯穿了他的整个总统任期。到他第二个任期中期，他任命的内阁成员中有 2/3 曾就读于常春藤联盟高校，21 人中有 13 人曾就读于哈佛大学或耶鲁大学。只有 3 人没有高等学位（硕士或博士学位）。[23]

让受过良好教育的人管理政府通常是可取的，只要他们拥有良好的判断力，并对劳动人民的生活感同身受——亚里士多德称之为实践智慧和公民美德。但历史表明，声望显赫的学术资历与实践智慧或此时此地追求公共利益的本能之间，几乎没有什么联系。大卫·哈伯斯塔姆在经典著作《最好的和最聪明的》（*The Best and the Brightest*）一书中，描述了文凭主义带来巨大破坏性的例子。该书展示了约翰·F. 肯尼迪如何组建了一支拥有耀眼文凭的团队，尽管他们拥有技术官僚的才华，却带领美国陷入了愚蠢的越南战争。[24]

奥尔特看到了肯尼迪团队和奥巴马团队的相似之处：“他们都是常春藤联盟高校的学生，都有一些狂妄傲慢，都与大多数美国人的日常生活脱节。”[25] 事实证明，奥巴马的经济顾问们也干了蠢事，此事虽然不像越南战争那么致命，但对美国政治格局的影响重大。他们坚持以对华尔街友好的方式应对金融危机，在不追究银行责任的情况下为银行纾困，在许多劳动人民眼中败坏了民主党的名声，并为特朗普铺平了道路。

这种政治判断的失败与优绩至上的傲慢不无关系。弗兰克描述了“民主党人普遍认同的观点，即华尔街是拥有巨大精英声望的地方，相当于一所高端研究生院”。[26]

> 奥巴马在很多方面都顺从了华尔街，因为投资银行本身就意味着独一无二的专业地位。对行政机构中那些有成就意识的人来说，投资银行家不仅仅是他们的朋友——他们是同行，都有着敏锐的头脑、复杂的行话和非凡的创新精神。[27]

弗兰克认为，这种下意识里产生的对投资银行家的尊重，“让民主党人对大银行的问题、结构改革的必要性及席卷整个行业的欺诈风潮视而不见”。他引用了前联邦检察官尼尔·巴罗夫斯基的话。巴罗夫斯基曾担任政府银行救助计划的监督者，他写了一本书，描述了自己的所见所闻，并对此做出了严厉的批评。这本书的书名和副书名传达了他的结论——《救市：华盛顿如何在拯救华尔街的同时抛弃了平民街的内幕》(*Bailout: An Inside Account of How Washington Abandoned Main Street While Rescuing Wall Street*)。[28]

虽然华尔街的高管们确实对奥巴马的竞选活动慷慨解囊，但奥巴马政府对金融业的温和对待不仅仅是在政治上给予回报。巴罗夫斯基提出了更进一步的、与优绩至上原则有关的解释：政策制定者相信，资历深厚、经验丰富的投资银行家理应得到他们所获得的巨额薪酬。

> 华尔街将某些金融高管杜撰为天赋异禀的超人，他们的惊人薪水和奖金中的每一分钱都是他们应得的，这种想法在财政部根深蒂固。尽管金融危机证明了这些高管的工作是多么平凡，但这种信念体系在各届政府的财政部中都得到了延续。如果一位华尔街高管签约获得 640 万美元的留任奖金，那么人们的假设会是：他一定配得上这么丰厚的薪酬。[29]

除了在政策制定中可能发挥的作用，文凭主义在 20 世纪 90 年代和 21 世纪头十年渗入了民主党人的表达方式，并巧妙地重塑了公共话语的词汇。在每个时代，政治家和舆论制造者、公关人员和广告商都会寻求一种他们希望能够说服人的判断和评价的语言。这种言辞典型地利用了评价性对比：公正与不公正，自由与不自由，进步与反动，强大与软弱，开放与封闭。近几十年来，随着优绩至上的思维模式占据了主导地位，占统治地位的评价对比已经变成 smart（聪明）对 dumb（愚蠢）。

直到不久前，“smart”这个形容词都主要被用来描述人。在美式英语中，称某人 smart 是赞扬他的智慧。（在英式英语中，clever 表达的是这个意思。）随着数字时代的到来，smart 一词开始被用来描述事物——高科技设备和机器，如 smart cars（智能汽车）、smart phones（智能手机）、smart bombs（智能炸弹）、smart thermostats（智能恒温器）、smart toasters（智能烤面包机）等。数字时代的到来与优绩至上时代的到来是同步的，因此，用 smart 来描述治理方式就不足为奇了。

## 明智之举

20世纪80年代之前，美国总统很少使用smart这个词，当他们使用这个词时，他们通常是在传统的意义上使用的（比如“美国人民是聪明的”）。乔治·H. W.布什开始以数字时代的新含义使用这个词，他谈到了“smart cars”“smart freeways”“smart weapons”“smart schools”（智能汽车、智能高速公路、智能武器和智能学校）。比尔·克林顿和乔治·W.布什在总统演讲中大量使用smart一词，两人都用了450多次。奥巴马甚至用了900多次。[30]

在一般的说法中也可以看到同样的趋势。在书中，smart的使用量从1975年到2008年稳步攀升，增长了近3倍；stupid（愚蠢）这个词的使用量增加了1倍。在《纽约时报》上，smart的出现次数从1980年到2000年增加了4倍，到2018年又增加了近1倍。[31]

作为衡量优绩至上原则在公众心目中地位的标准，smart一词不断变化的含义比该词出现频率的提高更能说明问题。smart不仅指数字系统和设备，而且逐渐成为赞美的通用术语，也是为选择一种政策而不是另一种政策做辩护的方式。作为一种评价性对比，聪明对愚蠢开始取代道德或意识形态的对比，比如公正与不公正或对与错。克林顿和奥巴马都经常争辩说，他们所支持的政策“不仅是正确的，而且是明智的”。这一修辞暗示，在优绩至上时代，聪明比正确更有说服力。

克林顿向美国公众保证：“在全球范围内抗击艾滋病不仅是正确的事情，而且是明智的事情。在我们这个紧密相连的世界里，任何地方的传染病都是对所有地方公共卫生的威胁。”在老年医疗保险费中增加处方药福利“不只是正确的做法，从医学上讲，这也是明智的做法”。提高最低工资标准“不仅是工薪家庭的正确选择，对我们的经济来说，这也是明智之举”。[32]

奥巴马采用了同样的措辞，宣称“赋予女性权力不仅正确，也实属明智。女性成功了，国家会更安全、更有保障、更繁荣”。在联合国大会上发言时，他也谈到了发展援助：“这不仅正确，也是明智之举。”奥巴马在从移民改革到扩大失业保险等一系列问题上，都援引了道德和智慧两层标准来支撑他的主张。[33]

“明智之举”总是指向深思熟虑或自利的理由，而基本与道德考虑无关。克林顿和奥巴马当然不是第一个以谨慎的方式支持道德争论的政治领导人。令人惊讶的是，现在的谨慎考虑变成了“明智与否”的衡量。

为自己的政策辩护，说这项政策明智而不是愚蠢，这与支持文凭主义的人谈论人民的方式非常相似。希拉里·克林顿在刚刚接受国务卿任命，接着宣布她选任的几位国务院副手时，就明确表示了这种联系：“我在参议院外交关系委员会做证时，谈到了巧实力（smart power）的运用。巧实力的核心是聪明人（smart people），而这些有才华的人是我所知道的最聪明的人。”[34]

在党派激烈竞争的时代，聪明和愚蠢的术语颇有吸引力是可以理解的。这似乎为意识形态斗争提供了避难所和一种开展政治争论的模式：从道德争议中退出来，而在聪明与否、明智与否、谨慎与否的基础上寻求共识。这种看似无党派、优绩至上的思维方式和说话方式吸引了奥巴马。在有关种族、民族和性别平等之类的问题上，奥巴马诉诸道德的观点雄辩有力。但当涉及外交事务或经济政策时，他本能地使用了非意识形态的语言，即聪明与愚蠢。

奥巴马早期政治生涯中最重要的一次演讲是在 2002 年，当时他担任伊利诺伊州的州参议员，宣布反对伊拉克战争。六年后，正是这一立场把他与希拉里·克林顿区分开来，并帮助他获得了民主党总统候选人提名。甚至在登上联邦政治舞台之前，奥巴马就以聪明与愚蠢的术语来看待政治选择。“我不是反对所有的战争，”这位年轻的州参议员在芝加哥的反战集会上说，“我反对的是愚蠢的战争。”[35]

在第二个总统任期内，有人要求奥巴马说清楚他的外交政策原则，他用一句话直截了当地总结道：“不要做蠢事。”[36]

2013 年，奥巴马发现自己与共和党人在如何减少预算赤字，同时避免相应自动地、全面地削减开支的问题上争执不下，他再次诉诸聪明与愚蠢的术语。“做事有聪明的方式，也有愚蠢的方式。”他告诉弗吉尼亚州的造船工人。在几天后的新闻发布会上，他说：“我们不应该愚蠢地、武断地持续削减预算。”相反，他倾向于“聪明地削减开支”及“聪明地进行福利改革”。[37]

奥巴马坚持认为，他所支持的聪明地削减开支及聪明地增加收入的措施是没有偏向任何党派的措施，应该免受意识形态争论的影响。“我不认为这有党派立场。这是我两年来一直提的方法。我去年就是这么做的。”[38] 他没有解释他在竞选总统期间力主的政策——根据他自己的说法——怎么会让人认为没有党派立场。

## 精英俯视大众

精英们似乎不仅没有注意到他们的“明智政策”具有党派性质，

也没有注意到他们不断谈论“聪明与愚蠢”所表达的傲慢态度。2016年，令劳动人民感到愤怒的是，受过良好教育的精英们以居高临下的态度看不起他们。在民粹主义对精英阶层的强烈抵制中暴发的这种怨恨并非没有根据。调查研究证实了许多工薪阶层选民的感受。在种族主义和性别歧视失宠（没有被消除，但已名声败坏）的时候，文凭主义是最后一个可接受的偏见。在美国和欧洲国家，瞧不起受教育程度低的人比对其他不受欢迎的群体的偏见更容易得到支持，或者至少更容易得到承认。

一组社会心理学家在英国、荷兰和比利时做了一系列调查，发现受过大学教育的受访者对受教育程度较低的人比对其他不受欢迎的群体有更多的偏见。研究人员调查了受过良好教育的欧洲人对一系列典型受歧视对象——穆斯林、在西欧体面生活的土耳其人、穷人、肥胖者、盲人和受教育程度较低的人——的态度，结果发现受教育程度较低的人最不受欢迎。[39]

研究人员在美国做了一项类似研究，调查列出了一份修订后的不受欢迎群体名单，包括非裔美国人、工人阶级、穷人、肥胖者和受教育程度较低的人。美国人的回答也把受教育程度较低的人排在了最后。[40]

除了显示受过大学教育的精英对受教育程度较低的人心存轻蔑，该研究还得出了几个有趣的结论。首先，这项研究挑战了人们熟悉的观念，即受过教育的精英在道德上比受教育程度较低的人更开明，因此也更宽容。研究者得出的结论是，受过良好教育的精英的偏见并不比受教育程度较低的人少，只是“（他们）抱持偏见的对象是不同的”。此外，精英们对自己的偏见并不感到尴尬。他们可能会谴责种族主义和性别歧视，对自己对受教育程度较低的人的消极态度却毫无歉意。[41]

其次，精英对自己瞧不起受教育程度较低的人不觉得有什么不妥，这与强调个人责任的优绩至上原则有关。精英不喜欢那些受教育程度较低的人，而不是穷人或工人阶级，因为他们认为贫穷和阶级地位至少在一定程度上是由个人无法控制的因素造成的。相比之下，他们认为受教育程度低代表了个人努力的失败，因此是那些没能上大学的人自己的过错。“与工人阶级相比，人们认为受教育程度较低的人更应该为自己承担责任，更应受到指责，他们更容易引发愤怒，也更不受欢迎。”[42]

再次，这种对受教育程度较低的人的负面判断并非精英独有，受教育程度较低的受访者自己也有同感。这表明，优绩至上的成就观已经深深地渗透到社会生活中，对那些没上大学的人来说，优绩至上的成就观会让人意志消沉。“没有迹象表明受教育程度较低的人会抵制对他们的负面评价。”相反，他们甚至似乎内化了这些对自己不利的判断。“即使是受教育程度较低的人自己，也认为受教育程度较低的人对自己的处境负有责任，应该受到谴责。”[43]

最后，作者认为，在优绩至上的社会中，不断强调上大学的重要性，强化了对那些没有大学文凭的人的社会污名化。“教育是解决社会问题的通行办法，这种说法可能会增加社会经济地位低的群体受到特别负面的评价的风险，同时强化优绩至上的意识形态。”这让人们更愿意接受不平等，更愿意相信成功反映了人们的所作所为。“如果教育被视为个人的责任，那么人们可能不会那么苛责源于教育差异的社会不平等……如果教育成果被认为在很大程度上是应得的，那么社会不平等的后果也是应得的。”[44]

## 学位政府

到了 21 世纪，不仅没有大学文凭的人会被人瞧不起，而且在美国和西欧国家，在选举产生的官员中，几乎很少有没读过大学的人。在美国国会中，95% 的众议员和 100% 的参议员都读过大学，有大学文凭，这意味着有文凭的少数人统治着没有文凭的多数人。尽管大约 2/3 的美国成年人没有大学文凭，但只有极少数国会议员没有大学文凭。[45]

情况并非一直如此。尽管受过良好教育的人在国会中的比例一直过高，但就在 20 世纪 60 年代初，有约 1/4 的参议员和 1/4 的众议员没有大学文凭，也就是说，这些议员尽管没有大学文凭，但依然能够当选。而在过去 5 年里，国会在种族、民族和性别方面变得更加多样化，但在教育证书和阶级方面并不那么多样化。

工人阶级中很少有人能当选公职，就是文凭鸿沟的后果之一。在美国，大约一半的劳动力从事工人阶级的工作，即体力劳动、服务业和文书工作，只有不到 2% 的国会议员在当选前从事这类工作。在州立法机构中，只有 3% 的人具有工人阶级背景。[46]

文凭主义也在改变英国和欧洲代议制政府的面貌。在英国，就像在美国一样，有文凭的人统治没有文凭的人。在整个英国，大约 70% 的人没有大学文凭；在议会中，只有 12% 的人没有。近九成的下议院议员都有大学文凭，1/4 的议员毕业于牛津大学或剑桥大学。[47]

在过去 40 年里，英国工党议员在教育和阶级背景上经历了特别引人注目的转变。1979 年，当选的工党议员中有 41% 没有大学文凭；2017 年，这一数字降至 16%。

文凭主义的这种上升趋势伴随着工人阶级议员的急剧减少，工人出身的议员如今在下议院中只占 4%。传统上代表工人阶级的工党，其阶级构成发生了最大的变化。1979 年，37% 的工党议员来自体力劳动者背景。2015 年，这一比例下降到只有 7%。正如英国政治学家奥利弗·希思所观察到的："议员职业背景的这种变化导致议会越来越不能代表更广泛的英国民众，而工党也越来越不能代表工人阶级的利益，工党传统上本应代表工人阶级的利益。"[48]

在整个西欧的各国议会，受教育程度较低的社会成员也在逐渐消失，这一模式与美国和英国的情况类似。在德国、法国、荷兰和比利时，代议制政府几乎成了高学历人士的专属领地。即使在这些富裕国家，也有大约 70% 的成年人没有大学文凭，但他们当中很少有人能进入议会。[49]

在德国联邦议院，83% 的议员是大学毕业生，只有不到 2% 的人的最高学历是高中职业教育。在法国、荷兰和比利时，82%~94% 的议会代表有大学文凭。这些国家的内阁成员的学历水平更高。例如，在安格拉·默克尔 2013 年的内阁中，15 位部长中有 9 位拥有博士学位，其余 6 人除了一位也都有硕士学位。在德国政治中，博士学位的声望很高，甚至有内阁部长博士论文剽窃的丑闻曝出，迫使内阁部长辞职。[50]

非大学毕业生在政府中几乎缺席，是优绩至上时代的新发展。但这并不是前所未有的事情。让人不安的是，现在出现了向大多数劳动人民有选举权之前的情况的倒退。当今欧洲议会的高学历化与 19 世纪末的情况相似，当时财产资格限制了选举权。在德国、法国、荷兰和比利时，19 世纪中后期的大多数议员都拥有大学文凭。[51]

这种情况在20世纪发生了变化，普选以及社会主义和社会民主党的崛起带来议会组成的逐步民主化。20世纪20—50年代，没有大学文凭的国会议员人数众多，占立法机构成员的1/3～1/2。从20世纪60年代开始，有大学文凭的比例开始攀升，到21世纪头十年，非大学毕业生在国家立法机构中的比例与贵族和乡绅时代一样罕见。[52]

有些人可能会说，由受过良好教育的大学毕业生担任政府职务，这更值得欢迎，而不是令人遗憾。当然，我们需要高素质的工程师建造桥梁，需要训练有素的医生给我们做外科手术。因此，为什么不寻找上过最好大学的人来担任民选代表呢？难道受过高等教育的领导人不比那些资历不那么显赫的领导人更有可能为我们提供健全的公共政策和合理的政治话语吗？

不，不一定。即使只是粗略地看一下美国国会和欧洲各国议会中政治话语的危险状态，也会让我们停止这种想法。良好的治理需要实践智慧和公民美德——一种思考公共利益并有效追求公共利益的能力。但这两种能力在今天的大多数大学中都没有得到很好的发展，即使是那些声誉最高的大学也是如此。最近的历史经验表明，政治判断能力（包括道德品质和洞察力）与在标准化考试中取得好成绩并被精英大学录取的能力之间几乎没有关联。认为“最优秀和最聪明的人”比那些资历较浅的同胞更善于治理国家的观念，是一种源于优绩至上的傲慢的神话。

拉什莫尔山上四位标志性的美国总统中有两位（乔治·华盛顿和亚伯拉罕·林肯）没有大学文凭，美国最近一位没有文凭的总统哈里·S. 杜鲁门也位于美国最出色的总统之列。[53]

富兰克林·D. 罗斯福本人是哈佛大学毕业生，他与一支兼收并蓄的顾问团队一起构想并制定新政，这支顾问团队比那些为最近几任民主党总统服务的人能力更强，即使文凭水准远不及他们。这至少在一定程度上是因为，在 20 世纪 30 年代，经济学专业人士并没有像近几十年来那样对政府的政策制定施加影响。[54] 托马斯·弗兰克描述了那些参与新政的人的不同背景。

> 哈里·霍普金斯——罗斯福最亲密的知己，是来自艾奥瓦州的社会工作者。被罗斯福任命为最高法院大法官的美国司法部长罗伯特·杰克逊是一名律师，没有法学学位。负责罗斯福救助计划的杰西·琼斯是来自得克萨斯州的商人，他对让美国最著名的金融机构进入破产管理程序并未感到不安。被罗斯福任命为美联储主席的有远见者马里纳·埃克尔斯是来自犹他州的小镇银行家，没有任何大学文凭。亨利·华莱士可能是美国最伟大的农业部长，他曾就读于艾奥瓦州立大学。[55]

近几十年来兴起的文凭主义也未能改善英国的治理。如今，只有 7% 的英国人就读于私立学校，不到 1% 的人就读于牛津大学或剑桥大学，执政精英却不成比例地毕业于这些地方。2019 年，鲍里斯·约翰逊的内阁中有近 2/3 的人上过私立学校，近一半的人是牛津大学或剑桥大学的毕业生。第二次世界大战以来，英国大多数保守党内阁部长和工党政府中约 1/3 的部长都有私立学校求学背景。[56] 但二战以来最成功的一届英国政府恰恰是文凭资质最浅、阶级代表性最广的。

1945 年，克莱门特·艾德礼的工党击败了温斯顿·丘吉尔的保守党。艾德礼毕业于牛津大学，但他的内阁部长中只有 1/4 有私立学校就读经历，这一比例低于此后任何一届英国内阁，他的内阁中甚至有 7 位部长当过煤矿工人。[57]

艾德礼内阁备受尊敬的外交大臣欧内斯特·贝文是战后世界的缔造者之一，他 11 岁就离开学校，一路晋升为工会领袖；下议院领袖兼副首相赫伯特·莫里森 14 岁离开学校，在当地政府中声名鹊起，帮助创建了伦敦的公共交通系统；卫生大臣安奈林·比万 13 岁就离开学校，在威尔士当矿工，后来领导创建了英国国家医疗服务体系。艾德礼内阁得到的评价是“20 世纪英国最重要的勇于改革的政府”，根据他的传记作者的说法，艾德礼政府赋予了工人阶级权力，“并制定了英国新社会契约所依据的道德条款”。[58]

把国会和议会变成有学位阶层的专属领地，并没有提升政府的效率，反而导致政府更缺乏代表性。这还导致劳动人民与主流政党——特别是那些中左翼政党——疏远，并导致政治和教育路线两极化。有大学文凭和没有大学文凭的人之间的分歧是当今政治中最深刻的分歧。

## 基于大学文凭的社会分化

2016 年，没有大学文凭的白人有 2/3 投票支持唐纳德·特朗普，希拉里赢得了超过 70% 的高学历选民的支持。选举研究发现，教育而不是收入，能最准确地预测特朗普的支持率。在收入相近的选民中，受教育程度较高的人投票支持希拉里，而受教育程度较低的人投票支持特朗普。[59]

从 2016 年总统选举来看，基于大学文凭的社会分化是选票波动最重要的原因。在大学毕业生比例最高的 50 个县中，希拉里 · 克林顿在 48 个县的得票率实际上高于此前 4 年巴拉克 · 奥巴马的得票率。而在大学毕业生比例最低的 50 个县中，她在 47 个县的得票情况相当糟糕。难怪特朗普在庆祝他早期某次初选胜利时宣称：“我喜欢受教育程度低的人！”[60]

在 20 世纪的大部分时间里，左翼政党吸引了受教育程度较低的人，而右翼政党吸引了受教育程度较高的人。在当前精英统治的时代，这一模式发生了逆转。今天，受教育程度较高的人投票支持中左翼政党，那些受教育程度较低的人则投票支持右翼政党。法国经济学家托马斯 · 皮凯蒂指出，这种逆转在美国、英国和法国都出现了，而且是惊人地平行出现的。[61]

20 世纪 40—70 年代，没有大学文凭的人在美国投票给民主党，在英国投票给工党，在法国投票给各个中左翼政党。20 世纪八九十年代，基于教育文凭而形成的投票差距大大缩小，到 21 世纪头二十年，左翼政党失去了没有受过大学教育的选民的支持。[62]

尽管大多数受过高等教育的选民支持中左翼政党，但富有的选民仍普遍支持右翼政党，这一事实使这种逆转变得复杂。在美国，各种教育背景的非裔、拉丁裔和亚裔选民继续支持民主党。但到了 21 世纪头十年，教育程度已经成为最具决定性的政治分歧，曾经代表工人的政党越来越多地代表处于统治地位的精英。[63]

在美国，随着民主党逐渐被看作专业人士阶层的政党，没有受过大学教育的白人选民对民主党逐渐敬而远之。这一趋势在特朗普当选总统后得以延续。在 2018 年的国会选举中，61% 未受过大学教育的白人选民支持共和党，只有 37% 的人投票支持民主党。观察大学毕业生比例最高的 30 个国会选区，也可以看出文凭鸿沟在加深。1992 年，当比尔·克林顿当选总统时，这些选区的选票分布较为平均：一半选区把民主党人选进国会，另一半选区选共和党人。2018 年，除了三个选区，民主党在其他所有选区均获胜。[64]

在英国，工党的支持基础也发生了类似的转变。就在 20 世纪 80 年代初，大约 1/3 的工党议员出身于工人阶级家庭。到 2010 年，只有不到 10% 的工党议员是这一出身。奥利弗·希思称，工党中工人阶级议员的减少对“该党在工人阶级选民中的相对受欢迎程度产生了重大影响”，这些选民越来越多地认为该党由“脱离实际的大都市精英统治”。[65]

不满情绪首先反映在受教育程度较低选民投票率的下降上。然后，2016 年，不满情绪在脱欧投票中得到了体现。低收入选民比高收入选民更支持英国脱欧。但教育程度反映的差异更明显。超过 70% 没有受过大学教育的选民投票支持英国脱欧，而超过 70% 拥有研究生学位的选民投票支持留欧。[66]

这种模式也可以在地区投票差异中看到。在大学毕业生比例最低的 20 个地方政府中，有 15 个投票支持脱欧。而受教育程度最高的 20 个地区全部投票支持留在欧盟。[67]

在法国，尽管政党制度与英美不同，但在过去几十年里，同样的教育鸿沟也在形成。20 世纪 80 年代以来，非大学毕业生从社会党和其他左翼政党中脱离出来，社会党和其他左翼政党日益成为教育精英的政党。20 世纪五六十年代，左翼政党是工人阶级政党，非大学毕业生投票支持左派的比例比大学毕业生高约 20 个百分点。20 世纪

80 年代，这一差距变为零；到 21 世纪第二个十年，这一差距发生了逆转。现在，大学毕业生投票支持左派的比例比非大学毕业生投票支持左派的比例高 10 个百分点——30 个百分点的转变。[68]

皮凯蒂推测，左翼政党已从工人政党转变为知识和专业人士精英政党，这或许可以解释为什么他们没有对近几十年来日益加剧的不平等做出回应。与此同时，那些不具备高学历的人对精英阶层推动的全球化感到不满，转而支持民粹主义的、本土主义的候选人，比如美国的特朗普和在法国领导民族主义反移民政党的玛丽娜·勒庞。[69]

2017 年，自由中间派的埃马纽埃尔·马克龙击败勒庞，当选法国总统。马克龙提出的有利于市场运作的全球化方案让人想起克林顿、布莱尔和奥巴马，一些评论家称许马克龙的当选，认为年轻、有魅力的候选人可以平息民粹主义者的反抗。与美国和英国的精英人士支持克林顿、布莱尔和奥巴马一样，马克龙得到了拥有大学文凭和高等学位的选民最强有力的支持。[70]

但马克龙的声望很快就消失了，马克龙政府面临一系列街头抗议，抗议的民众穿上了受困司机所穿的黄色安全背心。抗议者主要是巴黎以外地区的中产阶级和工人阶级民众，他们对增加汽油税、马克龙的冷漠态度以及对那些被全球化抛在后面的人毫无帮助的经济政策感到愤怒。在危机期间，当马克龙所在政党的一位资深政治家被问及政府的哪些错误引发了抗议时，他回答说："我们可能太聪明了，太机智了。"[71]

当今无情的文凭主义把工人阶级选民推向了民粹主义和民族主义政党，并加深了有大学文凭和没有大学文凭的人之间的分歧。这也导致高等教育越来越多地成为党派争议的主题，高等教育机构是最能体现优绩至上工程的对象。就在 2015 年，共和党人和民主党人都表示，高校对国家有着积极的影响。现在情况不再是这样了。如今，59% 的共和党人认为高校对国家的发展有负面影响，只有 33% 的人支持高等教育。相比之下，民主党人压倒性地（67% 比 18%）认为高校有积极作用。[72]

优绩至上原则胜利的恶果之一可能是失去了公众对高等教育的广泛支持。由于大学被广泛看作成功机会的引擎，至少对某些人来说，大学已经成为文凭特权和精英傲慢的象征。

阶层跃升话语一门心思把教育作为解决不平等问题的答案，至少要对此承担部分责任。把大学文凭作为获得有尊严的工作和赢得社会尊重的条件，围绕这一理念构建政治，会对民主生活产生腐蚀作用。这样就贬低了那些没有文凭的人的贡献，助长了对受教育程度较低的社会成员的偏见，很大程度上把大多数劳动人民排除在代议制政府之外，并引发了强烈的政治抵制。

## 技术官僚的言谈方式

与文凭主义这些弊病密切相关的是公共话语的技术官僚转向。政策制定越是被描述为“聪明与愚蠢”的问题，就越有理由让“聪明”的人（专家和精英）决定事情，而不是让公民辩论和决定制定什么政策。对信奉优绩至上原则的精英来说，聪明与愚蠢的言辞似乎是道德和意识形态分歧的与党派立场无关的替代方案。但是道德与意识形态分歧正是民主政治的核心。过于坚定地努力超越党派分歧的混乱局面，可能导致出现技术官僚式的公共话语，由此会把政治从公正和公共利益的问题上转移开来。

巴拉克·奥巴马就是很好的例子。当谈到为所有美国人兑现平等权利的承诺时，他雄辩滔滔，那个时期的其他任何政治人物都难以与其比肩。他在南卡罗来纳州查尔斯顿发表的为纪念遭一名充满仇恨的枪手在教堂杀害的教区居民的“奇异恩典”悼词，是现代美国总统最激动人心的演讲。

然而，当谈到对民主治理的看法时，奥巴马在本质上是个技术官僚。对一位广受欢迎的总统来说，这一判断似乎过于苛刻，让我来解释一下。治理民主社会需要与不同意见做斗争。在面对分歧时进行治理的前提是，分辨清楚分歧是如何产生的，以及如何在不同时刻为了不同的公共目的克服分歧。奥巴马认为，民主社会分歧出现的主要原因是普通公民缺乏足够的信息。

如果缺乏信息是问题所在，那么解决办法就是让那些对事实有更充分了解的人代表他们的同胞做出决定，或者至少启发他们，告诉他们需要知道什么才能做出他们自己的明智决定。(按照这一假设，)总统的领导力就更多的是搜集事实的准确信息并传播信息，而不是道德说服。

奥巴马在2007年竞选总统之初对谷歌员工做的一次演讲中，非常清晰地阐述了这一执政愿景。他告诉谷歌员工，他在全国旅行时学到的一件事是：“美利坚人民在内核层面是个正派的民族。那里有慷慨的精神，那里有常识，但这些都没有得到利用。”理由是：

主要是人们——他们只是给误导了或者他们太忙了，他们在

> 努力送孩子上学，他们在工作，他们只是没有足够的信息，或者他们不是整理所有信息的专业人士，所以我们的政治进程给扭曲了。但如果你给他们提供优质的信息，他们的直觉很准，他们会做出正确的决定。总统有强大的团队给他们提供优质的信息。[73]

自从西奥多·罗斯福在一个世纪前创造了“天字第一号讲坛”（bully pulpit，即白宫团队、强大的团队）这个词，它就把总统职位称为道德激励和劝诫之地。现在，天字第一号讲坛却要成为提供事实、数据及良好信息的场所。这正是技术官僚政治观念的精髓，与人相伴的不仅仅是精英统治的傲慢。如果居住在这片土地上的普通人无论多么“正派”，都不是整理信息的“专业人士”，那么那些真正的专业人士必定会为这些普通人整理信息，并向他们提供他们需要的事实。

奥巴马认为这就是治愈美国“扭曲”的政治进程的办法。按照奥巴马的这一看法，政治挑战不在于打破经济力量的高度集中（因为经济力量的高度集中注定会拖累政治进程），也不在于唤醒公众对公共利益更强烈的意识，而在于提供更优质、更准确的信息。“我真的很期待这样做，因为我非常相信理性、事实、证据、科学和反馈，”他告诉他的谷歌公司听众，“我想让白宫恢复基于事实决策的那种感觉。”[74]

人们可能会认为，这种技术官僚信仰的声明主要是为了赢得科技行业的支持者。但在奥巴马的整个总统任期内，他一直忠实于这一政治观。这种思维方式的更多例子凸显了技术官僚政治与新自由主义之间的密切关系。与前几任总统相比，奥巴马在更大程度上利用了学术界经济学家和企业高管们熟悉的行话。例如，在为医疗改革辩护时，他不是就全民覆盖的道德理由来辩护，而是更多地谈到“扭转成本曲线”的必要性，他的意思是降低不断上升的医疗支出成本。尽管“扭转成本曲线”并没有在竞选活动中激发太多的热情，但他在列举医疗保健计划的优点时以各种不同方式提到这个短语超过 60 次。[75]

近些年来，经济学家一直主张采用市场激励机制引导人们做出合意的行为。这种对“incentive”（激励）的强调已经变得非常普遍，结果由名词产生了一个新的动词“incentivize”（激励）。与 21 世纪初的许多社会科学家、管理顾问和企业高管一样，奥巴马把激励作为描述市场机制如何实现预期结果的一种方式。他提出了激励技术发展、小企业招聘、清洁能源开发、水资源管理的改善、良好的网络安全实践、气候适应计划、高效的医疗保健服务、积极的学校氛围、负责任的商业行为，以及一系列其他目标的政策。

激励是个技术官僚化的概念，非常符合奥巴马避免党派或意识形态争论的初衷。这一概念采用财政诱因来实现公共目的，因此似乎在政府授权和不受约束的市场选择之间找到了舒适的中间地带。以前的总统很少使用“incentivize”这个词，而奥巴马在 100 多个场合谈到“incentivize”这样或那样的行为。[76]

与其他方面的政治言论相比，奥巴马不断谈论“聪明”的政策，更突出了技术官僚和优绩至上政治之间的联系。对奥巴马来说，smart 是最受赞扬的词语：聪明的外交、聪明的外交政策、聪明的监管、精明的增长、精明的削减开支、明智的教育投资、明智的移民政策、聪明的基础设施项目、聪明的执法、智能政府、明智的贸易政策、明智的能源政策、明智的气候政策、明智的权利改革、明智的市场改革、明智的环境管制、明智的反恐政策、气候智能型农业、明智的发展、明智的市场导向创新，尤其还有智能电网。① 在总统任期内，奥巴马在 100 多个场合上赞扬了智能电网或智能电网技术。总的来说，他在政策和项目中使用 smart 这个形容词超过了 900 次。[77]

技术官僚政治方法的缺陷之一是，把决策权置于精英手中，从而削弱了普通公民的权力。它的另一个缺陷是放弃了政治说服。激励人们采取负责任的行动——节约能源或注意体重或遵守道德商业惯例——不仅替代了强迫人们做这些事，也替代了说服人们做这些事。

## 技术统治论与民主

在信奉优绩至上的精英发表意识形态上闪烁其词的经济主义言论的同时，公共话语也变得越来越粗鲁和尖锐，党徒们互相叫喊，在推特上互发推文。技术官僚化的言辞和大喊大叫的比赛有共同之处，那就是未能以实质性的方式与激励民主社会公民的道德信念进行接触，双方都没有养成对公正和公共利益相互冲突的观念进行理性考察的习惯。

① 所有上述政策或措施，奥巴马都以 smart 作为形容词。这些政策或措施分别是 “smart diplomacy” “smart foreign policy” “smart regulations” “smart growth” “smart spending cuts” “smart investments in education” “smart immigration policy” “smart infrastructure projects” “smart law enforcement” “smart government” “smart trade policy” “smart energy policy” “smart climate policy” “smart entitlement reform” “smart market reforms” “smart environmental regulations” “smart counterterrorism policy” “climate-smart agriculture” “smart development” “smart market-oriented innovation” “smart grids”。——译者注

2016年的民粹主义剧变——英国脱欧公投和美国特朗普当选——批判了信奉优绩至上原则的精英政治和新自由主义的技术官僚政治。针对经济学家关于脱离欧盟会给英国带来经济困难的预测，一位主要的脱欧支持者回答说："这个国家的人民已经受够了专家。"[78]

对奥巴马来说，他很难理解在他总统任期结束时发生的政治地震。2018年，在特朗普当选接替他的两年后，奥巴马承认，全球化的支持者"没有足够快地适应有人被抛在后面的事实"。华盛顿共识"有点儿太舒服了。尤其是在冷战之后，美国和美国精英们在这段时间里沾沾自喜，认为我们已经解决所有问题"。[79]

但奥巴马对特朗普时代极化政治的主要诊断，是认为问题出在公众在基本事实方面无法达成一致上。他说，我们之所以在政治中"看到如此多的僵局、怨恨和两极分化"，部分原因是"我们在事实和信息方面没有共同的基线"。看福克斯新闻的人和读《纽约时报》的人生活在"完全不同的现实中"，不仅"有不同的观点，还有不同的事实……这就像，认识论上的不同"。[80]

他生动地说明了他所看到的相互冲突的现实：

> 我们在未来10年、15年、20年面临的最大挑战是回到这种公民对话中：如果我说这是一把椅子，我们也都会同意这是一把椅子。现在我们可以讨论，这是不是一把好椅子，我们是否应该换掉这把椅子，你是否想把这把椅子移到别处去。但你不能说这把椅子是大象。[81]

当然，政治辩论中的事实争议并不像描述一件家具那么简单，但房间里的“大象”可以是气候变化。奥巴马的意思是，很难与那些否认气候变化存在或否认人类在造成气候变化中的作用的人开展理性的辩论。

奥巴马肯定想到了继任总统在气候变化否认者的怂恿下，让美国退出了他（奥巴马）签署的《巴黎协定》。奥巴马认为这不仅是因为意识形态上的分歧，也是因为特朗普和他的共和党支持者对科学的排斥。

事实上，“我相信科学”的口号已经成为民主党人的战斗口号。希拉里·克林顿在2016年接受提名的演讲中宣布了这一口号，奥巴马在担任总统时也使用了这一口号，而一些寻求获得2020年总统提名的候选人也在竞选活动中反复强调这一口号。这一口号含蓄地把科学归入信仰领域，似乎并没有降低其受欢迎程度。[82]

为了支持自己长期坚持的事实至上的信念，奥巴马喜欢引用参议员丹尼尔·帕特里克·莫伊尼汉的话，莫伊尼汉曾对一位顽固的对手说：“你有权拥有自己的观点，但你无权拥有自己的事实。”在讲述这个故事时，奥巴马有时会补充说，莫伊尼汉非常聪明，而他的对手没有他那么聪明。[83]

但是，把政治分歧简单地归因于拒绝面对事实或拒绝接受科学，误解了事实和观点在政治说服中的相互作用。我们应该在事实上达成一致，将其作为政治辩论前的基础，然后继续辩论我们的观点和信念，这种想法是技术官僚的自负。政治辩论通常关于如何识别和描述与争议相关的事实。无论是谁成功地陈述了事实，要赢得这场辩论都还有很长的路要走。与莫伊尼汉的看法正相反，我们的意见直接影响我们的感知。我们的意见不是在事实已经确定之后才到达现场的。

## 气候变化之争

如果反对对气候变化采取行动的主要原因是缺乏信息或拒绝接受科学，那么人们会认为在那些受教育程度较低和拥有科学知识较少的人中，反对的声音更强烈。事实并非如此，对公众舆论的研究表明，人们对科学了解得越多，对气候变化的看法就越两极分化。

共和党人比民主党人更怀疑全球变暖，而且随着教育的发展，党派分歧也在加剧。在只接受过高中或高中以下教育的共和党人中，57% 的人认为全球变暖普遍被夸大了；在大学毕业的共和党人中，74% 的人这样认为。在民主党人中，教育程度更高引起了对气候变化的更大关注。在只接受过高中或高中以下教育的民主党人中，27% 的人认为全球变暖被夸大了；在拥有大学文凭的民主党人中，只有 15% 的人这样认为。[84]

因此，在气候变化问题上，大学学历人士的党派分歧（59%）几乎是高中学历人士（30%）的两倍。同样的模式也适用于对人类在造成气候变化中的作用的观点。当被问及全球变暖是否由环境的自然变化造成时，大多数共和党人说“是”，而大多数民主党人说“不是”。但大学毕业生的党派分歧（53%）比受教育程度较低的人（19%）大得多。[85]

更详细的研究发现，在气候变化问题上的政治极化不仅与教育水平有关，也与科学知识有关。以所学科学课程和科学素养测试作为衡量标准，拥有更多科学知识的人比那些对科学了解较少的人更有可能坚持所在党派在气候变化问题上的观点。[86]

这些发现挑战了一种观点：那些不愿意支持缓解气候变化措施的

人只是对科学了解得不多。两党在气候变化问题上的分歧主要不在于事实和信息，而在于政治。认为人们对科学了解得越多，就越有可能在应对气候变化的措施上达成一致，这一判断完全错了。技术官僚认为，只要我们能在事实上达成一致，我们就能对政策进行理性的辩论，这是对政治说服的误解。

2018 年，在麻省理工学院演讲时，奥巴马设想了美国关于气候变化的理性辩论，只要每个人都同意以下基本事实：

> 你和我可以就气候变化进行一场辩论，你可能会得出这样的结论："我们不会阻止中国人和印度人燃烧大量的煤，他们这种情况已经持续了相当长的一段时间，我们只是要去适应。也许我们会在关键时刻发明一些新的能源，这就是为什么我反对《巴黎协定》。"
>
> 我会回应说："不，事实证明，如果我们投资于智能化技术，并建立智能监管框架来激励对清洁能源的投资，我们现在就可以解决这个问题。如果我们不这样做，那么后果会是灾难性的。"[87]

奥巴马希望我们能有一场这样健康的辩论，他说气候变化否认者让这一切变得不可能。[88]

但这样的辩论即使有可能进行，也会是贫乏的政治争论模式。这样的辩论假设我们唯一的选择是：要么听天由命和轻率行事，要么采用价值中立的技术官僚解决方案。但这忽略了气候变化争议背后更深层次的道德和政治考量。

技术官僚立场的吸引力和弱点都在于其看似没有摩擦的价值中

立。关于智能化技术和智能化监管框架的讨论忽略了道德和政治问题，而正是这些问题让气候变化成为令人望而生畏的难题：如何应对化石燃料行业对民主政治的巨大影响？我们是否应该重新考虑消费主义的态度（这种态度导致我们把自然视为方济各所称的“一次性文化”的垃圾场）？[89] 而那些反对政府采取行动减少碳排放的人呢？他们这样做不是因为拒绝科学，而是因为他们不相信政府会按照他们的利益行事，尤其是在大规模的经济重组中，他们不相信设计和实施这种重组的技术官僚精英。

这些都不是由专家来回答的科学问题。这些是关于权力、道德、权威和信任的问题，也就是说，这些是民主社会公民（要讨论和决断）的问题。

过去 40 年来，执政的精英们的失败之一是，他们没有很好地把这些问题置于政治辩论的核心。现在，当我们发现自己不知道民主规范是否会继续存在时，抱怨那些信奉优绩至上原则的精英傲慢、技术官僚视野狭隘，可能已经无足轻重。但这些政治怨恨导致了当前这种处境，激发了被民粹威权主义者利用的不满。正视精英政治和技术官僚政治的失败，是解决这种不满和重新构想公共利益政治不可或缺的一步。

# 5

# SUCCESS ETHICS

# 成功伦理学

亚里士多德认为公正主要是对于职位和荣誉的分配，而不是收入和财富的分配。

设想一下，假如有两个社会，它们的收入分配都不平等，而且不平等程度相同。在国民收入的每 100 美元中，最富有的 20% 的人得到 62 美元，而最贫穷的 20% 只得到 1.7 美元，社会底层 50% 的人的全部收入加在一起，只有 12.5 美元，远远低于最富有的 1% 的人单独得到的数额（20.2 美元）。财富分配的差距实际上更大。[1]

如果你对收入和财富明显不平等感到不安，你可能会认为这两个社会都是不公正的。但在做出最终判断之前，你可能会进一步询问一些信息。例如，你可能想知道，这样显著的不平等格局是如何形成的。

## 英才统治与贵族统治

想象一下，第一个社会是贵族统治的社会，在这个社会中，收入和财富是由出生的偶然性决定的，然后代代相传。出生在贵族家庭的人很富有，出生在农民家庭的人很贫穷。他们的子女和子女的子女也是如此。再想象一下，第二个社会是英才统治的社会，收入和财富的不平等不是传统特权的结果，而是人们的努力和才能的差异导致的结果。

了解这一点可能会让你更喜欢第二个社会而不是第一个社会。贵族统治是不公正的，因为这个社会把人归入他们各自出身的阶级。贵族统治不允许普通人向上流动。相比之下，信奉优绩至上原则的社会让人们能够依靠自己的才能和创造力改善自身的状况。这是支持优绩至上制度最强有力的论据。可以肯定的是，英才统治并不能消除不平等。正是因为人们的才能和抱负不同，一些人才会比另一些人升得更高。至少可以说，这些不平等反映了人们所作所为的优劣，而不是他们出身的环境。

那些担心不平等的人可能仍会想要进一步了解更多信息。他们会怀疑，即使在英才统治的社会，也至少有一些处于顶端的人受益于有利的人生起点——来自家庭的爱与支持、可能家境富裕、有敬业教师的好学校等。在断定英才统治的社会是公正的之前，这些持怀疑态度的人会想知道扶持政策是否已经到位，以确保所有儿童无论家庭背景如何，都有受教育的机会来充分发挥各自的潜力。

一种思考什么样的社会是公正的社会的方法是：问一问，如果你不知道自己是出生在富裕家庭还是出生在贫穷家庭，你会选择什么样的社会。按照这个标准，大多数人都会同意，真正拥有平等机会的英才统治的社会比贵族统治的社会更公正。但现在把公正与否的问题先放一边，考虑一下我们所想象的两个不平等社会的另一项特征。假设你事先知道你会降落在上层还是底层。如果你是富人，你更愿意生活在这两个社会中的哪一个？如果你是穷人，你更愿意生活在哪一个社会？

记住，这两个社会都是高度不平等的。如果你是最富有的1%，你的年平均收入会是（让我们想象一下）130 万美元。如果你落在底层的 20%，你每年将只有 5 400 美元的收入。[2] 差距相当悬殊。你可能会得出这样的结论：由于两个社会的贫富差距同样显著，知道你会占据哪个位置并不能帮助你决定更喜欢哪个社会。

但收入和财富不会是你唯一要考虑的东西。如果你很富有，你可能更喜欢那个能让你把财富和特权传给子女的社会，你会支持贵族统治的社会。如果你很贫穷，你可能更喜欢那个能让你或你的孩子有机会向上流动的社会，你会支持英才统治的社会。

然而，进一步思考表明，在每种情况下都要考虑到相反的因素。人们不仅关心他们有多少钱，而且关心他们的经济状况对他们的社会地位和自尊意味着什么。如果你出生在贵族社会的上层，你会意识到你的特权是你的好运，而不是你自己的功劳。然而，如果你依靠自己的努力和天分登上了英才统治社会的顶峰，你可以为自己的成功是通过努力得来的而不是继承的这一事实感到自豪。与贵族特权不同，优绩至上社会的成功带来了（经历奋斗）赢得一席之地的成就感。从这个角度来看，在英才统治社会下致富也比在贵族统治下做富人更好。

出于类似的原因，在英才统治的社会，贫穷会让人意志消沉。在封建社会，出生在农奴制家庭，生活会很艰难，但你不会感到要为你的从属地位承担责任。你也不会相信，你为之辛苦工作的领主是因为比你更有能力和更足智多谋而荣登高位的。你会认为他并不比你更值得拥有这些，只是他更幸运。

相比之下，如果你发现自己处于英才统治社会的最底层，你就很难不去想你的劣势至少有一部分是你自己造成的，这反映了你未能展现足够的才华和抱负来获得成功。一个允许人们向上流动并赞赏向上流动的社会，会对那些未能做到这一点的人做出冷酷的评判。

## 英才统治的黑暗面

“优绩制”一词就是在这种担忧的阴影下被发明的。迈克尔·扬是为工党工作的英国社会学家。1958 年，他写了一本名为“优绩至上的崛起”的书。[3] 在扬看来，优绩制描述的不是理想，而是个反乌托邦。他写道，当时英国的阶级制度正在瓦解，取而代之的是以才能为基础的教育和职业发展制度。这是好事，因为新的制度让工人阶级有天分的孩子能够发挥他们的才能，摆脱困在体力劳动中的生活。

但扬也瞥见了优绩制的黑暗面。他仿佛是位历史学家，站在 2033 年回顾历史，清晰描述了在他那个时代战后英国开始出现的优绩至上社会的道德逻辑。扬没有为正在消逝的阶级秩序辩护，但他认为，这种秩序在道德上的专横和明显的不公平至少产生了理想的效果：旧秩序缓和了上层阶级的自得，阻止了工人阶级把其从属地位视为个人的失败。

那些靠父母的财富和影响力“一跃而上”的人不能完全确信地对

自己说“我是这份工作的最佳人选”，因为他们知道“他们没有在公开竞争中赢得自己的位置，如果他们诚实一点儿，他们就必须承认，至少会有十几个下属和他们一样能做好他们这份工作，甚至可能做得更好”。[4]

> 上流社会的人在自己一生中的某个时候一定是麻木不仁的，对他所在部队的二等兵、家里的男管家或女仆、出租车或公共汽车司机，以及火车车厢或乡村酒吧里那个满脸皱纹、目光犀利的卑微工人，肯定都视而不见——不会注意到这些人中有人和他一样聪明、机智和有智慧。[5]

即使有些上流社会的人自我欺骗，认为自己完全赢得了在最高层的地位，他们的下属也不会有这样的幻想。这些下属知道：“许多老板之所以在那里，与其说是因为他们懂什么，不如说是因为他们认识谁、他们的父母是谁。”知道这个制度是受人操纵的，工人阶级就有能力在政治上挑战这个制度。（这正是工党存在的意义。）同样重要的是，阶级体制的任意性让工人不必以社会赋予自己的低贱地位评判自己。[6]

> 工人对自己说：“我在这里，是个工人。为什么我是个工人？其他事情我都不适合做吗？当然不是。如果我有合适的机会，我会向世界展示。医生？酿酒师？部长？我可以做任何事。我从来没有机会。所以我是个工人。但别以为我本质上比别人差。”[7]

迈克尔·扬认为，对自己地位的道德任意性保持头脑清醒有某种好处：这让赢家和输家都不必认为他们的命运是自己导致的。这并不能维护阶级体制，但这确实映照出建立在优绩至上原则之上的秩序具有自我矛盾的特征。按照才能分配工作和机会，并不能缓解不平等，而是把不平等重新配置为与能力一致。但这种重新定位产生了一种假设，即人们得到了他们应得的，这一假设加剧了贫富差距。

> 现在人们按能力分类，阶层之间的差距不可避免地扩大了。上层阶级……不再被自我怀疑和自我批评削弱。今天，杰出人士知道，成功只是对他们自己的能力、自己的努力和自己不可否认的成就给予的回报。他们理应属于更高的阶层。他们也知道，他们不仅具备更高的素质，而且一流的教育起作用是建立在他们的天分之上的。[8]

迈克尔·扬不仅预见了信奉优绩至上原则的精英的傲慢，而且瞥见了这些人对技术官僚专业知识的亲近感，他们倾向于看不起那些缺乏耀眼资历的人，以及此态度对公共话语的腐蚀性影响。从普通家庭向上流动的精英“更能理解技术文明日益增长的复杂性及其全貌。他们受过科学训练，是继承了这片土地的科学家”。他们优越的智力和教育让他们没有理由或机会与那些没有大学文凭的人进行严肃的讨论。

> 当他们（精英）说着另一种更丰富、更准确的语言时，他们怎么能与下层阶级对话呢？今天，精英知道……那些在社会地位

> 上处于劣势的人在其他方面也处于劣势，也就是说，在智力和教育这两个至关重要的品质上也处于劣势，这两个品质在21世纪更一致的价值体系中地位最显赫。[9]

“我们面对的典型的现代问题之一就是，”扬观察到（记住，他仿佛生活在2033年，是在观察历史），“信奉优绩至上的精英群体的一些成员……如此铭记自己的重要性，以至于失去了对他们统治的人民的同情。”他讽刺地补充说，一些精英人士“太不老练了，以至于即使是不大能干的人也会受到不必要的冒犯”。[10]（我想起了希拉里·克林顿在2016年竞选期间说支持唐纳德·特朗普的人有一半是“一篮子烂菜”。）[11]

优绩制让那些未能向上流动的人自我怀疑，加深了人们对精英的怨恨。

> 今天，所有的人，无论多么卑微，都知道他们有过机会……难道他们没有义务承认自己地位低下，不像过去那样可以说因为自己给剥夺了机会，而是因为自己比别人差劲吗？人类历史上第一次，下等人没有现成的柱子来支撑自己的自尊。[12]

扬预计，这种傲慢和怨恨混合而成的毒药会引发政治反弹。他在结束反乌托邦叙事时预测，在2034年，受教育程度较低的阶层会在一场反对统治精英的民粹主义反抗中崛起。2016年，英国人公投支持英国脱欧，美国人投票支持特朗普，这场反抗提前了18年。

## 重新权衡英才统治

我在前文描述的两个社会并不是纯粹的假设，困扰它们的收入不平等是当今美国普遍存在的问题。[13] 在大多数情况下，这些不平等得到了辩护，人们对不平等所做的辩护，基于类似优绩至上的理由。没有人认为富人因为他们的父母都很富有就应该富有。批评不平等的人可能会抱怨说，那些想要废除遗产税的人是在暗中支持世袭特权。但没有人会完全捍卫世袭特权，也没有人会质疑职业应该向人才开放的原则。

我们大多数关于获得工作、教育和公职的辩论都是从机会平等的前提出发的。我们的分歧不在于原则本身，而在于实现这个原则要求什么东西。例如，对招聘和大学录取中的平权法案持批评态度的人认为，这种政策与机会平等的原则不一致，因为平权法案根据才能以外的因素来评判申请人。捍卫平权法案的人回应说，这种政策对于让遭受歧视或处于不利地位的群体成员实现机会平等很有必要。

至少在原则层面和政治辞令上，英才统治赢得了胜利。在世界各地的民主国家中，中左翼和中右翼的政治家声称，他们的政策会让所有公民，无论其是何种族或民族、性别或阶级，都能在平等的条件下竞争，并在各自的努力和才能所能达到的范围内取得进步。人们在抱怨英才统治时，抱怨的通常不是理想，而是我们未能实现理想：有钱有势的人操纵了制度，导致他们的特权永久化；专业人士阶层已经想出了如何把优势传递给子女，把英才统治转变为世袭贵族统治；声称择优录取学生的大学为富人和有关系者的子女提供了特殊照顾。按照这些抱怨，英才统治只是玄想，要实现遥遥无期。[14]

这种抱怨当然是有根据的。但如果问题变得更严重呢？如果英才统治的真正问题不是我们没有实现理想，而是理想有缺陷，那该怎么办？如果阶层跃升的话语不再令人向往，不仅仅是因为社会流动已经停滞，更根本的是因为帮助人们在竞争激烈的英才统治社会中攀登通往成功的阶梯是空洞的政治方案，反映了这种理想中公民和自由概念的贫乏，那该怎么办？

为了探讨这个更大的问题，我们需要从道德和政治工程角度研究对精英政治的两种反对意见。一种关乎公正，另一种关乎对成功和失败的态度。第一种反对意见怀疑，即使是完全实现了英才统治的社会（在这个社会中，工作和薪酬完美反映了人们的努力和才能），也不会是公正的社会。第二种反对意见担心，即使英才统治是公平的，这样的社会也不会是个好社会。英才统治会让赢家产生傲慢和焦虑，让输家产生羞辱感和怨恨——这些态度会腐蚀公共利益，与人类的繁荣格格不入。

对英才统治的哲学批判主要表现在第一种反对意见上。出于我们将要探讨的原因，大多数当代哲学家都反对社会应该根据人们应得的东西分配工作和薪酬。哲学家的看法与公众达成共识的道德直觉发生了冲突，因此有必要弄清楚到底谁是对的——哲学家还是公众。

尽管关乎公正的第一种反对意见在哲学界更为常见，但关乎傲慢和羞辱的第二种反对意见可能对理解我们当前的政治状况更为重要。民粹主义对精英的抗议不仅关乎公正，也关乎社会尊重。要理解这一抗议，就必须确定和评估激发抗议的不满和怨恨。这些不满和怨恨是正当的还是被误导的？如果这些不满和怨恨是正当的，那么我们可以做些什么来解决问题？

## 完美的英才统治是否公正？

想象一下，有一天，我们设法消除了成功之路上所有不公平的障碍，这样每个孩子，包括出身卑微的人，都可以在公平的竞争环境中与特权阶层的孩子竞争。想象一下，我们实际上实现了我们在原则上所宣称的：所有公民都应该有平等的机会，能在天分和努力工作所能达到的程度上得到提升。

当然，这样的社会很难实现，消除歧视是不够的。家庭制度把给每个人创造平等机会的计划变复杂了，要抵消富有的父母给孩子带来的好处并不容易。我考虑的主要不是继承的财富，强有力的遗产税可以解决这个问题。我在想那些有责任心的、富有的父母帮助他们的孩子的日常方式。即使是最好的、最具包容性的教育体系也很难让来自贫困家庭的学生与来自拥有大量关注、资源和人脉的家庭的孩子平等竞争。

但假设这是可以做到的。假设我们可以实现承诺，让每个孩子在学校、工作场所和生活中都有平等的机会为成功竞争，那么这会促成一个公正的社会吗？

人们很容易说："是的，当然。这难道不是美国梦的全部：创造一个开放、流动的社会，让农场工人或一贫如洗的移民的孩子能够成为首席执行官吗？"虽然这个梦想对美国人有着特殊的吸引力，但美国梦也在全世界的民主社会中引起了共鸣。

完全流动的社会是令人向往的理想，原因有二：首先，优绩至上表达了某种自由的理念，我们的命运不应该由我们出生的环境决定，而应该由我们自己决定；其次，优绩至上表达了一种希望——我们取得的成就反映了我们值得拥有的东西。如果我们可以自由地依靠自己的选择和才能获得成功，那么似乎可以公平地说，那些成功的人应该取得他们的成功。

然而，尽管优绩至上具有强大的吸引力，但有理由怀疑，即使是完美实现英才统治的社会也不会是个公正的社会。首先，重要的是要注意到，英才统治的理想关乎流动性，而不是平等。优绩至上主义并不认为贫富差距被拉大有什么错，它只是坚持认为，随着时间的推移，富人的孩子和穷人的孩子应该能够根据他们的作为来交换位置——他们的努力和天分决定各自的成败。任何人都不应该因为偏见而被困在底层，或因拥有特权而安坐顶峰。

在英才统治的社会里，重要的是每个人都有平等的机会攀登通往成功的阶梯。优绩至上主义没有说梯子上的横档应该相距多远，优绩至上的理想并不是要补救不平等——这一理想恰恰给不平等做了辩护。

这本身并不是反对优绩至上的理由，但优绩至上也让问题显现了：英才竞争导致的不平等是否公正？英才统治的捍卫者说是：只要每个人都在公平的环境中竞争，结果就是公正的。即使是公平的竞争也有赢家和输家，重要的是，每个人都在同一个起点起跑，都有平等的机会获得训练、指导、营养补充等。如果是这样，比赛的获胜者就应该得到这个奖。有些人跑得比别人快，这并不是不公平。

## 我们的天分是我们应得的吗？

这种说法是否有说服力，取决于天分的道德状况。回想一下现今在公共话语中如此突出的阶层跃升话语。政治家们宣称，无论我们的出身多么卑微，我们都应该能够依靠自己的才能和努力取得更大的成就。但为什么要说到这份儿上？为什么要假设我们的天分应该决定我们的命运，以及我们应该得到这些天分带来的回报？

有两个质疑这一假设的理由。首先，我有这样或那样的天分不是我的功劳，而是我的运气，我并非理应得到运气带来的好处（或负担）。信奉优绩至上原则的人承认，出生在富裕家庭的好处并不是一个人理应享有的。那么，为什么其他形式的运气（比如拥有某种特殊的天分）会有不同呢？如果我购买政府发行的彩票，赢得 100 万美元，我会为我的好运感到高兴。但是，如果说我凭借自身实力获得了这笔意外之财，或者说获奖与我的成就有关，那就太愚蠢了。同样，如果我买了一张彩票，但没有中奖，我可能会感到失望，但我不能抱怨我被剥夺了我应得的东西。

其次，我生活在奖励我碰巧拥有的才能的社会，这也不是我可以居功的事情。这也只是运气好而已。勒布朗·詹姆斯打篮球赚了数千万美元，因为篮球运动非常受欢迎。除了拥有惊人的运动天分，勒布朗很幸运生活在重视和奖赏篮球运动才能的社会。当今时代人们热爱他所擅长的篮球运动，但文艺复兴时期是壁画画家而不是篮球运动员的需求量很大，他活在当代，而不是文艺复兴时期的佛罗伦萨，这并不是他的功劳。

同样的道理也适用于另外一些人，那些人也具有卓越的才能，但我们的社会不大看重这些才能。世界掰手腕冠军的掰手腕技术可能和勒布朗的篮球技术一样好，但除了酒馆的几个顾客，没有人愿意花钱看他把对手的手臂按在桌子上，这不是他的错。[15]

优绩至上信念的大部分吸引力在于，我们的成功是我们自己的功劳，至少在适当的条件下是这样的。只要经济领域是公平竞争的领域，不受特权或偏见的左右，我们就要对自己的命运负责。我们的成败取决于我们的作为，我们得到的是我们应得的。

这是描绘人类解放的景象，因为这表明我们可以成为自我创造的人类，可以成为命运的创造者，可以成为命运的主人。这在道德上也令人称心，因为这表明在经济领域也可以回应古老的正义观念，让人们得到他们应该得到的东西。

但是，认识到我们的才能不完全是我们自己实现的，导致自我创造的景象变得复杂了。这种认识会质疑英才统治的信念，即克服偏见和特权足以带来公正的社会。如果我们的才能是上天给予我们的——不管来自“基因彩票”还是来自上帝，那么认为我们理应得到这些才能所带来的好处就并不恰当，实际上是过于自负的。

## 努力就让我们有价值吗？

英才统治的捍卫者援引努力和辛勤工作作为论据来回应，他们认为，那些靠努力工作取得成功的人理应接受他们的努力所带来的成功，他们的勤奋值得赞赏。在某种程度上，这是对的。努力很重要，无论多么有天分的人，如果不努力培养自己的才能，就不会成功。即使是最有天分的音乐家也必须花很长时间练习才能演奏精妙的乐曲。即使是最有天分的运动员也必须花费数年艰苦训练才能被选入奥运会代表队。

然而，尽管努力很重要，但成功很少仅仅来自努力。奥运会奖牌得主和 NBA（美国职业篮球联赛）明星运动员与较差运动员的不同之处不仅在于他们的艰苦训练，很多篮球运动员都像勒布朗·詹姆斯一样刻苦训练，但很少有人在球场上的表现超越他。我可以夜以继日地训练，但我永远不会比迈克尔·菲尔普斯游得更快。被认为世界上跑得最快的金牌短跑运动员尤塞恩·博尔特承认，他的训练伙伴约汉·布莱克也是很有天分的短跑运动员，比他训练得更努力。努力不是一切。[16]

当然，捍卫优绩至上原则的人知道这一点。他们不会说最勤奋的运动员应该获得金牌，最勤奋的科学家应该获得诺贝尔奖，付出最多努力的工人应该得到最高的报酬，不管结果如何。

他们知道成功是天分和努力的结合体，而这两者很难分得清楚。成功孕育着成功，那些缺乏社会奖励的人才可能会发现很难获得奋斗的动力。但是，捍卫优绩至上原则的论点主要不是从社会学角度主张努力的有效性。优绩至上首先是道德主张，主张人类能动性和自由。

优绩至上论强调努力和勤奋，是为了证明这样一种观点，即在适当的条件下，我们对自己的成功负责，从而能够获得自由。优绩至上论还想要证明这样一种信念，即如果竞争是真正公平的，那么成功会与美德结合在一起。那些努力工作并遵守规则的人会获得他们应得的回报。

我们愿意相信，在体育和生活中，成功是我们赢得的，而不是我们继承的。自然禀赋及其带来的优势让优绩至上信仰感到尴尬，这方面的事实对仅凭努力就能获得赞扬和奖赏的信念提出了疑问。面对这种尴尬，我们夸大了努力和奋斗的道德意义。例如，在奥运会的电视报道中，我们可以看到这种扭曲，电视报道关注的不是运动员的壮举，而是他们如何克服困难、超越障碍、战胜伤病或艰难，还有他们的祖国陷于政治动乱之类令人心碎的故事。[17]

这一点可以从绝大多数（77%）美国人身上看出来，他们尽管很难向上流动，但相信“只要愿意努力，大多数人都能成功”。[18] 我在哈佛大学学生身上看到了类似的对奋斗的夸大强调，尽管他们有着令人印象深刻的天分和通常有利的生活环境，但他们总是把得以录取进入哈佛大学归功于自己的努力和勤奋。

英才统治的理想有缺陷，因为这一理想忽视了天分的道德任意性，夸大了努力的道德意义，接下来，我们就要问还有什么其他的正义观可用，以及这些正义观提供了什么自由和应得性的概念。

## 英才统治的两种替代选择

在过去的半个世纪里，在大多数民主社会中，关于公正社会的两种相互对立的观念产生了政治争论。一种可能被称为自由市场自由主义，另一种可能被称为福利制度自由主义，或平等主义自由主义（egalitarian liberalism）。这两种公共哲学与英才统治之间的关系有点儿复杂。二者都提出了令人信服的论据，反对英才统治的理念，即公正的社会根据人们应得的东西来分配收入和财富。

然而，在实践中，这两种公共哲学都会对成功有所评判，这方面很难与英才统治对成功的评判区分开来。两者都没有对公共利益提供足够有力的解释，以对抗英才统治所倾向的傲慢和羞辱。尽管这两种公共哲学都拒绝接受竞争市场社会中的赢家在道德上应该得到他们的胜利品这一观念，但二者也并没有为优绩的暴政提供解毒剂。尽管二者存在分歧，但为什么二者都拒绝把优绩作为公正的基础，还是很有启发性的。

### 自由市场自由主义

也许 20 世纪最具影响力的支持自由市场自由主义的论据是由生于奥地利的经济哲学家弗里德里希·A. 哈耶克提出的。哈耶克是玛格丽特·撒切尔和其他自由资本主义支持者的灵感来源，他反对政府为了减少经济不平等所做的努力，反对累进税，并认为福利制度与自由是对立的。

哈耶克在其著作《自由宪章》（1960 年出版）中指出，唯一与自由相容的平等是所有公民在法律面前纯粹形式上的平等。职业应该向所有人开放，但国家不应该试图以提供平等或补偿的教育机会来创造公平的竞争环境，他认为这是不现实的方案，最终只有强制才能实施。① 除非废除家庭，否则孩子们不可避免地会在各自家庭提供的各种便利中成长，任何给所有孩子平等的成功前景的企图，都可能涉及不可容忍的国家强制。哈耶克反对“必须确保所有人都有平等的起点和相同的成功前景”这种观念。这样的原则会要求国家控制“与特定个人的发展前景相关的所有条件”，这类方案影响深远，哈耶克认为这类方案必定站在“自由的对立面”。[19]

鉴于哈耶克反对收入再分配，人们可能会期望他坚持认为自由市场给了人们应得的经济回报。但哈耶克没有，其实哈耶克认为市场结果与对优绩的回报没有任何关系。市场结果只是反映了消费者对卖家

---

① 按照哈耶克的观点，这与自由是必然冲突的。——译者注

提供的产品或服务的重视程度。哈耶克区分了优绩和价值。优绩是关于人们应该得到什么的道德判断，而价值仅仅是衡量消费者愿意为这种或那种商品支付什么的标准。[20]

哈耶克认为，假定经济回报反映了其接受者的优绩，会导致把优绩过度道德化，这是错误的。哈耶克想要打破这种道德观念的原因之一是，他想要消除人们对不受约束的市场所产生的收入和财富不平等的反对意见，大家对这一反对意见都耳熟能详了。他认为，对不平等的反对意见中最有说服力的来自这样的担忧："市场回报的差异与获得回报者在优绩方面可识别的差异并不对应。"[21]

哈耶克对这一异议的回答很有启发性。他没有想要证明那些在市场上获得丰厚回报的人在道德上是应得的，而是拒绝接受经济回报反映了人们的优绩或道德应得性的想法。这就是他对优绩和价值的区分的力量。在自由社会里，我的收入和财富反映我提供的产品或服务的价值，但这种价值是由供需的偶然性决定的，与我的优绩或美德无关，也与我所做贡献的道德重要性无关。

为了说明哈耶克的观点，设想一个例子。一些人认为对冲基金经理不应该比学校老师赚更多的钱，管理金钱远不如教导和激励年轻人那样令人钦佩和重要。自由市场的捍卫者可能会回答说，对冲基金经理负责投资教师、消防员和大学捐赠基金辛苦赚来的养老金，因此他们工作的道德重要性让他们值得拥有他们赚来的巨额收益。但哈耶克并没有给出这样的回答，他的论点更激进，他反对人们赚的钱应该反映他们应得的东西这一观念。

哈耶克观察到，一个人拥有社会奖励的才能，这并不是他做到的，而是道德上偶然的，是一种好运。哈耶克如此展开论证：

> 一个人与生俱来的天分和后天获得的才能显然对社会有价值，而这种价值并不取决于他在拥有这些天分上是否有任何功劳。无论一个人拥有的天分是非常普通的还是极其罕见的，他都很难改变自己的特殊才能。善良的内心或甜美的声音，漂亮的脸蛋或灵巧的双手，机敏的头脑或迷人的性格，所有这些在很大程度上与个人努力无关，也与个人拥有的机会或经验无关。在所有这些情况下，一个人的能力或服务对我们具有的价值，以及他因此得到的报酬，与可以被我们称为优绩或道德应得性的任何东西都没有什么关系。[22]

在哈耶克看来，否认经济回报与优绩有关，提供了理论支持来抵制一些人提出的再分配要求，比如有些人认为对冲基金经理不配比教师赚得多，就想要政府介入来实施收入再分配。哈耶克回答说，即使我们认为教书育人比管理金钱更令人钦佩，报酬和薪水也不是对优秀品质或值得敬仰的成就给予的回报，而只是反映市场参与者必须提供的产品或服务的经济价值的对等支付。

与哈耶克不同，福利制度自由主义的捍卫者倾向于对富人征税以帮助穷人。然而，令人惊讶的是，他们赞同哈耶克的观点，即收入和财富的分配不应基于人们的优绩或道德应得性。

### 福利制度自由主义

福利制度自由主义（或平等主义自由主义）在 20 世纪美国著名的政治哲学家约翰·罗尔斯的著作中得到了最充分的哲学表达。罗尔斯在他的经典著作《正义论》（1971 年出版）中指出，即使是公平的机会平等制度，一个完全补偿阶级差异影响的制度，也不会促成一个公正的社会。因为如果人们在真正公平的竞技场上竞争，赢家就会是那些拥有卓越天分的人。但是，天分的差异就像阶级的差异一样，在道德上是有任意性的。[23]

“即使英才统治在消除社会偶然性的影响方面发挥了完美的作用，”罗尔斯认为，“公平的英才统治也仍然允许财富和收入的分配由能力和天分的自然分配来决定。”[24] 天分导致的收入不平等与阶级差异导致的不平等一样不公平。“从道德的角度来看，这两者似乎同样具有任意性。”[25] 因此，即使是实现了真正的机会平等的社会，也不一定是公正的社会。这一社会还必须应对由于人们天生能力的差异而产生的不平等。

如何与这些不公平抗衡？一些英才统治的捍卫者担心，除了机会平等，唯一的选择就是结果平等，这是一种拉平的平等，会阻碍有天分的人获得竞争优势。在短篇小说《哈里森·伯杰隆》（*Harrison Bergeron*）中，作者小库尔特·冯内古特想象了一个反乌托邦的未来：那些拥有超常智力、体力和美貌的人需要穿上精心设计的烦琐的伪装，以抵消自己与生俱来的优势。[26]

但罗尔斯表明，这并不是补偿天分不平等的唯一方式。“没有人值得拥有更大的自然能力，也没有人值得在社会中获得更有利的起点。但这并不意味着我们应该消除这些区别，还有另一种方法来处理这些问题。”[27] 罗尔斯认为不应妨碍有才华的人，而应该让赢家与那些比他们更不幸的人分享他们的收益。不要让跑步最快的人穿上铅鞋，而应该允许他们全速奔跑。但同时也要承认，他们赢得的这些收益并不只属于他们。鼓励有天分的人培养和发挥他们的才能，但要认识到这些人才在市场上获得的回报应该与整个社会分享。

罗尔斯把这种处理不平等才能的方式称为“差异原则”。这一原则与英才统治论完全不同，它不采取阻止有天分的人发挥他们的才能的方式，而是否认他们值得或应该得到这些才能在市场社会中所要求的回报。

罗尔斯写道：“差异原则代表了一种协议：把天分的分配视为共同资产，并分享这种分配所带来的利益，无论其结果如何。那些被自然给予恩惠的人，不管他们是谁，只有在改善那些失败者的处境的条件下，才能从他们的好运中获益。”社会应该做出安排，“让这些偶然性的赐予为最不幸的人谋福利”。[28]

英才统治论者可能会回答说，即使他们的天分是运气的问题，他们的努力也取决于他们自己。因此，他们应该得到他们凭借努力和辛勤工作所获得的一切。罗尔斯不同意。“即使是愿意努力、尝试，从而在普通意义上值得拥有，其本身也取决于幸福的家庭和社会环境。”市场回报应该反映道德应得性的想法，再怎么努力也无法挽救。

> 宣称一个人应该具有优秀的品质，让他能够努力培养自己的能力，这种说法同样是有问题的。因为他的性格在很大程度上取决于他的原生家庭和所处的社会环境，他却没有任何功劳。道德应得性的概念似乎不适用于这些情况。[29]

与哈耶克一样，罗尔斯强调天分的道德任意性，并反对市场结果反映优绩或道德应得性的观点。但在罗尔斯看来，这可以用来支持征税以实施收入再分配，而不是反对征税再分配。对于那些拒绝承认国家有权对他们辛苦赚来的收入征税的人，罗尔斯回答说，我们赚的钱的数量取决于从道德角度来看具有任意性的因素。我所拥有的才能得到市场认可，或者我一开始就拥有这些才能，这并不是我的功劳。因此，如果税法要求把我收入的一部分用于建设学校、道路或帮助穷人，我就没有理由抱怨。

也许有人会说，即使我在道义上不应得到市场因我的才能赋予我的好处，这些好处应如何分配也是另一个问题。社会应该把这些好处分配给整个社会，还是分配给社会中最不幸的成员，或者（像哈耶克认为的那样）干脆让这些好处躺在自己落下的地方？罗尔斯认为，从道德角度来看，市场收益反映的因素具有任意性，这一论点强有力地否定了优绩至上论。这一论证削弱了优绩至上论的主张，即富人所赚的钱是他们应得的。但这并不能证明社群对这笔钱或其中的一部分有正当的道德要求。

我们的成功依赖于我们栖身的社群，因此我们有义务促进社群的公共利益，社群是否对个人的市场收益有正当的道德要求，取决于我们如何证明这种义务。[30]

在政治上和哲学上，福利制度自由主义者更善于阐述证伪的论点——反对把个人自己作为其成功的唯一理由，而不是肯定的论点——个人对社会负有义务。回想一下巴拉克·奥巴马在2012年竞选连任期间为了唤起公民的相互依赖和义务所说的话：

> 如果你成功了，你不是全靠自己成功的。你不是全靠自己实现目标的。我想不到会有那么多人觉得自己成功一定是因为自己

> 太聪明了。外面有很多聪明人。一定是因为我比别人都努力。让我告诉你——外面有一大群努力工作的人。
>
> 如果你成功了，那么一定是一路上有人给了你帮助。在你生命中的某个地方，有伟大的导师。有人帮助创造了我们拥有的这个令人难以置信的美国制度，让你飞黄腾达。有人投资兴建了道路和桥梁。如果你有一家企业——那不是你建立的。许多其他人让这家企业得以出现。[31]

共和党人抓住最后两句话，把奥巴马描绘成敌视企业家的大政府的传道者。当然，他并不是说我的企业或你的企业实际上是由别人建立的。奥巴马想说的是，成功人士并不能对他们的成就独揽全功，而应感谢社群，是社群不仅修建道路和桥梁，而且培养我们的人才和重视我们的贡献，这一切让企业家的成功成为可能。“你不是孤身一人，我们都在一起。”随后他加了几句话。[32]

奥巴马不仅仅是口误，他在试图描述成功人士对同胞负有道德义务时表现的笨拙，反映了福利制度自由主义哲学的弱点，福利制度自由主义未能提供能够满足其所需的团结的社群意识。这可能是近几十年来福利制度正当性动摇的原因，不仅在美国如此，在欧洲也是如此，欧洲的公共服务和安全网络一直以来都很慷慨。这也可以解释为什么自由民主国家无力抵御近几十年来日益加剧的不平等，以及政治言论和公众态度中日益高涨的英才统治情绪，正是日益高涨的英才统治情绪让日益加剧的不平等得以合理化。

## 拒绝优绩至上

哈耶克和罗尔斯都拒绝把优绩作为公正的基础。在哈耶克眼中，否认市场收益是对优绩的回报，是抵制再分配要求的论证手段。

在罗尔斯眼中，拒绝承认优绩与应得性的关系，是服务于相反的政治立场的。这是对富人反对再分配进行反驳的方式，例如，富人声称他们所赚的钱是他们应得的，因此对这些收入的一部分进行再分配是错误的。罗尔斯可以回答说，赚很多钱不是衡量一个人的优绩或美德的标准，只是反映了一个人所具备的技能完美符合市场需求。一旦有了公平的税法，人们就有权保留税法规定的那部分收入。但他们不能理直气壮地声称，税法应该优先表彰或奖赏他们的卓越才能与突出成就。[33]

尽管罗尔斯和哈耶克在政治上存在分歧，但他们拒绝把优绩作为公正的基础，这突出了他们共同的两个哲学承诺：一个关乎在多元化社会中达成一致的困难，关乎哪些美德和品质值得奖励；另一个关乎自由。哈耶克写道："依据优绩给予回报，在实践中必定意味着依据可评估的优绩给予回报，即依据其他人能够认可和同意的优绩，而不是仅仅在某种更高权力的角度的优绩。"识别优绩的困难带来了更深层次的问题。鉴于在哪些活动有价值或值得赞扬的问题上存在不可避免的分歧，任何把分配正义建立在道德优劣而不是经济价值基础上的企图都会导致胁迫。因此，"个人地位与人类的道德价值观念一致的社会，是与自由社会完全对立的"。[34]

罗尔斯也指出，人们对优绩和应得性的看法存在广泛的分歧，他担心把优绩作为公正的基础会与自由原则冲突。与哈耶克不同，罗尔斯并不从市场的角度来理解自由。在罗尔斯看来，自由在于践行我们自己对美好生活的观念，同时尊重他人这样做的权利。这意味着遵守如果我们每个人都放弃自己的特殊利益和优势，那么我们和我们的同胞都会同意的公正原则。从这个角度——不知道我们是富是穷、是强是弱、是健康还是不健康——思考公正，不会让我们确认市场产生的任何收入分配。相反，罗尔斯认为，这会导致我们只接受那些帮助社会中处于最不利地位的成员的不平等。

尽管罗尔斯拒绝接受由自由市场来决定收入分配，但他与哈耶克也有共同之处：罗尔斯的公正原则并不寻求奖赏优绩或美德。在多元化的社会中，对什么优绩是卓越的或有道德的，人们的看法不一，因为这些判断取决于对美好生活方式的有争议的观念。从罗尔斯的观点来看，把公正原则建立在这样的观念上会破坏自由，这样会把一些人的价值观强加给另一些人，从而不尊重每个人选择和追求自己对美好生活的看法的权利。

因此，尽管存在分歧，但哈耶克和罗尔斯都反对经济回报应反映人们的道德应得性的想法。在这样做的时候，他们承认他们正在挑战传统智慧。公正意味着给予人们他们应得的东西，这一观念似乎深深植根于未受正规教育影响的普通民众的心中。罗尔斯注意到，“常识倾向于认为”收入和财富应根据道德应得性进行分配；哈耶克承认，他拒绝对优绩的认可“一开始可能显得很奇怪，甚至令人震惊”，结果他觉得“必须要求读者暂停判断”，直到他能够解释清楚为止。[35]

但即使自由市场自由主义和福利制度自由主义在过去半个世纪中确立了公共话语的术语，二者也没有推翻人们普遍持有的信念，即人们的收入应该反映他们应得的东西。[36] 相反，在那几十年里，即使社会流动停滞，不平等加剧，优绩至上主义对待成功的方式也继续得以加强。

## 市场与优绩

那么，当代政治这一状况令人困惑：尽管当时的主流公共哲学拒绝优绩至上的假设，但政治话语和公众态度为什么会坚持经济回报确实或应该与优绩一致的观念？难道仅仅是因为哲学离世界太遥远，对普通公民的思维和行为方式没有任何影响吗？还是自由市场自由主义和福利制度自由主义的某些特征，为二者公开拒绝的优绩至上主义对成功的理解开辟了道路？

我相信事实是第二种情况。仔细看看这两个版本的自由主义，就会发现他们对优绩的放弃并不像乍看起来的那么彻底。二者都反对优绩至上观念，即在公平竞争中，富人比穷人更有资格获得回报。但他们提供的替代方案仍然可能导致精英社会特有的态度——成功人士的傲慢和弱势群体的怨恨。

这一点在哈耶克对优绩和价值的区分中显而易见。哈耶克正确地指出，把收入不平等视为不平等优绩的反映无异于雪上加霜。“在一个社会里，人们普遍认为高收入是优绩的证明，低收入则是成就贫乏的证明，人们普遍认为职位和报酬与所作所为相称……对那些不成功的人来说，这样的社会可能比坦率承认优绩和成功之间没有必然联系的社会更令人难以忍受。”[37] 哈耶克引用了英国工党作家安东尼·克罗斯兰的著作《社会主义的未来》(*The Future of Socialism*，1956 年出版)，克罗斯兰在这部颇具影响力的著作中强调了优绩至上制度可能对那些没有向上流动的人造成的使其道德败坏的影响：

> 当人们认为机会不平等，并且选择明显偏向财富或血统时，他们可以说他们从来没有适当的机会，以此安慰失败的自己——制度就是不公平的、天平的另一端太重了。但是，如果显然是根据个人作为优劣来挑选的，这种舒适的来源就消失了，失败就会引起完全的自卑感，没有任何借口或安慰；这是人类天性中的怪癖，实际上增加了对他人成功的嫉妒和怨恨。[38]

哈耶克认为，牢记优绩和价值之间的差异可以减少收入不平等的负面影响。如果每个人都知道这种不平等与个人作为卓越与否无关，富人就不会那么骄傲，穷人就不会那么怨恨。但是，如果像哈耶克所说，经济价值是不平等的合法基础，那么对成功的令人反感的态度得以削弱这一点就不那么明显了。

想一想，如果成功人士相信他们的成功衡量的是其贡献的价值，而不是他们的美德或个人作为卓越与否，那么他们告诉自己的故事到底会有多大不同呢？如果弱势群体认为他们的奋斗并不反映自己的个人作为是否卓越，而只反映他们所能提供的微薄价值，那么他们告诉自己的故事又会有多大的不同呢？

在道德上和心理上，优绩和价值之间的区别变得越来越模糊。在市场社会中尤其如此，因为货币是大多数事物的衡量标准。在这样的社会中，提醒富人他们的财富（仅仅）反映了他们对社会贡献的卓越价值，不太可能是狂妄自大和沾沾自喜的解毒剂；提醒穷人他们的贫穷（仅仅）反映了他们贡献的低价值，对他们的自尊很难起鼓舞作用。

对价值的判断可能会轻易地滑向对个人作为的判断，这反映了一项熟悉但值得质疑的假设，即一个人的市场价值是能很好地衡量他对社会的贡献的标准。哈耶克不加批判地接受了这一假设，他只是指出我们的市场价值是由我们无法控制的因素决定的，因此不是衡量我们个人作为的标准。但他没有考虑到一个人对社会的贡献的价值可能是他的市场价值以外的东西。

然而，一旦市场价值被看作社会贡献的代表，人们就很难抗拒这样的想法：为了公正，人们应该得到与其市场价值对应的任何收入，也就是经济学术语中的边际产品。根据标准的经济分析，完全竞争性市场支付给每个工人的是他的边际产品的价值，即可归属于该工人的产出价值。

尽管经济很复杂，但如果有可能以这种方式识别和区分每个人的市场价值，如果市场价值是社会贡献的真正衡量标准，那么离得出人们在道义上应该根据他们的边际产品或市场价值获得报酬的结论就很近了。

哈佛大学经济学家 N. 格里高利 · 曼昆提出了这一论点的最新版本，他曾担任前总统乔治 · W. 布什的经济顾问。曼昆一开始就陈述了一项被广泛接受、直觉上很有吸引力的道德原则："人们应该得到他们应得的。对社会贡献更大的人应该得到更高的收入，以反映其贡献的大小。"他举了苹果公司创始人史蒂夫 · 乔布斯和广受欢迎的"哈利 · 波特"系列图书的作者 J. K. 罗琳的例子。曼昆表示，大多数人都认为，这两个人赚到的数百万美元是他们应得的，因为他们的高收入反映了 iPhone 和引人入胜的冒险故事对社会的巨大价值。[39]

曼昆把这一推理扩展到竞争性市场经济中的所有收入：道德应该认可竞争性市场产生的结果，对护理人员和对冲基金经理都是如此。曼昆认为："由于每个人的收入反映了他对社会产品或服务产出所做贡献的价值，人们可以轻易得出结论，在这些理想化的条件下，每个人都得到了他应得的东西。"[40]

人们在道德上应该得到竞争性自由市场分配给他们的任何收入，这一论断可以追溯到新古典主义经济学的早期。这一观念的批评者，包括一些通常对自由市场持友好态度的经济学家，早就指出了这一论断的缺陷。正如我们所看到的，哈耶克反对这一观点，理由是人们的收入取决于天生的能力，而这些能力与拥有这些能力的人本身无关。人们的收入还取决于变幻莫测的供应和需求。我所提供的才能是稀有的还是丰富的，这不是我能决定的，却决定了这些才能在市场上获得的收入。曼昆的公正应得理论忽略了这些偶然性。

## 市场价值与道德价值

对市场结果反映道德应得性这一观点最具破坏性的批评，或许是由新古典经济学创始人之一弗兰克·奈特在 20 世纪 20 年代提出的。奈特是罗斯福新政的批评者，在芝加哥大学任教，他的学生包括米尔顿·弗里德曼和多位后来成为主要自由主义经济学家的人。然而，奈特就市场会对优绩给予回报的观念提出了尖锐批评。"生产性贡献是衡量值得拥有什么的道德标准，这是一种常见的假设。"他写道，"对这个问题的研究会很容易论证清楚，生产性贡献可能很少有或根本没有伦理意义。"[41]

奈特提出了两个反对把道德应得性归因于市场结果的理由。第一个是哈耶克和罗尔斯关于优绩的争论，两人都引用了他的话。[42] 拥有能让我迎合市场需求的才能，与继承宝贵的财产一样，都不是我个人能决定的事。“很难看出……拥有提供所需服务的能力……构成了对社会红利的较高份额的道德要求，除非能力本身就是认真努力的产物。”此外，我的才能所带来的收入取决于另外有多少人也拥有相应的才能。拥有的才能碰巧是稀缺的并受到高度重视，这当然可增加我的收入，但并不足以让我声称这是自己的功劳。“很难看出，仅仅是与别人不同，而不是与别人一样，就在个人作为上更为卓越。”[43]

奈特的第二个论点影响更深远，他质疑哈耶克想当然的假设——把市场价值等同于社会贡献。正如奈特所指出的，满足市场需求并不一定就是对社会做出真正有价值的贡献。

满足市场需求只是满足人们的需求和欲望，但满足这些需求的伦理意义取决于这样做的道德价值。评估这些工作的价值涉及道德判断，诚然，这是有争议的，但经济分析无法提供道德判断。因此，即使把天分问题放在一边，认为人们借助迎合消费者偏好所赚的钱反映了其优绩或道德应得性，也是错误的。其伦理意义取决于道德考量，这是任何经济模式都无法提供的。

> 我们不能接受把满足欲望作为价值的最终标准，因为其实我们并不认为我们的欲望是最终的；我们不认为关于优绩没有争议，而是对优绩比对其他任何东西都更有争议；在估价中，最大的难题是评估我们自身的需求，而我们最麻烦的需求是对“正当”需求的渴望。[44]

奈特的洞见在哈耶克融合的两个概念之间制造了一个楔子——由市场衡量的经济贡献的价值和这些工作的实际价值。想想电视剧《绝命毒师》中的高中化学老师，他利用自己掌握的化学专业知识，制造了备受追捧的（尽管是非法的）毒品冰毒。他制作的冰毒纯度非常高，在毒品市场上赢利数百万美元，收入远远超过了他作为教师的微薄收入。然而，大多数人都认同，他作为教师的贡献远比他作为毒贩的贡献更有价值。

原因与市场的不完善无关，也与禁止毒品的法律限制了毒品供应从而增加了非法贩毒者的利润这一事实无关。即使冰毒是合法的，有才华的化学家生产冰毒也仍然可能比教学生赚得多，但这并不意味着冰毒贩子的贡献比老师的贡献更有价值。

再来看看赌场大亨、亿万富翁谢尔登·阿德尔森，他是世界上最富有的人之一，赚的钱比护士或医生多几千倍。但即使假设赌场大亨和医疗保健提供商的市场都是完全竞争的，也没有理由相信他们各自的市场价值反映了他们对社会所做贡献的真正价值。这是因为他们贡献的价值取决于他们所服务的目的的道德重要性，而不取决于他们如何有效满足消费者需求。关心民众的健康在道德上比迎合他们玩老虎机的欲望更重要。

奈特进一步指出："经济体系运作满足的需求，在很大程度上是由体系本身的运作产生的。"经济秩序不是简单满足预先存在的需求，"经济体系的活动延伸到欲望本身的形成和根本转变——如果没有延伸到彻底的创造"。因此，对经济体系的任何伦理评估都必须考虑"这一体系倾向于产生或滋养的那种需求"，而不仅仅是考虑这一体系在满足"任何特定时间存在的需求方面的效率"。[45]

这些考虑导致奈特拒绝认可曼昆捍卫的观点，即在完全竞争性市场中，人们在道德上应该得到他们劳动的边际产品。奈特嘲笑这种说法，称其为“经济学中常见但遗羞世人的道德结论”。[46]

尽管奈特对雄心勃勃的社会改革项目持怀疑态度，给人认为是自由放任经济学的主要支持者，但他猛烈抨击了市场价格是道德应得性或伦理价值的衡量标准的观点。

> 产品或贡献总是以价格来衡量，这与道德价值或人类意义完全不同。产品的货币价值是需求问题，而需求又反映了消费群体的品位和购买力以及替代商品的可获得性。所有这些因素在很大程度上都是由经济体系本身的运作创造和控制的……因此，其结果本身并不具备作为评判经济体系的标准的伦理意义。[47]

尽管奈特并未声称自己提出了能够评估各种需求和欲望的道德重要性的伦理理论，但他拒绝接受经济学家们普遍持有的观点，即不用评判品位，不可能把某些需求排在比其他需求更高或更有价值的位置。对经济体系的评判，与其说是看这一体系满足消费者需求的效率，不如说是看经济体系所产生的需求，“以及其在人民身上形成的性格类型……从伦理上讲，创造正确的需求比满足需求更重要”。[48]

市场能够带来生产性贡献这一价值具有伦理意义，是优绩至上原则的预设前提，借助对这一预设的挑战，奈特对优绩至上主义提出了比哈耶克更彻底，也没那么沾沾自喜的批判。哈耶克告诉富人，尽管他们的财富不能衡量他们的才能，但财富确实反映了他们对社会贡献的卓越价值。在奈特看来，这样的评价过头了。善于赚钱既不能衡量我们的才能优劣，也不能衡量我们贡献的价值。所有的成功人士可以诚实地说，他们已经成功地——凭借某种深不可测的天才或诡计、时机或天分、运气或勇气或坚定的决心——有效迎合了在任何特定时刻构成消费需求的各种需求和欲望，无论这些需求和欲望是多么沉重或轻浮。满足消费需求本身没有价值，满足消费需求的价值取决于其所服务的目的的道德地位。

## 道德应得还是正当权益?

尽管不能接受人们在道德上应该得到市场所赋予的经济回报的观点，但我们仍要问平等主义自由主义如何助长了英才统治的傲慢。首先，重要的是要澄清罗尔斯拒绝把道德应得性作为公正基础所要表达的意思。这并不意味着任何人对自己所获得的收入或职位都没有正当、合法的所有权。在公正的社会里，那些努力工作并遵守规则的人有权得到他们所赚的钱。

在这里，罗尔斯做了微妙但重要的区分——在道德应得性和他所谓的“正当期待的权益”之间做区分。不同之处在于：与道德应得性的主张不同，只有在特定的游戏规则到位的情况下，权益才会产生。权益不能告诉我们如何在第一时间建立规则。罗尔斯的观点是，直到我们首先确定了公正的原则——这些原则应该支配这些规则及更广泛意义上的社会的基本结构——我们才能知道谁有权得到什么。[49]

这一区别是如何影响关于英才统治的辩论的，且看：把公正建立在道德应得性的基础上，就相当于为给有道德和有成就的人相应的报酬而制定规则。罗尔斯反对这一点。他认为，把一种经济制度——或者就此而言是一部宪法——视为一种尊重美德或培养良好品格的方案是错误的。对公正的考虑优先于对才能和美德的考虑。

这是罗尔斯反对英才统治的核心。在公正的社会中，那些变得富有或获得有声望的职位的人有权获得成功，不是因为这证明了他们的品行卓越，而只是因为这些收益是对每个人都公平的制度的一部分，包括社会中最贫穷的成员。

“因此，公正的架构回答了人们有权利得到什么，它满足了人们建立在社会制度基础上的正当期望。但人们有权利得到的东西既不与人们的内在价值成比例，也不取决于人们的内在价值。”界定人们的义务和权利的公正原则“没有提到道德应得性，也没有与之相对应的分配份额的倾向”。[50]

罗尔斯拒绝把道德应得性作为公正的基础，关乎两个问题：一个是政治问题，另一个是哲学问题。在政治上，罗尔斯想要表明，富人不能依据声称他们的财富是他们应得的，是他们在道德上应得的东西，来正当反对再分配税收。这是关于天分的道德任意性和其他促成成功的偶然性的争论。如果在市场经济中，成功在很大程度上取决于运气，那么我们就很难声称我们赚的钱是对品行卓越的回报，或者是道德上应得的。

> 公正方面的规范没有一条是以奖赏美德为目的的。例如，把凭借稀缺的天分获得的奖金用于支付培训成本和鼓励努力学习，以及把能力用于最能促进公共利益的地方。由此产生的分配份额与道德价值并没有关系，因为从道德角度来看，自然资产的初始禀赋及其早期的成长和培育的偶然性是任意的。[51]

从哲学上讲，公正原则的定义必须独立于对才能、美德或道德应得性的考虑，这一主张是罗尔斯自由主义更普遍特征的一个实例。这就是主张“正当”（支配整个社会的义务和权利的框架）优先于“善”（人们追求的各种美德和美好生活的概念）。就多元社会中的公民所信奉的相互竞争的美好生活观来说，那些巩固了才能、美德或道德应得性的特定观念的公正原则不会是中立的。这样的原则会把一些人的价值观强加给另一些人，未能尊重每个人选择和追求自己生活方式的权利。

罗尔斯以类比的方式解释了公正优先于才能：我们不是因为相信小偷有不良品格，然后想要有能够惩罚他们的制度才去建立财产制度的。可以说，这是英才统治的惩罚理论，它把善置于正当之前，但这会让道德逻辑倒退。相反，出于效率和公正的考虑，我们建立了财产制度。然后，如果有人偷窃，我们才以惩罚他们的方式来执行法律。侵犯了他人的权利，他们就应该受到惩罚。惩罚的目的是惩罚小偷的不正当行为，而不是指责他们品行不端（尽管可能会有这样的副作用）。[52]

罗尔斯认为，经济奖赏的优绩制也会颠倒正当与善之间的适当关系。“就一个社会来说，以奖赏道德应得性为首要原则来组织自己，就像为了惩罚小偷而建立财产制度一样。”[53]

## 对待成功的态度

从表面上看，罗尔斯对经济上的成功的非优绩至上思维方式，应该是贬抑成功，安慰失败。这一思维方式应该抑制英才统治中的精英傲慢倾向，防止那些缺乏权力或财富的人失去自尊。如果我真的相信我成功是由于我的好运气，而不是我自己的功劳，那我更有可能觉得自己有义务与他人分享这一好运气。

此类情感如今实属稀缺。成功人士的谦逊并未成为当代社会和经济生活的主要特征。劳动人民普遍感觉精英看不起他们，这是民粹主义者反抗的重要推力。在某种程度上，这只能表明当代福利制度没有达到罗尔斯的公正社会的理念，或者可能表明，平等主义自由主义根本不会质疑精英的自鸣得意。

毫无疑问，当代福利制度，尤其是美国的福利制度，并不符合罗尔斯关于公正社会的愿景。我们今天看到的许多收入和权力的不平等，并不是产生于公平的机会平等制度，也不是产生于有利于帮助处境最糟糕的人的制度。这导致自由主义者把工人阶级对精英的怨恨解释为对不公正的抱怨。如果这是对精英的愤怒的唯一来源，那么解决方案就是在扩大机会和改善最不富裕人群的经济前景的项目上加倍下注。

但这并不是解读民粹主义对精英进行强烈抵制的唯一方式。成功人士态度傲慢，招致这种抵制，而罗尔斯哲学所肯定的权益意识很可能助长了这种态度，即使罗尔斯哲学不认可成功的道德应得性。设想一下：即使是完全公正的社会，正如罗尔斯所定义的那样，也承认某些不平等——这些不平等产生于公平的机会平等，并对处境最差的人有利。想象一下，按照罗尔斯的原则，富有的首席执行官可以向工厂里的低收入工人证明他的优势：

> 我并不比你更有价值，在道德上也配不上我所拥有的特权地

位。我丰厚的薪酬只是必要的激励，以鼓励我和其他像我一样的人为了所有人的利益而尽我所能。你缺乏社会所需要的才能不是你的错，我有如此丰富的才能也不是我的功劳。这就是为什么我的部分收入被征税来帮助像你这样的人。从道义上讲，我不配得到这么丰厚的薪水和高级职位，但根据社会合作的公平规则，我有权利得到这些。请记住，如果我们在知道谁会降落在顶峰而谁在底部之前就考虑了这些规则，那么你和我会同意这些规则。所以请不要怨恨我。我的特权让你过得比原先更好。让你感到难堪的不平等是为了你好。[54]

可以肯定的是，罗尔斯这一基本原理并不能证明今天存在的所有收入、财富、权力和机会的不平等是合理的。然而，这一原理所揭示的是，精英对成功的态度并不一定会被自由主义的分配正义理论软化或取代。与基于才能、美德或道德应得性而产生的主张一样，正当期待的权益同样可能是英才统治的傲慢和工人阶级的怨恨的潜在来源。

回想一下惩罚的类比。即使惩罚盗窃是为了维护财产制度，这种惩罚也有给小偷贴上污名的典型副作用。同样，即使外科医生比看门人工资高的原因是，这种工资差异是有利于最不富有的人的公正基本结构的一部分，它也有可预见的副作用：对外科医生的特殊才能和贡献表示敬意。随着时间的推移，这些规范的副作用就会塑造对成功（和失败）的态度，很难与优绩至上论的态度区分开。

社会尊重几乎会不可避免地流向那些享有经济和教育优势的人，特别是如果他们在公平的社会合作条件下获得了这些优势。自由主义者可能会回答说，只要所有社会成员都像公民一样受到平等的尊重，社会尊重的分配就不会成为政治问题。决定什么能力和成就值得赞赏是社会规范和个人价值观的问题——是善的问题，而不关乎正当与否。[55]

但这一回答忽略了一个事实，即荣誉和认可的分配是至关重要的政治问题，而且长期以来人们一直认为如此。亚里士多德认为公正主要是关于职位和荣誉的分配，而不是收入和财富的分配。今天民粹主义者对精英的抵制在很大程度上表现为工人阶级选民的愤怒，他们认为这种愤怒源于专业人士阶层对没有大学文凭的人的蔑视。坚持正当优先于善导致社会尊重成为个人道德问题，从而导致自由主义者对傲慢和羞辱的政治视而不见。

但是，坚持认为精英阶层对蓝领工人居高临下的态度是政治不能或不应该解决的社会规范问题，这是愚蠢的。荣誉和认可的问题不能与分配正义的问题截然分开。当事实证明，在补偿弱势群体的情况下，对弱势群体居高临下的态度隐而不现时，这一点尤其正确。有时这些态度会得到明确的表达。正如自由派平等主义哲学家托马斯·内格尔所写的那样："当种族和性别不公正现象减少时，我们仍会面临聪明人和笨人之间的巨大不公正，他们付出相似的努力却得到不同的回报。"[56]

"聪明人与笨人"是生动的短语，这一短语坐实了民粹主义者对自由主义精英最糟糕的怀疑。与追求"分享彼此命运的社会"的罗尔斯的民主敏感性相去甚远，[57]内格尔的话暴露了一些版本的福利制度自由主义所倾向的优绩至上的傲慢。

## 机会与选择

在 20 世纪八九十年代自由派平等主义哲学家的著作中，福利制度自由主义助长傲慢和羞辱政治的倾向变得更加明显。罗尔斯认为，从道德的角度来看，才能的分配是有任意性的。在此基础上，这些哲学家认为，公正的社会应该补偿人们的各种不幸——出身贫穷、残疾、缺乏天分或在生活中遭受事故和不幸。正如一位哲学家所写的那样："分配公正明确要求，幸运的人应该把他们因幸运而获得的部分或全部收益转移给不幸的人。" [58]

乍一看，这种后来被人们称为运气平等主义（luck egalitarian）的哲学似乎是对命运偶然事件的宽宏大度的回应。在寻求纠正人生彩票所带来的不应有的利益和负担时，运气平等主义好像给竞争性的优绩至上社会提供了人道的选择。

然而，仔细观察就会发现，运气平等主义哲学需要对优绩和道德应得性做出严格的判断。因为这一哲学认为，只有在人们的不幸由他们无法控制的因素造成的情况下，他们才应该得到补偿，所以运气平等主义把公共援助（比如福利或医疗保健）的条件设定为要看有需要的人是因运气不好还是因错误的选择而身陷困境。这需要政策制定者弄清楚穷人中谁是环境的受害者，因此值得帮助；谁对自己的贫穷负有责任，因此不值得帮助。[59]

伊丽莎白·安德森严厉批评了运气平等主义，她把这种对应得帮助和不应得帮助的穷人的区分称为"济贫法思维"的复兴。[60] 运气平等主义把国家置于审问贫困公民的位置，以确定穷人是否可以通过做出更好的选择来避免贫困。出于至少两个原因，这种对责任的分析是以在道德上让人反感的方式，来构想民主公民对彼此负有的义务。

首先，根据运气平等主义，我们帮助那些需要帮助的人的义务不是基于同情或团结，而是基于他们最初为什么变得需要帮助。在某些情况下，这是有道德意义的。大多数人都认同，一个有能力的人在有体面的工作的情况下仅仅因懒惰而拒绝工作，很难得到公众的支持。选择不工作的人要对后果负责。一些运气平等主义者主张的责任概念含义更广泛。他们认为，即使没有为各种可能的逆境购买保险，这也构成了一种选择，这种选择使人们对降临在他们身上的大多数不幸负责。例如，如果没有保险的人在车祸中严重受伤，运气平等主义者想知道他是否本可以购买保险。只有在没有这样的政策可用或没有可供选择的情况下，社群才有义务帮助他支付医院账单。[61]

其次，除了对轻率行为的严厉抨击，运气平等主义还贬低了那些有资格获得公共援助的人，把他们视为无自立能力的受害者。这里存在自相矛盾之处，运气平等主义者对人们的选择能力给予了极大的道德考量。他们想要给机会补偿，让人们的收入和生活前景能够反映他们自己的选择，但这种对责任和选择的严格要求意味着：那些需要帮助的人必须能够表明他们需要帮助不是他们自己造成的。为了有资格获得公共援助，他们必须表现为——并认为自己是——他们无法控制的力量的受害者。[62]

这样不合情理的激励超出了救济金领取者的自我形象，进入了公共话语的范畴。以运气平等主义为基础捍卫福利制度的自由主义者，几乎不可避免地会给引导到受害者论调，这种论调认为福利接受者缺乏能动性，没有能力采取负责任的行动。[63]

但是，以弱势群体是他们无法控制的情况的受害者为理由而帮助他们，会带来高昂的道德代价和公民代价。这样的思维方式支持了贬低他人的观点，即福利领取者没有什么可贡献的，也没有能力采取负责任的行动。正如安德森恰当地指出的那样，否认那些需要公众支持的人可以做出有意义的选择，与尊重他们作为能够分享自治的平等公民是难以调和的。[64]

简而言之，运气平等主义"对那些给贴上不负责任标签的人毫无帮助，而向那些给贴上天生低人一等标签的人提供了羞辱性的帮助"。安德森写道："就像济贫法制度一样，运气平等主义抛弃了那些因自己的选择而陷入悲惨命运的弱势群体，并根据在天分、智力、能力或社会吸引力方面的先天劣势来界定另一些弱势群体应该得到帮助。"[65]

与其他版本的自由主义一样，运气平等主义哲学从拒绝把优绩和道德应得性作为公正的基础开始，但以报复性地重申优绩至上的态度和规范告终。在罗尔斯这里，英才统治的规范以正当期待的权益的名义重新出现。而在运气平等主义者这里，同样的规范借助强调个人选择和个人责任登场。

我们不应得到来自运气——包括拥有或缺乏社会所奖励的才能的运气——的好处和负担，这种看法似乎削弱了优绩至上的观念，即在公平竞争的条件下，我们得到的都是我们应得的。由机会而不是选择带来的利益并不是我们道德上应得的。但有时人们会选择冒险，这导致机会和选择之间的界限变得复杂：跳伞运动员冒着生命危险体验惊险刺激；觉得自己不可战胜的年轻人选择不买健康保险；赌徒们涌向赌场。

运气平等主义者说，当那些选择冒险的人的赌注变坏时，他们要对自己的命运负责。社群只向那些不幸的受害者提供帮助，例如遭流星击中的人。那些输掉他们自愿下的赌注的人不能从赢家那里得到任何帮助。罗纳德·德沃金在区分“原生运气”（流星受害者）和“选项运气”（投机输家）时指出了这一点。[66]

机会和选择之间的对比导致对才能和道德应得性的评判不可避免。虽然没有人活该在赌博中输钱，但输钱的赌徒既然选择承担风险，便不值得社会帮助他偿还赌债。他要对自己的不幸负责。

当然，有时人们并不清楚什么才是真正的选择。一些赌徒患有赌瘾，老虎机被人用编程来操纵，让赌徒玩了就放不下。在这些情况下，赌博与其说是选择，不如说是掠夺弱势群体财产的强制行为。但就人们自由选择承担某些风险而言，运气平等主义者认为他们要对后果负责。他们的命运是他们应得的，至少在某种意义上，没有人有义务帮助他们面对。

除了常见的关于什么是真正的自愿选择的争论，另一个考虑因素——保险的可能性——模糊了机会和选择之间的区别。如果我的房子着火烧毁了，这肯定是厄运。但是，如果有负担得起的火灾保险，而我没有购买，希望永远不会发生火灾，这样我就可以避免每年交保费而省钱，那该怎么办？虽然火灾本身就是“原生运气”，但我没有投保是一种选择，这样就把不幸的事件转化为“选项运气”了。由于我选择不购买保险，所以我要对后果负责，也不能指望纳税人赔偿我的房屋损失。

当然，并不是所有的意外事故都能得到保险。有些人很幸运，生来就获得了天才协会的大奖，另一些人天生残疾，难以谋生。德沃金认为，保险的概念也可以拓展到处理这些偶然性。由于在一个人出生前不可能购买保险，德沃金建议，我们可以估算出人们为防止天生才能低下而购买保险的平均金额，并利用这一数字把从有才华的人那里得到的收入再分配给没有才华的人。这个想法通过向那些在基因彩票中胜出的人征税，补偿天生能力的不平等分配。[67]

我们有理由怀疑，是否有可能计算出天生能力低下的保险单的保费和支出。但是，如果能够做到这一点，如果对有天分的人征税，对没有天分的人给予相应的补偿，而且如果每个人都有公平的受教育机会和工作机会，那么运气平等主义者关于公正社会的理想就会实现。由先天缺陷造成的所有收入差距都会得到补偿，所有剩余的不平等都反映我们负有责任的因素，比如努力和选择。因此，运气平等主义者想要消除意外和不幸的影响，这终究指向了优绩至上的理想：收入分配不是基于道德上任意的偶然性，而是基于人们道德上应得的东西。[68]

运气平等主义为因努力和选择而产生的不平等辩护，这突出了与自由市场自由主义的契合点。两者都强调个人责任，并主张将社群帮助穷人的义务作为表明他们的贫困不是他们自己的过错的条件。运气平等主义者接受“反平等主义权利武器库中最强大的思想——选择和责任的思想”，以此为武器致力于捍卫福利制度免受自由市场批评者的批评。[69]这把自由市场自由主义和平等主义自由主义之间的分歧简化为关于在何种条件下一个人的选择可以被认为是真正自由的，而不受环境或不可避免的事情拖累的辩论。

## 赞扬天分

尽管自由市场自由主义和平等主义自由主义都拒绝把优绩作为公

正的首要原则，但二者最终都有优绩至上的倾向。这两种方法都不能有效对抗优绩至上原则所倾向的对成功和失败的道德上让人反感的态度——赢家的傲慢和输家的羞辱感。这在一定程度上与他们坚持剖析个人责任有关，也反映了他们对才能的重视——使他们坚持认为一个人天生的才能是运气的问题，因此从道德的角度来看是任意的，他们对待才能，特别是天生的或固有的才能，也是非常认真的。

平等主义自由主义者尤其如此，他们在很大程度上把收入不平等归因于基因彩票。他们设计了德沃金的假设性保险计划等税率措施，以计算和补偿自然或固有或天生的才能方面的差异，这些差异与社会优势和文化优势不同，无法用平等的受教育机会来抵消。他们把重新分配的理由建立在这种天分的生物学概念上，作为先于社会安排的遗传事实。但这样把天分设想为与生俱来的卓越性，是一种狂妄的自负。尽管平等主义自由主义者想要纠正“聪明人和笨人的巨大不公”，[70] 但他们珍视“聪明人”，诋毁“笨人”。

不需要介入关于智商是否基于遗传的激烈争辩，任何人都可以看到，我们今天所看到的令人震惊的收入和财富的不平等与智商的先天差异没有什么关系。认为从事金融行业、商业和精英职业的人收入高是因为他们卓越的基因，这样的观点让人难以置信。尽管爱因斯坦等天才或莫扎特等艺术大师的成就可能确实是天分的结果，但认为这种超凡的天分是把对冲基金经理与高中教师区分开的原因是荒谬的。

认为“在资本主义经济中观察到的收入不平等，有很大原因是（低收入群体）先天禀赋较差”的看法，相当值得怀疑。正如伊丽莎白·安德森观察到的，大多数收入差异是“由于社会在开发某些人的才能方面投入的资金远远多于其他人，而且每个工人可支配的资本数量非常不平等。生产力主要依赖于工作角色，而不是个人”。[71]

天生的才能，尽管不是实至名归，却能在崇尚精英的社会赢得赞誉。这在一定程度上是因为这些才能因自身的缘故而受人仰慕，也是因为卓越的才能被认为是成功人士赢得丰厚报酬的原因。

如果优绩至上制度能让人们完全发挥天分，那么人们很容易认为最成功的人也是最有天分的人。但这显然错了，赚钱的成功与天生的智力——如果这种东西存在——关系不大。[72] 通过把天生的才能视为收入不平等的主要因素，平等主义自由主义者夸大了天分的作用，并在不经意间提升了天分的声誉。

## 优绩至上的兴起

“meritocracy” 这个词一诞生就遭到滥用，却成了赞美和渴望的术语。“新工党致力于实现优绩至上。” 托尼·布莱尔在 1996 年宣布，那是他成为英国首相的前一年。我们认为：“人们应该能够凭借自己的才能而不是出身或特权优势获得晋升。”[73] 2001 年，在竞选连任时，他说他的使命是 “消除阻碍人们前进的障碍，创造真正的向上流动，创造开放的、真正基于所有人的才能和平等价值的社会”。他保证要 “严格推行优绩至上方案”，旨在 “把经济和社会领域向精英和天才开放”。[74]

当时已 85 岁高龄的迈克尔·扬感到很沮丧。在《卫报》的一篇文章中，他抱怨说，布莱尔正在赞颂他（扬）40 年前在讽刺作品中揭穿的理想。扬现在担心自己的黑暗预言要成真了。“我预测穷人和弱势群体会被打倒，其实他们已经被打倒了……在创造了如此多英才的社会里，被认为没有才能确实会让人处境艰难。下层阶级从未像现在这样在道德上处于如此无所遮蔽的境地。”[75]

与此同时，富人和有权有势的人正春风得意，“自以为是到了令人难以忍受的程度”。“如果精英们相信，正如他们中越来越多的人得到鼓励去相信的那样，他们的进步来自他们自己的突出才能，他们会觉得他们应该得到自己所能得到的一切。”其结果是：“政党领袖曾经持续不断地大声疾呼，要实现更大程度的平等，后来却没有对一年比一年严重的不平等现象发出一声不满。”[76]

他不知道对这个“更加两极化的优绩至上社会能做些什么”。但他希望布莱尔先生能“把这个词从公共词汇中删除，或者至少承认优绩至上的缺点”。[77]

在过去的几十年里，优绩至上的言辞主导了公共话语，很少有人认识到这一原则的负面后果。即使面对日益加剧的不平等，阶层跃升的话语也为中左翼和中右翼的主流政党提供了道德进步和政治改善的主要语言。“那些努力工作并遵守规则的人应该能够在他们的才能所能达到的范围内得到提升。”信奉优绩至上原则的精英们已经习惯于吟诵这句咒语，没有注意到优绩至上原则正在失去鼓舞人心的能力。他们对那些没有分享全球化红利的人日益高涨的不满情绪充耳不闻，完全忽略了社会上的怨恨情绪。民粹主义者的反抗让他们措手不及。他们没有看到他们所打造的优绩至上社会隐含的对人的羞辱。

# 6

# THE SORTING MACHINE

# 分类机器

把高等教育变成一场竞争激烈的分类竞赛，对民主和教育都是不健康的。

如果优绩至上是问题所在，那么解决方案是什么？我们是否应该根据裙带关系或各种偏见而不是员工的工作能力来雇用他们？我们是不是应该回到常春藤联盟高校招收享有特权的白人、新教教徒、上层阶级家庭的子女而不考虑其学业潜力的时代？不。克服优绩至上的暴政并不意味着优绩不应该在工作和社会角色的分配中发挥作用。

相反，这意味着重新思考我们看待成功的方式，质疑精英的自命不凡，质疑那些处于顶端的人是完全靠自己取得成功的。这意味着挑战财富和尊重的不平等，这些不平等以优绩至上的名义得到捍卫，却助长了怨恨，毒化了政治，并让我们分裂。这种反思应该集中在生活的两个领域——教育领域和工作领域，优绩至上的成功观念在这两个领域最为关键。

在下一章，我会展示优绩的暴政是如何损害工作的尊严的，以及我们可以如何恢复工作的尊严。在这一章，我展示了高等教育是如何成为分类机器的，它的宗旨本来是以成绩为基础提高社会流动性，结果却巩固了特权，并促成了意想不到的格局，全社会面对成功的态度侵蚀了民主所需要的共性。

高等院校主导着现代社会分配机会的体系。高校授予的证书决定了能否获得高薪工作和有声望的职位。对高等教育来说，这一角色喜忧参半。高等院校成了精英抱负得以实现的中心，这赋予高等院校巨大的文化权威和声望。被名牌大学录取成为人们热切追求的目标，许多美国大学因此积累了数十亿美元的捐赠收入。但是，把这些机构转变为英才统治秩序的堡垒可能不利于民主，也不利于竞争入学的学生，甚至对高校本身也有很大的负面影响。

## 詹姆斯·科南特的优绩至上政变

竞争激烈的大学招生是通向机会的大门，对这一观念，现在世人都已习以为常，人们很容易忽略其实（从历史上看）这是非常新鲜的事情。美国高等教育在招生时按照成绩录取起源于 20 世纪五六十年代。在 20 世纪上半叶，哈佛大学、耶鲁大学和普林斯顿大学这三所影响力很大的常春藤联盟高校的入学资格在很大程度上取决于是否上过一所私立寄宿高中，而这些私立高中为新教精英的上层家庭提供服务。学业能力不是那么重要，重要的是拥有合适的社会背景且负担得起学费。每所大学都有自己的入学考试，但这些考试管理灵活，许多学生不及格却仍然被录取了。女性还不在考虑范围内，普林斯顿大学不招收黑人学生，哈佛大学和耶鲁大学的黑人学生也很少，犹太人的入学人数受到正式或非正式配额的限制。[1]

20 世纪 40 年代，哈佛大学校长詹姆斯·布赖恩特·科南特提出新的观念，那就是精英大学作为精英教育机构，目的是招收和培养最有才华的学生，学生无论家庭背景如何，都能成为社会领袖，这一观念影响深远。科南特是一名化学家，曾在二战期间担任曼哈顿计划的科学顾问，他对哈佛大学乃至整个美国社会上层阶级隐隐显现的世袭迹象感到不安。他认为，这样的精英阶层有悖于美国的民主理想，不适合在国家前所未有地需要智慧和科技实力的时候手握管理权。

尼古拉斯·莱曼是一部美国高等教育能力倾向测试启示史的作者，他描述了科南特所提到的问题。在哈佛等一流大学，“这些富有而轻浮的年轻人带着仆人，他们的大学生活不是以学习为中心，而是围绕着聚会和运动，这些年轻人为大学生活定下了基调”。这些人后来控制了顶尖的律师事务所、华尔街银行、外交部门、研究型医院和大学院系。[2]

> 所有的好地方都是为某个团体的成员保留的……全是男性、东部人、新教教徒，接受过私立教育……不允许有天主教教徒或犹太人，除了在极少数情况下，但那也需要他们仔细去除任何口音或其他明显的外来文化表达。有色人种与精英阶层的成员圈不够接近，就会被排除在外。即使是当时最激进的社会改革家也没有想到要建议女性常规性地参与国家管理。[3]

科南特的抱负是颠覆这种世袭精英，代之以优绩至上。莱曼写道，他的目标是：

> 推翻现有的、不民主的美国精英，代之以新的精英，新的精英由来自各个阶层和各种背景的聪明、训练有素、有公德心的人组成。要由这些人（实际上是男人）领导这个国家。他们将管理大型技术组织——这些组织会成为20世纪末美国的支柱——并首次创建一个有组织的系统，为所有美国人提供机会。[4]

用莱曼的话说："这项计划很大胆，旨在改变国家的领导层和社会结构——是一种安静的、有计划的政变。"[5]

为了实现这一优绩至上政变，科南特需要找到方法来识别最有前途的高中生（不管他们的家庭背景多么普通）并招募他们接受精英大学教育。科南特首先为中西部公立学校的天才学生设立了哈佛奖学金，根据智力测试来遴选这些学生。在委托开展这项测试时，科南特坚持认为智力测试衡量的是天生的智商，而不是对学科知识的掌握，以避免让那些上过特权中学的人获得优势。他为此选择的测试是第一次世界大战期间军队使用的智商测试版本，它被称为SAT。

随着时间的推移，科南特的奖学金计划扩大到全美国范围的学生。被他用来选拔学生的SAT，最终被用来决定全美国高校的招生录取。正如莱曼所观察到的，SAT"不仅仅会是哈佛大学颁发奖学金的考查方式，也将是对美国人口进行分类的基本机制"。[6]

科南特想要把哈佛大学转变为精英教育机构，这是他按照精英教育原则重塑美国社会的宏大抱负的一部分。1940年，他在加州大学发表了题为“无阶级社会的教育”（Education for a Classless Society）的演讲，并在《大西洋月刊》上刊出，阐述了自己的愿景。科南特希望为美国社会恢复机会平等的原则，这一原则现在受到了“财富世袭贵族日益昌盛”的威胁。他引用了哈佛大学历史学家弗雷德里克·杰克逊·特纳的观点，特纳认为，西部边境开垦完毕，切断了美国机会的传统途径——向西迁移、耕种土地、通过努力和创造力崛起的能力，不受阶层的束缚。特纳曾写道：“美国民主早期最独特的事实是，个人在社会流动的状况下有阶层上升的自由。”[7]

19 世纪末的特纳或许是第一个使用社会流动性一词的人。[8]科南特称这一概念为“我论点的核心”，并用高社会流动性来定义他理想中的无阶级社会。

> 高度的社会流动性是美国无阶级社会理想的精髓。一方面，如果无论父母的经济状况如何，大量年轻人都能够发展自己的能力，那么社会流动性就会很高。另一方面，如果年轻人的未来几乎完全取决于继承什么特权或继承不到什么东西，那么社会流动性就不存在了。[9]

科南特解释说，如果社会流动性很强，那么“子女必须也能够寻求自己的社会层级，获得自己的经济回报，从事任何职业，无论他们的父母可能做过什么”。[10]

但是，在阶级界限没有开放的情况下，什么可以作为流动的、无阶级的社会所需要的流动性工具呢？科南特的答案是教育。随着越来越多的美国人进入高中，中学教育系统正在成为“巨大的引擎”，如果运作得当，中学教育“可以帮助我们重新夺回……机会，以前边疆拓展给我们带来过这样的礼物①”。

然而，根据科南特的设想，广泛的高中入学所带来的机会并不在于其所提供的教育，而在于由此提供的把学生作为高等教育的候选人进行分类和筛选的机会。在高度工业化的社会，“能力必须得到评估，才能必须得到开发，抱负必须得到引导。这是公立学校的任务”。[11]

尽管科南特认为教育所有未来的公民成为政治民主社会的成员很重要，但公立学校的这一公民教育目的相对于分类功能来说还是次要的。比教育年轻人成为公民更重要的是“让他们踏上最合适的机会阶梯的第一级”。科南特承认，这种分类角色“似乎给我们的教育系统带来了沉重的负担”，但他希望公立学校能够“为这一特定目的而重建”。[12] 公立学校为依据优绩至上原则产生新的精英提供了广阔的遴选平台。

为了支持自己从每一代人中挑选出最适合接受高等教育和担负公共领导责任的人的理念，科南特征募了一位强大的盟友——托马斯·杰斐逊。像科南特一样，杰斐逊反对凭借财富和家庭出身来获取地位的贵族，而想用凭借美德和才能获取地位的贵族取而代之。杰斐逊还认为，精心设计的教育体系可以成为“从穷人阶层中选拔天才青年的机制”。大自然并没有把天分排他地赋予富人，而是用“平等的手把智力分散到”社会的各个阶层。我们面临的难题是找到高智商的人并对其加以培养，以便最有才能和最有道德的人能够接受教育并具备治理国家的能力。[13]

---

① “礼物”指更多的向上流动的机会。——译者注

杰斐逊为弗吉尼亚州设想了一套公共教育体系，宗旨就是实现这一目标。那些在免费小学表现最好的学生会“被挑选到地区学校接受高一个层次的公费教育”。在那里表现优异的学生会获得奖学金，进入威廉与玛丽学院，成为社会领袖。“因此，要从每一种生活境况中把有价值的人和天才寻找出来，经过教育，使他们做好充分准备以战胜那些凭借财富和出身来获得地位的人，赢得公众信任来承担领导责任。”[14]

杰斐逊的计划没有得到采纳，但在科南特看来，这为他所看好的基于机会平等和社会流动性的高等教育遴选制度提供了令人向往的先例。杰斐逊没有使用这两个词中的任何一个。他写道，他希望基于才能和美德的“自然贵族”能战胜“建立在财富和出身基础上的人造贵族”。[15] 他还用如果放在科南特所在的更民主的时代会显得不明智的语言，描述了他的竞争性奖学金计划：“每年从‘垃圾’中筛选出 20 名最优秀的天才，并由政府出资进行指导。”[16]

## 优绩暴政的预兆

回过头来看，杰斐逊粗俗的语言突出了精英教育体系两个潜在的令人反感的特征，而我们关于社会流动性和平等机会的语言掩盖了这两个特征。首先，尽管与世袭等级制度对立，但这是基于能力而流动的社会。流动并不是不平等的对立面；相反，社会流动让因才能而不是出身而产生的不平等正当化。其次，颂扬和奖赏“最好的天才”的制度，很容易把其他人贬低为“垃圾”，不管这种贬低是含蓄的还是明确的。即使杰斐逊提出了一个奖学金丰厚的计划，他的计划也提供了早期的例证：我们自己尊崇“聪明”而羞辱“傻瓜”的优绩至上倾向。

科南特谈到了这两个对英才统治秩序的潜在反对意见，第一个比第二个更直接。关于不平等，他坦率地承认，他理想中的无阶级社会并不以更平等的收入和财富分配为目标。他追求的是流动性更高的社会，而不是更平等的社会。重要的不是缩小贫富差距，而是确保人们在经济等级中的位置从一代传承到另一代时，一些人基于父辈的地位上升，另一些人基于父辈的地位下降。“至少在一代人中，也许在两代人中，经济地位的巨大差异及就业的极端差异可能会存在，但并不会形成固定的阶级。”权力和特权可能是不平等的，因为它们“会在每一代结束时自动重新分配”。[17]

至于从“垃圾”中找出天才这样令人不快的描述，科南特并不认为他提出的分类会让那些被筛选出来的人受到尊崇，或者让那些给筛选掉的人受到诋毁。他写道：“我们必须从这样的前提出发，即不存在教育特权，即使在最高等的教育水平上也是如此。任何一条渠道都不应该有高于其他渠道的社会地位。”[18]

事实证明，科南特在这两方面都过于乐观。精英教育并没有带来无阶级的社会，也没有避免贬低那些因缺乏天分而被排除在外的人。有人会说，这些发展只是反映了优绩至上的理想未能得到实现。但正如科南特所承认的，选拔人才和寻求平等是两个不同的规划。

科南特的精英教育愿景是平等主义的，他希望把哈佛大学和其他精英大学开放给美国最有才华的学生，无论他们的社会和经济背景如何。在常春藤联盟高校被拥有特权的家庭控制的时代，这是高尚的抱负。但科南特并不关心增加接受高等教育的机会。他不想增加上大学的学生人数，他只是想确保那些参加的人是真正最有才能的人。他在1938 年写道："如果现在进入高等大学学习的人当中至少有1/4 或者1/2 被淘汰，让其他更有才华的人取而代之，那么国家会从中受益。"根据这一观点，他反对1944 年由罗斯福总统颁布的《退伍军人权利法案》，该法案为退伍老兵提供免费的大学教育。科南特认为，国家不需要更多的学生上大学，国家需要的是更好的人才上大学。[19]

在科南特担任校长的20 年里，哈佛大学的招生政策没有实现他所倡导的优绩至上理想。到20 世纪50 年代初他的任期结束时，哈佛大学仍然很少拒绝校友子弟，在申请的校友子弟中，超过87% 被录取。[20] 哈佛大学还是继续青睐来自新英格兰寄宿学校的申请人，这些申请人大多数得以录取，而来自公立学校的入学申请则要求达到更高的学术标准。这部分是因为预科学校的学生是不需要经济资助的"付费客人"，也是因为他们的"上流社会血统"带来了常春藤联盟高校仍然珍视的文化声望。[21] 对招收犹太学生的限制也悄悄地放宽了，但并没有取消，这反映了持续存在的担忧，即犹太人太多"会赶走哈佛最希望招收的上层阶级新教男生"。[22] 招收女生和尝试招收少数种族和少数民族的学生还需留待将来。

## 科南特优绩至上理想的遗产

尽管科南特那个时代的哈佛大学并没有完全实施他所宣称的优绩至上理念，但这些理念已经开始决定美国高等教育的自我定位。他在20 世纪40 年代提出的关于高等院校在民主社会中的作用的论点，已经成为我们这个时代的传统智慧。这些理念不再有什么争议，已经转化为大学校长的毕业典礼演讲和公开声明中的例行修辞：最理想的高等教育应该向所有社会和经济背景的有才华的学生开放，完全不用考虑学生的支付能力。尽管只有最富有的大学才负担得起不考虑学生的支付能力来录取，以及为需要的学生提供经济资助，但人们普遍认为录取的依据应该是成绩而不是财富。虽然大多数大学根据一系列因素来评估申请人，包括学术潜力、性格、体育实力和课外活动，但学业成绩主要是由高中成绩和 SAT 分数来衡量的，SAT 就是科南特倡导的智力能力标准化测试。

可以肯定的是，关于优绩的含义产生了激烈的争论。例如，在关于平权法案的辩论中，一些人认为把种族和民族作为录取因素违反了成绩标准；另一些人则回答说，能够为课堂和更广泛的社会带来独特的生活体验和视角，是与大学使命相关的一项优点。但其实我们关于大学录取的辩论通常是关于优绩的争论，这证明优绩至上的理念得到了支持。

科南特的理念中最根深蒂固的也许是：高等教育是通往机会的主要途径，是阶层跃升的源泉，它通过为所有学生提供机会，无论他们的社会或经济背景如何，让他们的才能带他们走得更远，来保持社会的流动性。基于这一理念，大学校长们习惯性地提醒我们，卓越和机遇是相辅相成的。上大学的社会和经济障碍越少，大学就越有能力招收最优秀的学生，并帮助他们取得成功。每一位新生在走进校园参加入学培训时，都会因其优秀和独特性，以及为争取被录取所付出的才华和努力而受到赞扬。[23]

无论在修辞上还是在哲学上，科南特优绩至上的理念都赢得了胜利。但事情并没有完全按照他预期的方式发展。

## SAT 成绩随财富增长

首先，事实证明，SAT 并不能独立于社会和教育背景来衡量学术才能或天生的智力。相反，SAT 成绩与财富高度相关。你的家庭收入越高，你的 SAT 分数就越高。在收入阶梯的每一个层级上，SAT 平均分都会增加。[24] 在竞争最激烈的大学入学申请中，SAT 分数差距尤其明显。如果你来自年收入超过 20 万美元的家庭，那么你得分超过 1 400 分（满分 1 600 分）的概率是 20%；如果你来自贫困家庭（年收入不到 2 万美元），那么你的这一机会是 2%。[25] 绝大多数得分高的人的父母也有大学文凭。[26]

除了富裕家庭可以提供的一般教育优势，凭借参加私人备考课程和聘请辅导老师，特权阶层的 SAT 成绩也能得到提高。在曼哈顿等地，一对一指导的收费高达每小时 1 000 美元。近几十年来，随着大学录取的竞争加剧，辅导和备考已经成为价值数十亿美元的产业。[27]

多年来，负责管理 SAT 的美国大学理事会坚持认为，该考试衡量的是能力，其成绩不受辅导的影响。美国大学理事会最近放弃了这个借口，并与可汗学院建立了合作关系，为所有考生提供免费的在线 SAT 练习。尽管这项事业很有价值，但这并没有像理事会官员所希望和声称的那样，为备考赛场铺平道路。也许并不令人意外，来自收入水平和教育水平较高的家庭的学生比来自弱势背景的学生更多地利用了在线帮助，导致来自特权家庭的学生和其他学生之间的得分差距更大。[28]

在科南特看来，能力或智商测试有望成为衡量学术能力的民主标准，不受教育劣势和高中成绩游移不定的影响。这就是为什么他选择了 SAT 来遴选能获得奖学金的学生。要是他知道，在确定哪些低收入学生有可能在大学取得成功方面，高中成绩比 SAT 分数更可靠，他一定会很惊讶。

比较 SAT 分数和高中学业成绩，看哪一个能更好预测学术能力，这是相当复杂的事情。对 2/3 的学生来说，他们或多或少是一致的。但对那些SAT分数和高中成绩不一致的人来说，SAT 帮助了特权阶层，伤害了弱势群体。[29]

高中成绩在一定程度上与家庭收入相关，SAT 成绩更是如此。这在一定程度上是因为与考试行业的一贯主张相反，SAT 是可以辅导的。私人教学有所帮助，一个向高中生传授可以提高成绩的花招和技巧的有利可图的行业已经出现。[30]

## 优绩至上固化不平等

其次，科南特提倡的英才录取制度并没有带来他所希望产生的无阶级社会。20 世纪四五十年代以来，收入和财富的不平等进一步加剧，而科南特所认为的可以补救分层社会的社会流动性并没有出现。从一代到下一代，富人和穷人并没有互换位置。正如我们所看到的，穷人的孩子很少会富有起来，而富人的孩子也很少会跌到中上阶层水平之下。尽管有从贫穷到富有的美国梦，但与许多欧洲国家相比，美国的向上流动并不普遍，而且近几十年来没有改善的迹象。

更重要的是，优绩至上时代的高等教育并没有成为社会流动的引擎；相反，高等教育强化了享有特权的父母赋予子女的优势。当然，20 世纪 40 年代以来，精英大学校园里学生的人口统计分布和学术状况已经改善。科南特想要取代的以白人、盎格鲁–撒克逊、新教教徒的财富为基础的世袭贵族，已不再占据主导地位。女性与男性在平等的条件下得到录取，大学积极招收种族和民族多元化的学生，今天大约 50% 的常春藤联盟高校学生认为自己是有色人种。[31] 20 世纪上半叶盛行的限制犹太人入学的配额和非正式做法已经消失。

哈佛大学、耶鲁大学和普林斯顿大学长期以来对来自上流寄宿学校的年轻人的偏爱，在 20 世纪六七十年代有所减弱。常春藤联盟高校录取任何不合格校友子弟的程序也同样如此。学业水平提高了，SAT 分数中位数增大了。捐赠收入最多的高校采取了不考虑支付能力的招生政策和慷慨的经济资助政策，为收入一般而有前途的学生消除了主要的财务障碍。

这些成就都不可否认。然而，高等教育的优绩至上革命并没有带来其早期支持者所期望的社会流动性和广泛的机会，也没有带来教育领袖和政治家持续承诺的社会流动性和广泛的机会。美国严格遴选优秀学生的高等院校驱逐了自鸣得意、自命不凡的世袭精英，这些世袭精英当时让科南特忧心忡忡。但这种继承特权的贵族统治已经让位于优绩至上原则产生的精英阶层，他们现在享有的特权和地位与他们所取代的精英阶层一样根深蒂固。

尽管在性别、种族和民族方面更具包容性，但这种优绩至上原则产生的精英并没有创造不断流动的社会。相反，今天有文凭的专业人士阶层已经找到把特权传给他们的孩子的办法，不是靠给子女留下大庄园的方式，而是想方设法让他们拥有在优绩至上社会中能够成功的优势。

尽管高等教育作为机会的仲裁者和向上流动的引擎扮演了新的角

色，但它并没有为近期不断加剧的不平等提供有力的制衡。想想当今高等教育的阶级构成，尤其是在下列重点领域：

> 大多数重点院校的学生都来自英语流利的家庭，很少有人来自低收入家庭。在美国100多所最具竞争力的大学中，超过70%的学生来自收入最高的那25%的家庭，只有3%来自收入最低的那25%的家庭。[32]
>
> 大学入学的贫富差距在顶层最为严重。在常春藤联盟高校、斯坦福大学、杜克大学和其他著名学府，来自最富有的1%家庭的学生比来自全美国收入居于后50%的家庭的学生还多。在耶鲁大学和普林斯顿大学，每50名学生中只有一名来自贫困家庭（底层20%）。[33]
>
> 如果你来自富裕家庭（前1%），你进入常春藤联盟高校的机会是来自贫困家庭（后20%）的学生的78倍。大多数来自收入水平居于后50%的家庭的年轻人要么上两年制学院，要么根本不上大学。[34]

在过去的20年里，私立精英大学给学生提供了更多的经济资助，联邦政府也增加了大学拨款以资助来自中低收入家庭的学生。例如，哈佛大学和斯坦福大学现在为家庭年收入低于65 000美元的学生免除学费，并免费提供食宿。然而，尽管采取了这些措施，但2000年以来，来自低收入家庭的学生在重点大学所占的比例几乎没有变化，在某些情况下还有所下降。如今哈佛大学第一代大学生（他们家庭中第一个上大学的学生）的比例并不比1960年的高。杰罗姆·卡拉贝尔是一部哈佛大学、耶鲁大学和普林斯顿大学招生政策史的作者，他总结道："今天，工人阶级和穷人的孩子不太可能进入三大顶尖高校（哈佛、耶鲁和普林斯顿），就像他们在 1954 年也不太可能一样。"[35]

## 为什么精英大学不是社会流动的引擎

美国一流大学的学术声誉、科学贡献和丰富的教育资源受到全世界的赞赏，但这些机构并不是向上流动的有效引擎。最近，经济学家哈吉·柴提和一组同事对大学在促进代际流动方面的作用开展了全面研究，他们考察了 1999—2013 年 3 000 万名大学生的经济轨迹。对于美国的每一所大学，他们计算了其学生从收入阶梯的最底层上升到顶端的比例（即从收入最低的 20% 上升到收入最高的 20%）。换句话说，他们问的是，在每所大学里，有多大比例的学生来自贫困家庭，但最终收入足以进入前 20%。他们的发现是：如今的高等教育在促进阶层跃升方面的作用小得惊人。[36]

私立精英大学的情况尤其如此。尽管进哈佛大学或普林斯顿大学这样的地方确实给了穷孩子很好的上升机会，但这些地方招收的穷孩子太少了，他们的流动率很低。只有 1.8% 的哈佛学生（普林斯顿只有 1.3%）从收入的底层上升到顶层。[37]

人们可能认为主要的公立大学的情况会有所不同。但这些高校也招收了太多已经很富有的学生，结果这些高校对向上流动的贡献也很小。密歇根大学安娜堡分校的社会流动率仅为 1.5%。该校阶级偏离的情况与哈佛大学类似：2/3 的学生来自富裕家庭（收入居于前 20%）。

安娜堡的穷孩子甚至比哈佛的更少（不到 4%）。弗吉尼亚大学也是如此，学生的社会流动率仅为 1.5%，这主要是因为该校只有不到 3% 的学生来自贫困家庭。[38]

柴提和他的团队确实发现了一些不那么有名的公立大学和州立学院，这些学校的学生的社会流动率更高。这些学校既适合低收入家庭的学生，也能成功地帮助他们实现阶层跃升。例如，加州大学洛杉矶分校和纽约州立大学石溪分校让近 10% 的学生从底层升到了顶层，这大约是常春藤联盟高校和最挑剔的公立大学的流动率的 5 倍。[39]

但这些大学是例外。综合来看，柴提研究的 1 800 所大学（私立和公立，重点和非重点）只有不到 2% 的学生从收入最低的 20% 升到了收入最高的 20%。[40] 有些人可能会问，在一代人的时间之内，把学生从收入最低的那 20% 的家庭（家庭收入为 2 万美元或以下）推到收入最高的那 20% 的家庭（家庭收入为 11 万美元或以上），对社会流动性的测试是否过于苛刻。但即使是更温和的攀登也相对罕见。在私立精英大学，只有大约 10% 的学生能够在收入阶梯上上升两个梯级（40%）。[41]

令人惊讶的是，美国高等院校很少能让学生实现阶层跃升，尽管进入这些地方确实能优化一个人的经济前景。大学毕业生，尤其是来自名校的大学毕业生，在找到高薪工作方面确实有很大的优势。但这些学校对向上流动的影响不大，因为名校的大部分学生本来就很富有。美国的高等教育就像一座大楼里的电梯，大多数人都是从顶层进入的。

在实践中，大多数高校做得更多的是巩固特权，而不是扩大机会。对那些把高等教育视为机会的主要载体的人来说，这则消息发人深省。这质疑了当代政治中的重要信念：解决不平等加剧的办法是提高流动性，而提高流动性的方法是让更多的人上大学。

尽管高等教育提高社会流动机会的愿景被各种意识形态的政客援引，但这种愿景明显不符合许多人的生活经历，特别是那些没有大学文凭但仍然渴望拥有有尊严的工作和体面生活的人。这是合理的渴望，优绩至上社会忽视了这一点，就会带来危险。有大学文凭的人很容易忘记，他们的大多数同胞都没有大学文凭。不断地告诫他们，去拿大学文凭来改善自己的状况（你赚什么取决于你学到了什么），这带来的可能更多是侮辱而不是激励。

那么，高等教育该怎么办？高校是否应该保留其目前作为机会仲裁者的角色？大学招生录取本身已经成为精英遴选竞赛，我们是否应该继续认为机会在于平等进入大学？有人说是的，只要我们能提高比赛的公平性。他们主张，高等院校里低收入学生的缺乏并不是精英录取制度的缺陷，而是因为未能始终如一地执行这些制度。根据这种观点，解决优绩至上社会弊病的办法是更彻底地实施优绩至上原则，让有才华的学生无论其社会和经济背景如何，都有平等的机会进入大学。

## 让优绩至上更为公平

表面上看，这一主张颇为合理。增加贫穷但有天赋的学生的受教育机会毫无疑问是件好事。近几十年来，大学在招收非裔美国学生和拉丁裔学生方面进展显著，但在提高低收入学生的比例方面做得很少。其实，当公众对维护少数种族和少数民族的平权法案产生激烈辩论时，大学已经悄悄地为富人采取了相当于平权法案的措施。

例如，许多招生非常挑剔的高校会优先录取校友的子女（他们被称为余荫），理由是录取他们可以培养社群精神，并为大学基金增添新的捐赠收入。在精英大学，校友子弟获得录取的可能性是其他申请人的 7 倍。总体而言，哈佛大学的录取率为 5%。但当申请人是校友子弟时，其录取率是 1/3。[42]

一些学校还放宽了学业标准，允许非校友的富有捐赠人的子女入学，理由是接受一些不那么优秀的学生也值得，这样可以换取新的图书馆或奖学金基金。在 20 世纪 90 年代末和 21 世纪初的筹款活动中，杜克大学每年为富有捐赠人的子女提供约 100 个入学名额，否则这些孩子可能没有机会得到录取。尽管一些教员担心这会损害学术标准，但该政策帮助杜克大学的捐赠基金得到大幅扩充，由此提升了杜克的竞争排名。[43] 最近一起有关哈佛大学招生政策的法庭案件的文件显示，近 10% 的学生是在捐赠关系的帮助下得到录取的。[44]

对录取运动员的偏爱，对富家子弟申请人是另一大福利。人们有时认为，降低运动员的学业标准，尤其是足球和篮球等备受瞩目的体育项目的运动员，有助于招收来自代表性不足的少数族裔和低收入家庭的学生。但总体而言，在受益于运动员偏好的申请人中，富人和白人所占比例高得不成比例。这是因为精英大学招收的大多数体育项目主要是富家子弟所热衷的壁球、曲棍球、帆船、赛艇、高尔夫球、水球、击剑甚至骑马。[45]

优先录取运动员的做法并不局限于像密歇根州立大学和俄亥俄州立大学这样的足球强校，这些学校的橄榄球队也挤满了大型体育场。威廉姆斯学院是新英格兰地区一所规模不大但享有盛誉的文理学院，

30% 的学生都是运动员。[46] 这些学生运动员中很少有来自弱势阶层的。普林斯顿大学前任校长与人合著的一份针对 19 所重点院校的研究报告发现，录取的运动员比代表性不足的少数族裔或校友子弟享有更大的录取优势，而且他们中只有 5% 来自收入水平最低的那 25% 的家庭。[47]

大学可以尝试采取各种不同的方法来解决这种不公平。他们可以按届采取平权法案，给予来自贫困家庭的学生与校友子弟、捐赠人子女和录取的运动员相同的照顾。或者，他们可以采取完全取消这些照顾来减少他们给予富家子弟申请人的优势。此外，高校也可以像芝加哥大学和其他一些学校最近所做的那样，不再要求学生参加这些标准化考试，从而抵消富家子弟申请人因私人辅导和备考而 SAT 分数虚高所带来的优势。研究表明，作为学业表现的预测指标，SAT 成绩比高中成绩更有可能受社会经济背景扭曲。减少对 SAT 等标准化考试的依赖，会让大学能够招收更多中低收入的学生，而学业成功率几乎没有任何损失。[48]

这些都是大学可以自己采取的措施。政府也可以干预，让大学招生不那么偏向特权阶层。参议员爱德华·肯尼迪本人也是哈佛大学的校友，他曾经提议，要求私立大学公布校友子弟的录取率，并报告他们的社会经济状况。耶鲁大学法学教授丹尼尔·马科维茨也严厉批评英才统治下的不平等，他的想法更往前推了一步。马科维茨提议，除非私立大学录取至少一半来自收入最低的那 2/3 的家庭的学生，否则就不给予私立大学免税地位，理想的做法是扩大招生。[49]

这些措施，无论是由大学本身还是由政府强制实施的，都能缓解不平等，而不平等加剧会导致高等教育促进社会流动的力量减弱。这些措施能改善普通家庭子女的录取状况，有望减少体制的不公平。这些理由都迫使人们考虑采取相应措施。

但是，只关注当前体制的不公平，就会在科南特优绩至上革命的核心引出一个更大的问题：高校是否应该承担起这样的职能，即依据才能来对人们做出分类，以决定谁能在生活中取得成功?

至少有两个理由怀疑高校是否应该这样做。第一个理由是，这种分类对那些被筛选掉的人意味着令人反感的判断，以及对共同的公民生活造成了破坏性后果。第二个理由是，精英筛选过程中的斗争会对那些被选上的人造成伤害，以及分类任务变得极为耗费精力，结果淡化了高校本该承担的教育使命。

简而言之，把高等教育变成一场竞争激烈的分类竞赛，对民主和教育都是不健康的。下面依次来探讨这些风险。

## 分类与社会尊严的分配

科南特意识到把大学转变为分类机器可能会有造成社会不和谐的风险，但他认为这种风险是可以避免的。他的目标是利用测试和跟踪来指导每个人扮演最能发挥其才能的社会角色（他仍然认为只有男性的才能需要测试和跟踪），在此过程中并不暗示最有才能的人比其他人更有价值。他不相信教育分类会像可以继承特权的旧制度那样产生对社会优越性或声望的评判。[50]

科南特的信念是，在不评判他人价值的情况下对人进行分类是有可能的，但这忽略了他帮助建立的精英制度的道德逻辑和心理诉求。支持精英统治而不是世袭贵族统治的主要论据之一是，那些因自身才能而崛起的人已经获得了成功，他们理应得到其才能所带来的回报。按照优绩至上的原则把人分类，与依靠才能赚多少及应该得到什么的判断紧密相关。谁的才华和成就更值得尊崇和认可，都是不可避免的公共判断。

科南特坚信，高等教育应该把权力从世袭的上层阶级转移出去，寻找有才华的科学家和知识分子，这不仅是填补社会必要角色的方式，也是关于现代的、技术先进的社会应该尊崇与奖赏什么样的智力和性格品质的主张。因此，要否认新的分类制度也是分配社会地位和尊重的新基础，是不可能的。这就是迈克尔·扬《优绩至上的崛起》一书的观点，该书出版于科南特卸任哈佛大学校长几年之后。扬看到了科南特没有看到或拒绝看到的东西，即新的优绩至上为判断谁值得、谁不值得提供了严格的新基础。

那些追随科南特的人，他们帮助实施了高等教育的优绩至上原则，他们清楚地认识到了分类和评判之间的联系。约翰·W. 加德纳是某基金会主席，后来在林登·约翰逊政府中担任卫生、教育和福利部长，他在 1961 年出版的《卓越》(*Excellence*) 一书中表达了新英才统治时代的精神。“我们正在见证，社会对能力强、受过高级培训的男女的态度发生变革。历史上第一次，这样的男性和女性在极其广阔的领域深受欢迎。”不像以前的社会，由少数人管理，因此可以浪费人才，由复杂组织管理的现代技术社会需要不懈地寻找人才，无论这种人才在什么地方都要找到他们。这场“伟大的人才搜寻”的当务之急现在为教育设定了任务——成为“严格的分类过程”。[51]

与科南特不同的是，加德纳承认按照优绩至上原则实施的分类有其苛刻之处。“随着教育越来越有效地把聪明的年轻人拉到顶端，对于每个相关的人，这都变成了越来越艰难的筛选过程……对有能力的年轻人来说，学校是机会的黄金大道。但出于同样的原因，它们是能力较弱的年轻人发现自己局限性的舞台。”这就是机会均等的负面影响。高等教育让“每个年轻人都能在没有金钱、社会地位、宗教或种族障碍的情况下，根据自己的能力和抱负走得更远”。但“对那些缺乏必要能力的人来说，这让人痛苦”。[52]

加德纳认为，这种痛苦无法避免，考虑到挑选和培养人才的迫切需要，这种代价也值得付出。他承认，由于一些学生有资格上大学，而另一些学生达不到标准，这种痛苦变得尤为严重。“如果社会根据人们的天赋，有效而公平地对他们进行分类，那么失败者会知道他地位低下的真正原因是他没有能力做得更好。这对任何人来说都是一剂苦药。”[53]

在扬眼中，洞察到此类负面作用是他反对英才统治的核心理由。但在加德纳眼中，这只是不幸的副作用。“因为大学获得了非凡的声望，”他承认，上大学已经达到决定人生是否成功的程度，“今天，在世人的眼中，上大学实际上已成为取得更高成就的先决条件，因此，在我们创造的虚假价值框架中，上大学成了通往有意义生活的唯一通行证。”加德纳勇敢地指出，“成就不应与人的价值混为一谈”，无论人们的个人成就如何，他们都值得尊重。但他似乎明白，在他帮助建立的英才统治社会中，很少有区分教育成就和社会尊重的空间。[54]

显而易见的事实是，在公众心目中，大学教育与个人进步、社会地位上升、市场价值和自尊紧密联系在一起。如果有足够多的美国人认为，一个人必须上大学才能得到尊重和信任，那么完全一致的意见就让这一原则成了现实。[55]

几年后，耶鲁大学校长小金曼·布鲁斯特也承认，按照成绩对学生进行分类与把大学录取变成社会认可和尊重的标志之间存在密切联系。布鲁斯特把耶鲁大学带入了实施优绩至上原则的时代，他想要把录取标准调整到更少取决于家族遗产，更多取决于学术才华，但遭到了董事会中重要成员的抵制。到 1966 年，耶鲁大学采用了不考虑学生支付能力的招生方式，这意味着在录取学生时不考虑他们的财务状况，并且为他们提供足够的经济支持。布鲁斯特敏锐而富有洞察力地指出，新政策不仅能让耶鲁大学吸引来自普通家庭的优秀学生，也会增加耶鲁大学对富家子弟的吸引力，一所大学因按照学生的成绩而不是他们的财富来录取学生而闻名，这样的大学对富家子弟会有更大的吸引力。他写道："现在录取不再与钱包相关，感觉到大学是按照才能而不是根据某种含糊不清的所谓'背景'做出决定的，这会让被录取的富家子弟感到更自豪。"[56]

过去，人们以把孩子送到能与上流社会的贵族交往的地方为荣；现在，人们以把自己的孩子送到象征他们有卓越才能的地方为荣。

向择优录取的转变提高了能够吸引最优秀学生的大学的声望。声望通常是由被大学录取的学生的 SAT 平均成绩来衡量的，而且反常的是，也是由它们能够拒绝的申请人数量来衡量的。大学排名越来越多地依据其淘汰申请者的比例，而录取难度越高，学生反而越踊跃地申请。

20 世纪 60 年代以前，准备上大学的学生通常在离家近的地方注册入学。因此，学术能力出色的学生广泛分布在各地高校中。但随着优绩至上原则重新塑造了高等教育，大学的选择变得更具战略性。学生们，尤其是那些来自高收入家庭的学生，开始挑选可能录取自己的录取难度最高的大学。[57]

研究高等教育的经济学家卡罗琳·M. 霍克斯比把这一趋势称为高等教育的重新分类。录取难度高的大学与录取难度低的大学之间的差距扩大了。SAT 分数高的学生与其他高分学生一起挤着要进少数几所大学，大学录取变成了一场赢家通吃的竞争。尽管许多人认为如今进入大学比过去更难，但事实并非如此。美国大多数高校录取申请学生的比例很高，大多数申请人都能被录取。[58]

近几十年来，只有一小部分名牌大学的录取率大幅下降。这些高校占据了各大媒体的头条位置，并引发了入学狂潮，这一狂潮让来自富裕家庭的即将上大学的孩子们在青少年时期备受摧残。1972 年，重新分类的招生录取规则已经在实施中，斯坦福大学录取了 1/3 的申请人。如今，这一比例还不到 5%。约翰·霍普金斯大学在 1988 年接受了大多数（54%）人的申请，现在只接受了 9%。芝加哥大学的录取率急剧下降，从 1993 年的 77% 降至 2019 年的 6%。[59]

46 所高校现在的录取率不到 20%，这些学校中有几所是那些父母卷入 2019 年大学招生丑闻的学生的理想就读地。只有 4% 的美国本科生就读于这些对学生极其挑剔的大学。超过 80% 的学生就读的学校录取学生的比例在一半以上。[60]

在过去 50 年里，高分学生集中在相对较少的录取难度高的大学里，是什么原因导致了这种重新分类？霍克斯比给出了经济学上的解释：较低的交通成本让学生们更容易前往离家较远的大学，而较低的信息成本让学生们更容易了解自己的 SAT 成绩与其他学生相比如何。

此外，最著名的大学在每个学生的教育上花费更多，所以对于那些能够进入的人，在这样的地方上学是对个人“人力资本”的可靠投资，甚至考虑到在以后的生活中对大学基金的预期捐赠，也是如此。[61]

但是，这种重新分类与高等教育的优绩至上转型同时发生，这一事实表明了存在进一步的解释：录取难度高的大学之所以变得具有不可抗拒的吸引力，是因为名校站在了新兴的精英等级制度的顶端。在父母的鼓励下，雄心勃勃、家境殷实的学生们纷纷涌入名校校门，这不仅是因为他们想和有学术天赋的学生一起学习，也是因为这些大学赋予了精英教育最大的声望。上一所录取难度高的大学所带来的荣誉不仅仅是炫耀的资本，还会在毕业后带来就业机会。这主要不是因为雇主认为学生在名牌大学学到的东西比在录取难度不那么高的学校多，而是因为雇主相信这些大学的分类功能，并重视其授予的精英荣誉。[62]

## 受伤的赢家

高等教育实施赢家通吃的重新分类实不可取，原因有二。首先，高等教育加剧了不平等，因为在赢家通吃的选拔竞赛中表现最好的大学通常是那些富有学生比例最高的大学。其次，这对获胜者造成了破坏性的影响。不像过去的世袭精英，他们在没有碰到太多麻烦的情况下就占据了自己的位置，新的优绩至上原则产生的精英是经过艰苦努力才赢得自己的位置的。

尽管新的精英阶层现在已经呈现世袭的一面，但并不能保证英才统治特权一定能够传承下去。能否传承下去的关键在于能否“走进大学校园”。这让优绩至上原则的成功在道德心理上陷入了自相矛盾。考虑到富家子弟在精英校园中占据压倒性的优势，无论是从总体还是从历史来看，分类的结果几乎都是注定的。但对于那些在入学奋斗中处于高度竞争状态的人，除了个人努力和成就，不可能把成功看作其他任何东西。这是一种立场，分类机制让胜利者相信他们的成功是自己凭努力获得的，是靠自己争取的。可以批评这种信念为优绩至上的傲慢，优绩至上观念过度地把成果归因于个人的努力，而忽略了把努力转化为成功的各种有利条件。但这种信念也有辛酸之处，因为精英是在痛苦中锻造而成的——精英遴选的奋斗对年轻人施加的严格要求是对灵魂的摧残。

富有的父母能够给他们的孩子有力的推动，以争取使其进入名牌大学，但代价往往是把他们的高中时光变成充满压力和焦虑、让他们睡眠不足的大学预修课程、备考辅导、体育训练、舞蹈和音乐课，以及大量的课外活动和公共服务活动，这些活动往往是在私人招生顾问的建议和指导下开展的，这些顾问的费用可能超过耶鲁大学四年的学费。一些顾问还会建议父母为孩子找人开具残疾诊断证明，以让孩子在标准化考试中获得额外的加时。（在康涅狄格州郊外的一个富人区，18% 的学生得到患有残疾的诊断，是全美国平均水平的 6 倍多。）另有一些顾问专门设计定制的暑期国外旅行计划，旨在为大学申请论文提供令人信服的素材。[63]

优绩至上教育的军备竞赛让竞争向有利于富人的方向倾斜，并让富有的父母能够把他们的特权传给自己的孩子。这种传递特权的方式更加令人反感。对于那些缺乏有利条件的人，这显然不公平；对于因装备不足而被绊住的孩子，这更形同压迫。精英教育的遴选斗争催生了不利于青少年成长的教育文化，这种教育文化以追求成就为导向，一意孤行地全方位挤压。直升机式育儿的兴起与优绩至上教育竞争加剧的几十年相伴而行。其实早在 20 世纪 70 年代，“parent”（父母）作为动词使用就变得普遍起来，当时，让孩子为学业成功做好准备的需要被视为父母的紧迫责任。[64]

1976—2012 年，美国父母花在辅导孩子功课上的时间增加了 5 倍多。[65] 随着精英大学录取的不确定性越来越大，充满焦虑的、侵入性的养育方式成了常见的痛苦。2009 年《时代周刊》的一篇封面故事敲响了警钟：“反对过度养育的理由：为什么是时候让妈妈和爸爸放弃控制了。”《时代周刊》指出，人们变得“对孩子的成功如此着迷，以至于养育子女已经变成产品开发”。管理童年的征程现在很早就开始了。“在 6 ~ 8 岁的孩子中，自由的游戏时间从 1981 年到 1997 年减少了 25%，而家庭作业增加了不止一倍。”[66]

在一项有趣的研究中，经济学家马赛厄斯 · 德普克和法布里奇奥 · 齐利博蒂为直升机式育儿的兴起做出了经济学上的解释，他们把“直升机式育儿”界定为“在过去 30 年里变得普遍的高度参与、时间密集、全程控制的育儿方法”。他们认为，这样的养育方式是对日益加剧的不平等和教育回报增加的理性回应。尽管近几十年来，在许多社会中，高强度育儿的现象有所增加，但在美国和韩国等不平等现象最严重的地方，这种现象最为明显，而在瑞典和日本等不平等现象不那么严重的国家，这种现象则不那么普遍。[67]

尽管这可能是可以理解的，但父母为了追求精英竞赛上的成功，急于全面掌管孩子的生活，已经对孩子们造成了严重的心理伤害，尤其是对上大学前的孩子。21 世纪初，在加州旧金山郊外的一个富人区马林县治疗年轻人的心理学家马德琳·莱文注意到，许多来自富裕家庭、表面上很成功的青少年其实非常不快乐，与外界脱节，缺乏独立性。“拂开表面，他们中的许多人……沮丧、焦虑、愤怒……他们过度依赖父母、老师、教练和同伴的意见，并且经常依赖他人——不仅要给困难的任务铺平道路，还要使日常生活顺利进行。”莱文开始意识到，富裕家庭除了让这些年轻人远离生活中的困难，家境富裕和父母高度参与反过来也是造成他们不快乐和陷于脆弱的原因。[68]

在《特权的代价》（*The Price of Privilege*）一书中，莱文描述了她看到的“特权青年心理健康流行病”。传统上，心理学家认为城市中心的弱势阶层孩子是“高危”青少年，他们“在严酷无情的环境中成长”。[69] 莱文并不否认这些青少年的困境，但她观察到，美国新的风险群体是来自富裕的、受过良好教育的家庭的青少年。

> 尽管他们拥有经济和社会优势，但在美国所有的青少年群体中，他们患抑郁症、滥用药物、患焦虑症、患躯体疾病和感到不快乐的比例最高。当研究人员对比所有社会经济阶层的孩子时，他们发现最有问题的青少年通常来自富裕家庭。[70]

莱文引用了苏尼娅·S. 卢瑟的研究，卢瑟在该研究中记录道，“中上阶层的青少年在通往美国最著名的大学和高薪职业的道路上”，比其他青少年遭受情绪困扰的比例更高，这种模式在他们进入大学后仍在继续。与普通人群相比，全日制大学生达到药物滥用或药物依赖诊断标准的可能性高约 1.5 倍（23% vs 9%），而且有一半的全日制大学生表明自己有酗酒及滥用非法药物或滥用处方药物的行为。[71]

是什么导致了富裕家庭的年轻人遭受过度的情绪困扰？答案在很大程度上与优绩至上竞争的逼迫——马上执行、取得成绩、追求成功的无情压力——有关。卢瑟写道："对于孩子和父母，几乎不可能忽视从他们早年开始就无处不在的信息：通往终极幸福——拥有金钱——的道路只有一条，而这条路就始于进入名牌大学。"[72]

那些在精英遴选的战场上取得胜利的人，虽然得胜了，但也受到了打击。我在学生身上看到了这一点——跳钢圈的习惯很难改掉。许多人仍然觉得自己很有动力去奋斗，结果他们发现很难利用大学时光去思考、探索和批判性地反思自己是谁，什么是值得关心的。与心理健康问题做斗争的人数量惊人。遭受精英教育考验的心理代价并不局限于常春藤联盟高校。近期对美国 100 多所大学的 67 000 名大学生进行的一项研究发现，"大学生面临前所未有的压力"，包括抑郁症和焦虑症患病率的上升。在过去一年里，每五名大学生中就有一人有自杀的念头，每四名大学生中就有一人被诊断为患有精神疾病或接受过治疗。[73] 2000—2017 年，年轻人（20 ~ 24 岁）的自杀率上升了 36%。现在死于自杀的人比死于他杀的人多。[74]

除了这些临床症状，心理学家还发现了困扰这一代大学生的不易察觉的苦恼："隐秘的完美主义流行病。"多年来的焦虑奋斗让年轻人的自我价值感变得脆弱，为成绩所左右，容易受到父母、老师、招生委员会，最终是他们自己的严格评判。该研究的作者托马斯·柯伦和安德鲁·P. 希尔写道："在用表现、地位和形象来定义一个人的用处和价值的世界里，完美自我的理想尽管是非理性的，却已经变成每个人都想要的东西，甚至是必要的东西。"在对美国、加拿大和英国的 4 万多名大学生的调查中，作者报告称，1989—2016 年，完美主义急剧增强，其中与社会和父母期望有关的完美主义态度增加了 32%。[75]

完美主义是伴随优绩至上而生的典型弊病。在年轻人“受到学校、大学和工作场所的无情分类、筛选和排名的时候，新自由主义的优绩制把对奋斗、表现和成就的强烈需求置于现代生活的中心”。[76] 达到有所成就这一目标的成败，逐渐被用来界定一个人的自我价值与优劣。

那些管理精英筛选机器的杠杆和滑轮的人，并非完全没有意识到这一机制的人力成本。哈佛大学的招生人员在一篇诚实而富有洞察力的文章中谈到了职业倦怠的风险，他们担心，那些在高中和大学里取得了亮眼成绩的人，最终会成为“集中训练营里浑浑噩噩的幸存者”。这篇论文首次发表于 2000 年，作为警示，至今仍被挂在哈佛大学的招生网站上。[77]

## 继续跳钢圈

精英大学的入学政策助长和奖赏了其对成绩的狂热，以至于当学生进入校园时，他们几乎不会采取任何行动来扭转这种狂热。分类和竞争的本能侵入了大学生活，学生们重新演绎了接受和拒绝的仪式。有个例子：哈佛大学有 400 多个课外俱乐部和组织。有些社团，如管弦乐队和大学足球队，需要特定能力，因此实施选拔就很正当。但今天，“比拼”或竞争加入学生组织已经变得司空见惯，无论这些社团是否需要特殊技能。比拼文化日益极端，结果一些学生在大一的时候就要去修读“遭拒 101 次”（Rejection 101）课程，这门课程专门讲授如何应对比赛未能晋级的失望。[78]

就像大学本身一样，学生组织也在吹嘘它们的低录取率。哈佛学院咨询小组（Harvard College Consulting Group）自称哈佛校园里最挑剔的职前学生组织，录取率低于12%。组织新生迎新周和举办校园巡游的深红钥匙社（Crimson Key Society）也宣传其申请难度高，只有11.5%的申请人能通过选拔。“我们不想随便让某个人来到游客面前。”该社团的负责人解释说。但对人才的需求似乎不如再现精英竞争中的冲刺与受创的冲动那么迫切。一名一年级学生告诉《哈佛深红报》：“你跳过了进入哈佛的大钢圈，然后你只想跳过更多，让肾上腺素水平再次上升。”[79]

比拼文化的兴起，说明了大学教育正在转变为一种为培养具有竞争力的精英而进行的基础培训，变成了“自我包装”和申请职位的教育。这反过来又反映了高等院校的角色发生了更广泛的转变：高校的资格认证功能开始膨胀，甚至要压倒其教育功能。分类和争先，挤走了教和学。大学院长和校长助长了这种倾向，他们似乎很谦虚地说，学生们在课外学到的东西比在课堂上学到的多。这可能意味着（也许过去就意味着）学生是通过对课程和阅读中出现的问题进行非正式的、持续的讨论，从同学那里学习知识的。但这种情况越来越多地指建立人际关系网。

与比拼和关系网络密切相关的是对分数的痴迷。尽管我无法证明，近几十年来学生对分数的痴迷有所加剧，但感觉确实如此。2012年，在人们记忆中最大的常春藤联盟高校作弊丑闻中，大约70名学生因在课后考试中作弊而被迫从哈佛大学退学。[80] 2017年，哈佛学院的荣誉委员会办公室摆满了学术不端的案卷，因为60多名“计算机科学导论”课程的学生受到可能作弊的指控。[81] 但作弊并不是分数强迫症的唯一表现。在一所知名的法学院，教师们接到通知，不要告诉学生上一学期的成绩何时公布，因为经验表明提前通知这一重大事件会引起太多的焦虑。现在，分数发布时间也要精心安排，以方便苦恼的学生寻求咨询服务的帮助。

## 傲慢与羞辱

当科南特把哈佛大学和高等院校的任务设定为对美国人进行测试和分类时，我怀疑他没有想到这个项目会引发无情的精英竞争。今天，高等院校作为机会仲裁者的角色已经根深蒂固，在人们心目中很难想象还有其他选择。但现在是想一想的时候了。重新思考高等教育的作用非常重要，这不仅是为了修复特权阶层受损的心理，也是为了修复精英分类所产生的两极分化的公民生活。

要想拆除科南特启动的分类机器，特别需要注意的是，优绩至上的社会制度同时在两个方向上施加其暴政。在那些处于顶端的人中，分类机制会引发焦虑、让人身心俱疲的完美主义及优绩至上的傲慢，这种傲慢努力地掩盖脆弱的自尊。在分类机器筛选掉的那些人中，这又强加了令人沮丧甚至具有羞辱性的失败感。

这两个方向的暴政有共同的道德来源——始终不渝的优绩至上信念，即我们作为个人，对自己的命运负有全部责任：如果我们成功了，那要归功于我们自己；如果我们失败了，那我们只能怪自己。尽管看起来鼓舞人心，但这种关于个人责任的强烈观念，导致我们很难唤起团结和对彼此负有义务的意识，而这种意识让我们有能力应对我们这个时代日益加剧的不平等。

如果认为高等教育是造成我们今天所看到的收入和社会尊重不平等的唯一原因，那就错了。在这种情况下，市场驱动的全球化、当代政治的技术官僚转向及民主制度的寡头垄断都是同谋。在第 7 章中，我会转向探讨全球化经济中的工作这一棘手问题，在此之前，值得考虑的是，可以做些什么来减轻精英分类的严酷影响，而且是从两个方向来做：既关心精英分类给那些被筛选为胜利者的人造成的创伤，也关心精英分类给那些被标记为失败者的人带来的羞辱感。

首先考虑一下改革大学录取制度的温和建议，哪怕只是为了说明我们可以如何开始缓解分类和拼命奋斗的恶性循环。

## 合格人员抽签

有个改革方法，就是减少对 SAT 的依赖，取消对校友子弟、运动员和捐赠人子女的照顾，从而增加普通人进入精英大学的机会。[82] 尽管这样的改革会让制度变得不那么不公平，但此类改革并没有想要改变高等院校作为分类机器的定位，即其作用是寻找人才，并把机会和奖励分配给那些拥有才能的人。但分类机制本身就是问题。让英才统治变得更真实，就会让它变得更根深蒂固。

因此，不妨考虑一下：每年有 4 万多名学生申请哈佛大学和斯坦福大学提供的大约 2 000 个名额。招生人员告诉我们，很多申请人都有资格在哈佛大学或斯坦福大学学习，而且会学得很好。同样的情况也可能发生在其他几十所优秀的高等院校，这些大学吸引了比他们所能接收的多得多的合格申请人。（2017 年，美国 87 所高校的录取率不到 30%。）[83] 早在 1960 年，当申请人数不那么令人望而生畏时，耶鲁大学招生委员会的一位资深委员就说过:“你有时会有种心烦的感觉,觉得自己可以接受所有的申请……你可以把这些申请文件扔下楼,随便拿起一千份,然后产生一届和委员会会议上产生的一样好的学生。”[84]

我的提案认真考虑了这个建议。在 4 万多名申请人中,淘汰那些不可能在哈佛大学或斯坦福大学茁壮成长、没有资格表现出色并为同学的教育做出贡献的人。这会给招生委员会留下比如 30 000 名合格的竞争者,或 25 000 名,抑或是 20 000 名。这样做不是想要预测这些人中谁最值得奖赏,这是极其困难和不确定的任务,而是采取抽签的办法选择哪些人最后入选。换句话说,就是把合格申请人的文件夹扔下楼,拿起 2 000 个,然后就此打住。[85]

这项建议并没有完全忽视成绩:只有那些合格的人才能被录取。这项建议把成绩视为门槛资格,而不是达到最大化的理想。[86] 首先,从现实的角度来看,这样做更明智。即使是最聪明的招生人员也无法精确地评估 18 岁的学生最终会做出哪些真正杰出的贡献,无论是学术上的还是其他方面的。尽管我们重视人才,但在大学招生的背景下,这个概念相当模糊而空泛。也许在很小的时候就能发现一个数学天才,但一般来说,甄别天赋是更复杂、更难以预测的事情。

想一想,要评估越发严格界定的才能和技能是多么困难。诺兰·莱恩是棒球历史上最伟大的投手之一,保持着最多的三振出局纪录,并在第一轮投票中就入选棒球名人堂。他在 18 岁的时候参加棒球选秀,直到第 12 轮才有球队签下他。在球队选中他之前,球队选择了其他 294 名看起来更有前途的球员。[87] 汤姆·布雷迪是橄榄球历史上最伟大的四分卫之一,到第 199 顺位才有球队选他。[88] 即使是像投棒球或橄榄球这样的有限天赋也很难准确预测，该有多么愚蠢才会认为可以很好地预测对社会或未来某个领域产生广泛而重大影响的能力，才会认为足以证明对前程远大的高中三年级学生做精细排名很合理。

但最有说服力的理由是，对有资格的人进行抽签，是为了打击优绩的专横。设置资格门槛，让机会来决定其余的人，这会让高中时代恢复一些理智，并至少在一定程度上缓解学生们所处的困境，学生们追求完美、填塞简历的经历已经成为扼杀灵魂的梦魇。这样做还能削弱精英阶层的傲慢，因为这清楚地表明，在任何情况下，那些登上顶峰的人都不是靠自己，而应把好运归功于家庭环境和天赋，这在道德上类似于抽签的运气。

我可以想象至少有四种反对意见。

### 1. 学业质量会变成什么样?

这取决于设置正确的阈值。我有预感，至少对于排名前六十或八十的高校，课堂讨论的质量和学业表现不会有明显的不同。我的预感可能是错的，但有简单的方法可以找到答案。从一个实验开始：采用现有的制度录取一半的学生，采取抽签的方式录取另一半合格的学生，然后比较他们在毕业时的学习成绩（以及几年后的职业成就）。实际上，斯坦福大学在 20 世纪 60 年代末就差点儿尝试了这项实验，但由于招生办主任反对，该计划被取消了。[89]

### 2. 多样性怎么办?

原则上，可以对抽签做出调整，以确保学校认为具有吸引力的任何特定方面的多样性，方法是为每个符合特定要求的学生分配两张或三张彩票。这可以在不放弃机会的情况下产生所需的多样性。还值得考虑的变化有：为了抵消目前实行的精英录取制度的世代传递倾向，大学可以在父母没有上过大学的申请人中首先录取一定数量的合格申请人，然后再抽签。

### 3. 校友子弟和捐赠人子女怎么办？

理想的情况是，大学应该停止优先录取校友子弟。但对于希望继续这样做的大学，如果学校认为有必要，他们可以给每位校友子弟两张或者更多彩票，而不是一张（与上述多样性类别一样）。值得注意的是，为了达到目前的余荫录取率，一些学校会不得不给每位校友子弟签发五张或六张彩票。这至少会让他们赋予有特权孩子的优势变得生动起来，或许还会引发关于这种照顾是否应该继续的辩论。

对非校友大额捐赠人子女的偏袒也应消除。但是，如果大学不能拒绝出售一些入学名额所带来的经济利益，那么他们可以简单地留出一些名额进行拍卖或直接出售。这是更诚实的方式，承认一些大学目前在成绩的掩护下做出的妥协。正如现行制度一样，接受买位人士的身份不会公开，但最少他们不会再购买虚假的卓越才能光环。

### 4. 抽签录取会让选拔变得不那么有意义，从而削弱顶尖高校的声望吗？

是的，很可能。但这真的能作为反对的理由吗？除非你相信近几十年来由声望驱动的高等院校重新分类已经提高了教育和学习的质量。但这非常值得怀疑。把全美范围更多大学中的高分学生吸引到更小的过度选拔名额的圈子中，加剧了不平等，但对改善教育几乎没有任何帮助。英才选拔分类所带来的焦虑奋斗和比拼跳钢圈，导致学生更难接纳人文教育的探索特征。选拔分类及声望宣传的缩减是抽签制度的优点，而不是缺点。

如果相当数量的精英大学开始采取抽签方式录取合格的学生，他们至少会在一定程度上减轻高中阶段的压力。即将上大学的青少年和他们的父母会意识到，除了展现在大学水平的课程中表现出色的能力，学生们不再需要把他们的青春期投入旨在给招生委员会留下深刻印象的活动和成绩的军备竞赛。直升机式育儿可能会减少，这对父母和孩子的情感健康都有好处。如果没有功名战场的伤痕，年轻人在进入大学后可能不那么容易去处处比拼，而更愿意进行个人的和智力上的探索。

这些变化会减轻优绩暴政对获胜者造成的损害。但对其他人呢？只有大约 20% 的高中毕业生卷入进入名牌大学的狂热。80% 的人上的是竞争力较弱的大学，或者两年制的社区学院，或者根本不上大学。在他们眼中，优绩暴政并不是一场扼杀灵魂的入学竞争，而是令人沮丧的工作世界，优绩至上为那些缺乏精英证书的人提供的仅仅是微薄的经济回报和极少的社会尊重。

## 拆掉分类机器

充分的应对措施需要雄心勃勃的计划：我们应该通过降低高分院校录取的风险，来削弱精英分类机器。更广泛地说，我们应该弄清楚如何让生活中的成功更少依赖于拥有大学文凭。

尊重工作的任何尝试都必须从认真对待各种形式的学习和培训开始，这些学习和培训为人们从事工作做好了准备。这意味着要扭转公立高等教育的衰退，克服对技术和职业教育的忽视，打破四年制大学和其他高等教育机构在资金和声望方面的“陡峭”区别。

在高等教育中减少精英选拔分类有一大障碍：至少在美国，大部分高等教育是由私立大学提供的。然而，这些机构尽管是私立的，却依赖于大量的联邦资金，特别是对学生的经济资助和对研究项目的资助。有些私立大学获得了金额巨大的捐赠，这些捐赠收入传统上是免税的。（2017 年通过的共和党税收法案对少数富裕大学的捐赠收入开始征税。）[90] 原则上，联邦政府可以利用这一杠杆要求私立大学扩大招生，录取更多来自弱势阶层的学生，甚至采用我们提议的某种形式的抽签方式招生。[91]

然而，这些措施本身不太可能降低进入任何一所重点大学的难度。更重要的措施是扩大进入四年制公立大学的机会，并加大对社区学院、技术和职业教育以及职业培训的支持力度。毕竟，大多数美国人都是在这些教育环境中学习体面生活所需的技能的。

近几十年来，政府对州立大学的拨款减少了，学费却增加了，结果这些机构的公共性质遭到了质疑。[92] 1987 年，公立大学从每个学生那里获得的来自州政府和地方政府的收入是学费收入的 3 倍。但随着政府资助减少，学费上涨了。到 2013 年，公立高等院校从学费中获得的收入与从国家和地方支持中获得的收入变得一样多。[93]

许多排名靠前的公立大学现在只是名义上属于公立。[94] 例如，在威斯康星大学麦迪逊分校，只有 14% 的预算来自州政府拨款。[95] 在弗吉尼亚大学，州政府拨款仅占其预算的10%。[96] 20世纪80年代中期，在得州大学奥斯汀分校，州政府拨款占其预算的47%；现在，这一数字只有11%。同时，来自学费的份额增加了4倍多。[97]

随着财政支持的减少和学费的上涨，学生的债务飙升。今天这一代学生背负着沉重的债务开始了他们的职业生涯。在过去的15年里，学生贷款债务总额增加了5倍多。到2020年，这一数额超过了1.5万亿美元。[98]

联邦政府对高等教育的财政支持与对技术和职业培训的支持之间的差距，是大学财政向精英倾斜的最明显迹象。布鲁金斯学会的经济学家伊莎贝尔·索希尔展示了这种惊人的差异：

> 把花在就业和培训上的少量资金与以助学金、贷款和税收抵免形式花在高等教育上的资金进行对比，在2014—2015学年，总计1 620亿美元用于帮助人们上大学。同时，教育部每年在职业和技术教育上花费约11亿美元。[99]

索希尔补充说，即使把职业和技术教育基金与帮助失业工人找到新工作的支出结合起来，“我们每年在这些与工作相关的项目上的联邦支出也只有200亿美元”。[100]

美国在工人培训或再培训上的花费，不仅仅与美国在高等教育上的花费相比显得很少，与其他国家的同类支出相比，也是微不足道的。经济学家们用“积极的劳动力市场政策”来描述政府帮助工人掌握就业市场所需技能的计划。这样的政策回应了劳动力市场自身运转不畅的事实，通常需要培训和安置计划来帮助工人找到适合他们技能的工作。索希尔指出，经济发达国家在积极的劳动力市场项目上平均花费 GDP 的 0.5%。法国、芬兰、瑞典和丹麦在这些项目上的花费超过 GDP 的 1%，美国只花了大约 0.1%——比它花在监狱上的钱还少。[101]

美国人对积极的劳动力市场政策漠不关心可能反映了市场的信念，即在没有外界帮助的情况下，供给和需求（在这种情况下，对劳动力而言）会自动保持平衡。但这也反映了精英教育的理念，即高等教育是获得机会的主要途径。“美国忽视了就业和培训的一个可能原因是，”索希尔写道，“重点一直放在资助高等教育上。这似乎基于每个人都需要上大学的假设。”[102]

但正如我们所看到的，只有大约 1/3 的美国人获得了学士学位。对其他人来说，获得薪水可观的工作主要靠我们不幸忽视的教育和培训形式。尽管四年制大学文凭极具吸引力，但优绩至上信念坚持认为这样的学历是通往成功的大门，分散了我们的注意力，导致我们无法认真对待大多数人的教育需求。这种忽视不仅损害了经济，也体现了对工人阶级所做工作的不尊重。

## 社会尊重的等级阶梯

修复分类机器造成的损坏，不仅需要增加就业培训的资金，也需要我们重新思考我们如何评价不同种类的工作。可以考虑的办法是开始打破社会尊重的等级阶梯，这种制度赋予名牌大学的学生比社区学院或技术和职业培训项目的学生更高的荣誉和声望。学习成为水管工、电工或牙科保健员，也应该被视为对公共利益的宝贵贡献，而不是对那些 SAT 分数不够或经济能力不足而无法进入常春藤联盟高校的人发放的安慰奖。

高等教育的声望在很大程度上来自其公开宣称的更高目标：不仅让学生为工作世界做好准备，而且让他们成为具备道德反思能力的人和务实的民主社会公民，能够思考公共利益。我在大学教授道德和政治哲学，我当然相信道德和公民教育的重要性。但是，为什么要假设四年制大学已经或应该垄断这一使命呢？教育公民践行民主这样更宽广的教育观念可以防止把公民教育隔离在大学之内。

首先，应该承认的是，精英大学在这项任务上做得并不好。[103] 在大多数情况下，它们很少把课程重点放在道德和公民教育上，或者放在历史研究上，这类课程本来可以培养学生在充分了解后对公共事务做出务实判断的能力。据说是价值中立的社会科学地位日增，加上狭窄的、高度专业化的课程涌现，那些让学生接触道德和政治哲学的大问题，并引导他们批判性地反思自己的道德和政治信念的课程几乎没有立足的空间。

当然也有例外，许多大学要求学生学习一些涉及伦理或公民主题的课程。但在大多数情况下，我们今天的一流高校更擅长灌输技术官僚化的技能和导向，而不是推理和思考基本道德和公民问题的能力。这种对技术官僚化的技能与导向的强调可能导致了过去两代统治精英的失败，也导致了公共话语的道德贫乏。

但是，即使我对精英大学的道德和公民教育状况的评价过于苛刻，也没有理由认为四年制大学应该是道德推理和公民辩论课程的唯一设置。可以说，大学之外的公民教育有着悠久的传统。

存在令人向往的先例：美国最早的重要工会劳动骑士团要求在工

厂设立阅览室，以便工人能够了解公共事务。这一要求源于共和主义传统，该传统认为公民学习应植根于工作世界。[104]

正如文化历史学家克里斯托弗·拉什所观察到的，19 世纪访问美国的外国游客对美国广泛的平等境况大感意外。他们的意思既不是财富的平等分配，也不是晋升的机会，而是思想和判断的独立，让所有公民处于大致平等的地位：

> 公民身份似乎让社会中地位较低的人也能接触到其他地方为特权阶层保留的知识和文化……劳动对总体福祉的贡献既体现在精神上，也体现在肌肉上。据说，美国机械师“不是没有受过教育的人，而是开明的、善于思考的人，他们不仅知道如何使用自己的双手，而且熟悉机械原理”。机械学杂志一次又一次地提到这个主题。[105]

拉什提出了更广泛的观点：19 世纪美国社会的平等主义特征与其说是社会流动性，不如说是智力和学习在所有阶层和职业中的普遍传播。[106] 这就是精英分类所破坏的那种平等。精英分类想要把智力和学习集中在高等教育的堡垒中，并保证开展公平竞争让人进入堡垒。但是，这种分配学习机会的方式损害了劳动者的尊严，破坏了公共利益。公民教育可以在社区学院、职业培训场所、工会大厅及常春藤联盟高校的校园里蓬勃发展。没有理由认为有抱负的护士和管道工比有抱负的管理顾问更不适合民主辩论的艺术。

## 矫正精英的傲慢

我们对自己的命运负责，我们理应获得我们得到的东西，这种观念最有力的对手是认为我们的命运超出了自己的控制，无论是我们的成功还是挫折都源自上帝的恩典，或命运的变幻莫测，或抽签的运气。正如我们在第 2 章所看到的，清教徒发现，彻底的恩典伦理几乎不可能维持。生活在这样一种信念中，即我们无法决定我们是否会在来世得救或在今生成功，这与自由的理念和我们得到自己应得的这一信念是难以调和的。这就是为什么才能往往会驱逐恩典；或早或晚，成功人士都会断言，并开始相信，他们的成功是自己的功劳，而那些失败的人不如他们有价值。

但即使是在胜利的时候，精英信念也没有带来其所承诺的自我掌控，也不能提供团结的基础。对失败者吝啬，对成功者进行压迫，优绩至上变成了暴政。当优绩至上变成了暴政的时候，我们可以让其老对手来予以控制。这就是在生活的一个小领域里，招生抽签想要做的事情：召唤机会来矫正精英的傲慢。

当我反思优绩至上对争强好胜的富家子弟施加的暴政时，我想起了自己十几岁时的两次经历。

20 世纪 60 年代末，在加州宝马山花园我上过的公立初中和高中里，学校逐渐热衷于把学生分类并实施跟踪管理。学校实施的跟踪管理非常严格，尽管在我所就读的高中大约有 2 300 名学生，但我发现自己始终与排名靠前的三四十名学生为伍（一起学习）。我读八年级时的数学老师把跟踪管理做到了极致。这门课可能是代数或几何，我记不清了，但我至今记得座位的安排。六排中有三排是所谓的优等生排，学生们按照平均成绩的精确顺序就座，这意味着座位分配随着每次考试或测验而改变。更具戏剧性的是，老师会在发回每个评分练习之前宣布新的座位安排。我的数学成绩很好，但不是最好的。我通常在第二个座位和第四个或第五个座位之间移动。一名叫凯伊的女孩是个数学天才，几乎总是坐在第一个座位上。

当时，作为 14 岁的孩子，我认为这就是学校的运作方式。你学得越好，你的排名就越靠前。每个人都知道谁是数学最好的学生，谁在这个或那个测验中获胜或失败。虽然我当时没有意识到，但这是我第一次接触优绩至上管理。

当我们升到十年级的时候，跟踪管理和排名已经让我们付出了代价。大多数成绩优秀的学生都对成绩着迷，不仅是对自己的成绩，对他人的成绩也是如此。我们竞争激烈，结果我们对分数的全神贯注差点儿淹没我们的求知欲。

我读十年级时的生物老师法纳姆先生是个打着领结的怪人，常常可以在他的教室里看到蛇、蝾螈、鱼、老鼠或其他有趣的野生动物，他发觉了这种困扰。有一天，他给我们做了个小测验，让我们拿出一张纸，写下数字 1～15，然后回答对或错。当学生抱怨他没有给我们任何问题时，他告诉我们为每个问题想一则陈述，并写下这个问题是真的还是假的。学生们焦急地询问，这种随意的测验是否会被评分，是否算数。“是的，当然要算。”他说。

当时，我发现这是个有趣也或许有些古怪的课堂玩笑。但回想起来，我看到法纳姆先生正想要以他的方式抵制优绩至上的暴政。他想让我们在学校的分类管理和拼命竞争中退后一步，让我们赞叹“蝾螈的奇迹”。

# 7

# RECOGNIZING WORK

# 认可工作的价值

人类根本的需求是那些和我们共同生活的人对我们有需要。工作的尊严就在于锻炼我们应对这些需要的能力。

从第二次世界大战结束到20世纪70年代这段时间里，那些没有大学文凭的人是有可能找到好工作、养家糊口并过上舒适的中产阶级生活的。这在今天则困难得多。在过去40年里，大学毕业生和高中毕业生的收入差距（经济学家称之为“大学溢价”）整整翻了一番。1979年，大学毕业生的收入比高中毕业生高大约40%，到2000年，他们的收入比高中毕业生高80%。[1]

尽管全球化时代给那些拥有名牌大学文凭的人带来了丰厚的回报，但在大多数普通工人看来，全球化并未带来任何好处。1979—2016年，美国制造业就业人数从1 950万下降到1 200万。[2]生产力提高了，工人们从他们生产的产品中获得的收益却越来越少，高管和股东们所占的收益份额却越来越大。[3]20世纪70年代末，美国主流大公司首席执行官的收入比普通工人的多 30 倍；到 2014 年，他们的收入比普通工人的多 300 倍。[4]

我们还可以看到，半个世纪以来，美国男性收入的中位数实际上几乎没有什么改变。尽管 1979 年以来，美国人均收入增长了 85%，然而没有大学本科文凭的白人男性现在的实际收入是比那时候少的。[5]

## 损害工作的尊严

在这样的情况下，普通工人很不高兴，这并不奇怪。然而经济上的困难并不是他们痛苦的唯一来源。优绩至上时代还给劳动人民带来了更为隐蔽的伤害：优绩制正在损害劳动人民的工作尊严。对那些能够在大学入学考试中取得高分的“大脑”进行估价，这台强调优绩至上的分类机器会直接贬损那些没有精英资格证书的人。这台机器会告诉没有大学文凭的人，相比那些拿着高薪的专业人员的工作，没有大学文凭的人所做的工作更不受市场重视，对公共利益的贡献也更小，因此不值得社会认可和尊重。并且，这台机器让市场给予优胜者丰厚的奖励，而把给予那些没有大学文凭的工人微薄工资正当化了。

但这种关于谁应该得到什么的思维方式，在道德上是站不住脚的。基于我们在前面（第 5 章）探讨过的原因，一份工作在市场上的价值不应该成为衡量其对公共利益贡献大小的标准。（回想一下大把捞金的冰毒贩子和收入微薄的高中老师吧。）但在过去几十年里，“我们所赚的钱反映了我们对社会贡献的价值”这一观念已经根深蒂固，并且仍在整个公共文化中不断产生回响。

精英分类制度也帮助巩固了这一观念。20 世纪 80 年代以来，中右翼和中左翼的主流政党所拥护的新自由主义或以市场为导向的全球化亦是如此。正当全球化造成了严重的不平等的时候，优绩至上主义和新自由主义却极大地削弱了人们抵制全球化的理论支持。并且，这两种观念损害了人们工作的尊严，激起了人们对精英的怨恨，引发了一系列的政治对抗。

2016 年以来，一些权威人士和学者已就民粹主义不满的根源展开了辩论。这种不满源于失业、工资增长停滞还是文化置换？不过这种区分或许太过直接。工作既是经济来源，也包含文化属性。工作是人们谋生的方式，也是人们获得社会认可和尊重的源泉。

这就是全球化造成的不平等让人们变得如此愤怒与怨恨的原因。那些被全球化抛在后面的人不仅仅是在其他人收获颇丰的时候还在苦苦挣扎，同时，他们还意识到，他们所从事的工作不再是帮助他们获得社会尊重的源泉。在全社会的眼中，也许还包括在他们自己的眼中，他们的工作已经不再代表他们对公共利益所做出的宝贵贡献。

在大选中，那些没有大学文凭的工薪阶层男性投票支持了唐纳德·特朗普，形成了压倒性优势。特朗普充满怨恨的政治政策吸引了他们，这表明困扰他们的不仅仅是经济上的困难。在特朗普当选之前的几年里，我们也可以看到，越来越多的人采取实际行动抗议优绩至上主义：那些没有大学文凭的人面临的处境愈加艰难，越来越多的适龄男性彻底退出了劳动力市场。然而对于整个社会，这样的一种抗议方式却几乎毫无效果。

1971 年，93% 的工薪阶层白人男性都有一份工作。然而到 2016 年，这一比例下降到了 80%。在那 20% 没有工作的人中，只有一小部分还在寻找工作。这些没有工作的人，劳动力市场对他们拥有的技能毫不在意，这无异于对人的羞辱，于是这些人中的大多数干脆放弃了。对于那些没有上过大学的人，这样的情况尤为严重。2017 年，在最高学历为高中文凭的美国人中，大约只有 68% 找到了工作。[6]

## 绝望而死

然而，放弃工作并不是美国工人阶级士气受损最严重的表现，许多人甚至为此放弃了生命本身。这就是最为悲惨的现状——“绝望而死”，并且这种情况日益频繁地出现。这一术语最初是由安妮·凯斯和安格斯·迪顿提出来的，并且就在最近，这两位来自普林斯顿大学的经济学家又发现了令人不安的情况。在整个 20 世纪，随着现代医学对疾病的控制，人们的预期寿命实现了稳步增长。但 2014—2017 年，美国人的预期寿命却停止增长，甚至有所下降。这是近 100 年来美国人的预期寿命首次连续三年下降。[7]

而这并不是因为医学没有发现新的疾病治疗方法。凯斯和迪顿发现，死于自杀、吸毒过量和酒精性肝病的人数在急速增加，死亡率也在飞速增长。他们称这种现象为“绝望而死”，因为在不同程度上，这类死亡都是由死者自己造成的。[8]

这类死亡近十多年也一直在增加，并且在中年白人中尤为常见。1990—2017 年，在 45 ~ 54 岁的白人男女中，“死于绝望”的人数增加了 3 倍。[9] 并且，截至 2014 年，在这一群体中死于毒品、酒精和自杀的人数首次超过了死于心脏病的人数。[10]

那些居住地与工人阶级社区相距甚远的人，一开始几乎完全没有注意到这场危机，公众关注的缺乏也直接导致最初几乎没有人知道这场危机带来的影响有多大。然而，截至 2016 年，每年因药物过量而死亡的美国人比在整个越南战争期间死亡的美国人还要多。[11]《纽约时报》专栏作家尼古拉斯·克里斯托夫提供了另一个鲜明的对比：现在，每两个星期“死于绝望”的美国人比在阿富汗和伊拉克战争的 18 年间死亡的美国人还要多。[12]

究竟是什么导致了这种可怕的“流行病”？或许我们可以从那些最易受影响的人的教育背景中找到有说服力的线索。凯斯和迪顿发现：“新增的因绝望而死的人几乎都是没有学士学位的人，那些拥有四年制学士学位的人则大多平安无事。因此，那些没有学士学位的人面临的风险是最大的。”[13]

在过去 20 年里，中年（45～54 岁）白人男性和女性的总体死亡率并没有太大变化。但在受教育程度不同的群体间，死亡率的差异很大。20 世纪 90 年代以来，大学毕业生的死亡率下降了 40%。然而，在那些没有大学文凭的人当中，死亡率却上升了 25%。所以，学历高的人还有另一个优势：如果你有大学文凭，你中年死亡的风险大约只有没有大学文凭的人的 1/4。[14]

上文提到的“绝望而死”是造成这种差异的主要原因。长期以来，我们都知道，比起拥有大学文凭的人，受教育程度较低的人的确更有可能死于酒精、毒品或自杀。但在死亡问题上，文凭鸿沟已变得再明显不过了。截至 2017 年，那些没有学士学位的人“绝望而死”的概率竟比普通大学毕业生高 3 倍。[15]

人们可能认为，导致这种差异的根本原因是贫穷带来的痛苦。而教育的差异之所以扮演着如此重要的角色，只是因为那些受教育程度较低的人也很可能是穷人。凯斯和迪顿考虑了这种可能性，但却发现这种看法并没有什么说服力。因为，1999—2017年，绝望导致的死亡人数的急剧增加与贫困人口的增加并不相符。他们还对各州进行了调查，发现自杀、吸毒过量和酗酒导致的死亡与不断上升的贫困水平之间没有令人信服的相关性。

除了物质的匮乏，还有其他一些东西让人们绝望：在优绩至上的社会里，人们苦苦挣扎，想要出人头地，却因没有获得大学文凭而被排除在外。凯斯和迪顿总结说："'绝望而死'反映的是那些受教育程度较低的工薪阶层白人正逐渐丧失自己的生活方式，不知道该如何生活下去。"[16]

> 有学位的人和没有学位的人之间日益拉大的差距不仅体现在死亡上，还体现在生活质量上。那些没有学位的人，他们正面临更深的痛苦、更糟糕的健康状况和更巨大的精神压力。他们的工作和社交能力也在不断下降。在收入、家庭稳定性和社区和谐方面，这种差距也在不断扩大。是否拥有四年制大学文凭已经成为社会地位的关键标志，这就好像要求非大学毕业生佩戴一枚圆形的猩红色徽章，上面用一条红色斜线把字母BA①画了出来。[17]

不幸的是，给这种情况证实了迈克尔·扬的观点，即"在一个如此看重优绩的社会中，给评判为一无是处就会处境艰难。从来没有哪个下层阶级像这样在道德评价上被置于如此赤身裸体、无所遮蔽的境地"。[18]

---

① BA是below average的首字母缩写，意为低于平均水平。——译者注

这也让人毛骨悚然地想起约翰·加德纳在 20 世纪 60 年代初提出的“卓越”和教育分类的论点。在承认英才统治体制的弊端时，他比他自己知道的更有先见之明。加德纳写道：“有些人看到了这个体制的美妙之处，在这个体制中，每个年轻人都能尽其所能，发挥自己的能力和抱负，却也因此很容易忽视那些缺乏必要能力的人承受的痛苦。然而，痛苦是存在的，痛苦也必须存在。”[19]

两代人之后，当奥施康定成为减轻痛苦的药物时，一浪高过一浪的死亡浪潮揭示了“精英分类”的黑暗后果——这个工作世界不会给予那些被筛选掉的人丝毫尊严。

## 怨恨的根源

在 2016 年共和党初选期间，当时与当权派竞争的反建制派候选人唐纳德·特朗普在绝望死亡率最高的地方支持率最高。一项逐县进行的选举分析发现，即使控制收入变量，中年白人群体的死亡率也与特朗普的支持率密切相关。那些没有学士学位的人亦是如此。[20]

主流专家和政界人士完全想不到特朗普会当选，原因之一是他们对很长一段时间以来精英高高在上的文化视而不见（在某些情况下还参与其中）。这种文化在很大程度上源于精英分类和市场驱动的全球化造成的不平等。但这种文化在美国人的生活中表现得淋漓尽致。电视情景喜剧中的工人阶级父亲，比如《全家福》（*All in the Family*）中的阿奇·邦克和《辛普森一家》中的霍默·辛普森，大都是受人嘲弄的小丑。研究媒体的学者发现，电视上的蓝领爸爸们常常被描绘成无能、愚蠢的人，并且会成为大家的笑柄，而管束他们的妻子往往更能干、更聪慧。相比之下，那些来自中上阶层和专业技术群体的父亲的形象就给编剧描绘得更为美好。[21]

精英阶层对工人阶级的贬低随处可见。来自旧金山黑斯廷斯法学院的教授琼·威廉姆斯曾据此批评进步人士的"阶级无知"。[22]

> 在其他上流社会中，精英阶层（包括进步人士）常常会不自觉地贬低工薪阶层的白人。我们会听到"飞越州"①"住活动房屋的废物"②被"露沟子的管道工"③折磨的说法——这种公开的阶级侮辱却通常被认为是机灵的说法。而这种高高在上的态度也影响着政治运动，比如希拉里·克林顿关于"一篮子烂菜"的评论，以及巴拉克·奥巴马对那些"紧握枪支或依附于宗教"的人的看法。[23]

威廉姆斯承认："经济上的怨恨加剧了种族焦虑，在支持特朗普的人（以及特朗普本人）身上，这种焦虑演变成了公开的种族主义。但是，把工薪阶层白人的愤怒仅仅看作种族主义，实际上是一种精神安慰、自我麻痹，这很危险。"[24]

芭芭拉·艾伦瑞克是一位描述工作和阶级之间关系的记者，她也有类似的观察。她引用了 W. E. B. 杜波依斯在 1935 年写的一段话：

---

① 原文为 flyover states，指的是那些中上阶层的白人男性精英群体在美国东西两岸间往返时，透过飞机窗口才会远远看上一眼而没有兴趣降落在那里亲身感受一下的中部州，这一称呼带有贬义色彩。——译者注

② 原文为 trailer trash，指地位低下的贫困白人。——译者注

③ 原文为 plumber's butt，指管道工穿低腰牛仔裤时，会露出自己的臀部，表示贬义。——译者注

“我们必须牢记，尽管白人劳动群体的工资很低，但在社会上，相比其他族群，他们有着社会和心理上的优势，并能以此得到补偿。”与非裔美国人不同，工薪阶层白人公民“可以自由地与各阶层的白人一起进入公共场所、公园和最好的公立学校”。[25] 这种“社会和心理上的优势”就是我们今天所说的“白人特权”。

艾伦瑞克认为，在民权运动之后，支持这种违反常情的“心理上的工资补贴”的种族隔离制度已经被废除，这让贫穷白人无法再得到“知道有人比自己更糟糕、更受鄙视的安慰”。那些“因对下层白人的种族主义感到厌恶而自视正义”的自由派精英对种族主义的谴责是正确的。[26] 但是他们没有看到，把“白人特权”归咎于被剥夺了权力的工薪阶层白人是多么令人感到屈辱；这种说法忽视了他们在优绩至上的社会秩序中为赢得荣誉和认可而进行的斗争，而这种秩序对他们赖以维生的技能缺乏应有的尊重。

威斯康星大学麦迪逊分校的政治学家凯瑟琳·J. 克拉默花了五年采访了威斯康星州各地乡村的民众，并且把他们对政治的怨恨描述得细致入微。[27] 这些乡村居民认为，太多的税金和政府的关注都给了不值得被给予的人。克拉默写道：“像这样不配得到福利的人包括那些领着福利的少数族裔，当然也包括像我这样懒惰的在城里工作的人，我们只是坐在办公室里工作，搞些虚头巴脑、不着边际的东西。”她解释说，种族主义只是他们怨恨的一部分，但种族主义与更基本的问题——“像他们这样的人，在他们这样的地方，遭人忽视，得不到尊重”——交织在一起。[28]

在一部描述工人阶级不满情绪的编年史中，加州大学伯克利分校的社会学家阿莉·拉塞尔·霍克希尔德走入路易斯安那州的河口乡村，想去了解这些不满出现的原因，这也让该书成为当下最令人信服的编年史。在与保守的南方劳动人民的餐桌谈话中，她想要去理解为什么那些迫切需要政府帮助的人，尤其是那些与给社区带来环境灾难的石油和化工公司做斗争的人仍然鄙视和不信任联邦政府。她写了一个故事，重新诠释了她所了解到的东西，描述了“那些与她交谈的人生活中的希望、恐惧、骄傲、羞愧、怨恨和焦虑”。[29]

在她阐述的故事里，经济匮乏和文化错位交织在一起。对少数精英来说，经济发展变得更加艰难。而对底层的那 90% 的人来说，“因为自动化、离岸建厂及跨国公司相对于劳动力正飞速增长的力量”，美国这台造梦机器“已经停止运转。与此同时，在这 90% 的人里，白人男性和其他所有人之间的竞争加剧，无论是在工作机会、社会认可上还是在政府资助上”。[30] 更糟糕的是，那些认为自己一直在耐心排队等待实现自己“美国梦”的机会的人发现，其他人——黑人、女性、移民和难民——正在插队到他们前面。他们憎恨那些被他们认为插队的人（例如平权法案的受益人），并对能看到这些却对此无动于衷的政治领导人感到愤怒。[31]

当那些排队的人抱怨有人插队时，精英们却用种族主义者、“乡巴佬”、“白人垃圾”和其他带有侮辱性的名字称呼他们。霍克希尔德以同情的口吻描述了她“四面楚歌”的工人阶级房东面临的困境：

> 你在你自己的土地上是个陌生人。你无法从别人对你的看法中认出你自己。这是一场希望得到关注、希望得到尊重的斗争。而要感到被尊重，你就必须感觉到自己在向前迈进，也要感到他人看到你在向前迈进。但不是因为你自己的过错，而是出于说不

清道不明的原因，你其实正在倒退。[32]

任何对工人阶级挫败感的严肃回应，都必须与精英的居高临下和已经在公共文化中盛行的文凭偏见开展斗争。要严肃对待工人阶级的困境，还要求把工作的尊严放在政治议程的核心位置。但这并不像看上去那么容易。对一个社会来说，尊重工作的尊严意味着什么？不同意识形态的人对此会持有截然不同的观点，特别是在全球化与技术变化看起来不可避免地倾向于损害工作尊严的时候。但是，一个社会表彰和奖励工作的方式是其定义公共利益的核心。深入思考工作的意义会迫使我们直面我们原本尽力回避的道德和政治问题，而这些问题恰恰潜伏在我们当前不满的表面之下，并且没有得到解决：什么才算是对公共利益的有价值的贡献？作为公民，我们对彼此应该做些什么？

## 恢复工作的尊严

近年来，随着不平等现象的加剧，以及工人阶级的不满情绪愈演愈烈，一些政治家以谈论“工作的尊严”作为回应。比尔·克林顿使用这个短语的次数比历任总统都多，唐纳德·特朗普也经常提及这个短语。[33] 尽管主要是为了服务于自己熟悉的政治立场，但对于不同政治派别的政客，这已经成为一种流行的带有修辞含义的政治说辞。[34]

一些保守派人士认为，削减福利是对工作尊严的尊重，因为这会让游手好闲的人的生活变得更加艰难，并让他们摆脱对政府的依赖。特朗普政府的农业部长声称，减少食品券的发放“让相当一部分人恢复了工作的尊严”。同时，在为 2017 年的一项给企业减税并主要让富人受益的法案辩护时，特朗普表示，他的目标是“让每个美国人都知道工作的尊严、工资的骄傲”。[35]

而对自由派而言，他们有时会呼吁大家重视工作的尊严，以此来完善保障体系，提高劳动人民的购买力——提高最低工资，提供医疗保健、探亲假和儿童保育政策，以及为低收入家庭提供税收减免政策。但是这种有着大量配套实质性政策支持的论调，却未能解决工人阶级的愤怒和不满，而这也直接促成了特朗普在2016年大选中的胜利。许多自由派人士对此感到困惑。这么多从这些措施中获得经济利益的人怎么会投票给一个反对这些措施的候选人呢？

最常见的解释是，工薪阶层白人选民被“文化置换”的恐惧左右，忽略了他们自身的经济利益，就像一些评论员说的那样——“用中指投出了票”。但这个解释太过仓促，在经济利益和文化地位之间划出的界限过于鲜明。我们知道，经济问题不仅仅关系到一个人口袋里有多少钱，还关系到一个人在经济中扮演的角色如何影响他在社会中的地位。那些被40年的全球化和日益加剧的不平等抛在后面的人遭受的不仅仅是工资增长停滞，他们也正在经历他们担心的被淘汰的问题。他们生活的社会似乎不再需要他们提供的技能。

1968年正在争取民主党总统候选人提名的罗伯特·F.肯尼迪明白这一点。失业的痛苦不仅仅在于失业者没有收入，还在于他们被剥夺了为公共利益做出贡献的机会。他解释道：“失业意味着无所事事——这意味着失业者与其他人是没有任何关系的。没有工作，对自己的同胞没有用处，实际上就是拉尔夫·埃利森笔下的那个隐形人。”[36]

肯尼迪从那个时代的不满中窥见的，正是当代自由主义者对我们这个时代的不满的理解中遗漏的东西。他们一直在为工人阶级和中产阶级选民提供更大程度的分配正义——更公平、更充分地享受经济增长的成果。殊不知，这些选民更想要的是更大程度的贡献正义，即他们需要赢得社会认可和尊重的机会，而这种社会的认可和尊重是伴随着创造其他人的需求和价值而来的。

自由主义强调分配正义，是想要平衡一股脑儿追求 GDP 最大化的做法。这样的做法源于相信，公正的社会不仅旨在最大限度地提高整体繁荣水平，而且致力于寻求收入和财富的公平分配。根据这一观点，只有在赢家补偿输家的情况下，那些预计能够增加 GDP 的政策（比如自由贸易协定，或者鼓励企业把工作外包给低收入国家的政策）才能得到辩护。例如，可以对那些从全球化中获益的公司和个人所获得的利润增益征税，以加强社会的保障体系，并为失业的工人提供收入支持或职业再培训。

20 世纪 80 年代以来，这种做法为美国和欧洲主流中左翼（以及一些中右翼）政党提供了新的思路：他们希望拥抱全球化及其带来的日益繁荣，并用获得的收益弥补国内工人因此遭受的损失。而来自民粹主义者的抗议让他们不得不放弃这一方案。回首其残骸，我们或许可以看出这一方案失败的原因。

首先，这一方案从未真正得到实施。经济增长确实发生了，但赢家并没有补偿输家。相反，以新自由主义为基础的全球化造成的不平等有增无减。几乎所有经济增长产生的收益都流向了那些最富有的人，而大多数劳动人民几乎没有看到改善，甚至在扣税后依然如此。至于该计划中提及的经济利益的再分配问题也被搁置一旁，部分是由于金钱在政治中日益增长的权力，也就是一些人所说的对民主机构的“寡头俘获”。

除此之外，在这当中还有更深层次的问题。把关注点放在 GDP 最大化上，即使是对那些被全球化抛在后面的人提供帮助，也只是把重点放在消费而不是生产上。这种做法更让我们把自己视为消费者，而不是生产者。当然，在实践中，我们两者都是。作为消费者，我们希望用我们的金钱得到最大的收益，尽可能以便宜的价格购买产品和服务，无论这些产品和服务是由低薪的海外工人还是高薪的美国工人制造的。作为生产者，我们想要令人满意且报酬丰厚的工作。

究竟是作为消费者还是作为生产者，其中的问题需要政治来调和。但是，全球化方案寻求最大限度地实现经济增长，从而最大限度地增加消费者的福利，却很少考虑到外包、移民和金融化对生产者福祉的影响。主持全球化的精英阶层不仅未能解决全球化造成的不平等问题，也未能意识到全球化对工作尊严的损害。

## 为认可而工作

采取提高工薪阶层和中产阶级家庭购买力的方式来弥补不平等的政策建议，或者加强社会保障体系，对解决目前已经根深蒂固的愤怒和不满情绪几乎没有任何作用。这是因为他们愤怒的根源在于他们失去了认可和尊重。购买力的下降当然是很重要的一个因素，但激起劳动人民愤怒之情的最深伤害是他们渐渐失去了作为生产者的地位。这种伤害是优绩至上主义和市场驱动的全球化共同作用的结果。

只有重启承认这种伤害并恢复劳动人民的工作尊严的政治议程，才能有效地解决如今针对政治的不满情绪。这样的政治议程必须兼顾贡献正义和分配正义。[37] 这是因为在这片土地上已经大规模蔓延的愤怒情绪，至少在一定程度上，是一场源自身份认可的危机。只有作为生产者而不是消费者，我们才能为公共利益做出贡献，并因此而赢得认可。

并且，消费者身份和生产者身份之间的差异指向了对公共利益的两种不同的理解方式。经济政策的制定者比较熟悉的一种方法是，把公共利益定义为每个人的偏好和利益的总和。根据这种说法，我们可以通过最大化消费者的福利，特别是采取经济增长最大化的方式来实现公共利益。因此，如果公共利益仅仅是满足消费者偏好的问题，那么市场工资就是衡量谁贡献了多少的恰当标准。依靠生产消费者需要的产品和服务，那些赚钱最多的人大概已经为公共利益做出了最有价值的贡献。

第二种方法则摒弃了这种以消费主义为主的公共利益的概念，转而支持所谓的公民概念。根据公民的理想，公共利益不应只是简单地汇总偏好或最大化消费者的福利。实现公共利益需要相关人士批判性地反思我们的偏好，最理想的是提升和改进我们的偏好，让我们能够过上有价值的、充实的生活。因此，这不能仅仅依靠经济活动来实现，还需要相关人士与市民共同商议如何建立一个公正的、美好的社会。在其中，公民美德得以培养，并且我们能够共同思考我们的政治社会应有的目标。[38]

公共利益的公民观需要某种政治，一种能为公共协商提供场所和场合的政治。但公共利益的公民观也暗示了特定的思考工作的方式。从公民概念的角度来看，我们在经济中扮演的最重要的角色并非消费者，而是生产者。因为正是作为生产者，我们才能够提高和锻炼自身能力去提供产品和服务，从而满足同胞的需求，并赢得社会尊严。正如经济学家、哲学家弗兰克·奈特指出的（见第 5 章），我们贡献的真正价值不能由我们所得的工资来衡量，因为工资取决于供给与需求的偶然性。相反，我们贡献的真正价值取决于我们努力服务的目标在道德和公民角度的重要性。

经济政策根本上是为了消费，这种见解如今根深蒂固，我们已经很难不这样去思考。“消费是生产的唯一目的。”亚当·斯密在《国富论》中宣称，“生产者的利益只有在促进消费者的利益时才应被加以注意。”[39] 凯恩斯回应了亚当·斯密的观点，他宣称消费“是所有经济活动的唯一目的”，[40] 并且大多数同时期的经济学家也同意此观点。一种古老的道德和政治思想传统却持相反看法，亚里士多德坚决主张要培养和锻炼自身能力并以此展现我们的本性，这样才能实现人类的繁荣。美国共和党的传统让人们认识到，特定的职业（首先是农业，其次是手工业，最后是普遍理解的自由劳动）培养了公民自治的美德。[41]

在 20 世纪，共和主义传统的生产者伦理逐渐让步于消费主义的自由观和经济增长的政治经济学。[42]但是，即便是在复杂的社会中，“工作会通过贡献和相互认可的机制将公民聚集在一起”这种观念也还没有完全消失。有时，这种观念也能以鼓舞人心的方式被表达出来。马丁·路德·金在被刺杀前夕向田纳西州孟菲斯罢工的清洁工人发表演讲时，把清洁工人的尊严和他们对公共产品的贡献联系在一起。

> 如果我们的社会要维持下去，总有一天它要改变到尊重清洁工人，因为那些替我们捡起垃圾的人归根结底和物理学家是一样重要的。如果清洁工人不干活儿了，疾病就会蔓延。所有劳动都

是有尊严的。[43]

在1981年的教皇通谕“论人的工作”中，教皇约翰·保罗二世说，是工作让人“获得了作为一个人的成就感，让人确实在某种意义上变得‘更像一个人’”。他也认为工作与社会密不可分。“工作让人把自己最深的人类身份和国家的成员身份联系起来，并想要把自己的工作用来促进公共利益，与同胞携手发展。”[44]

几年后，美国全国天主教主教会议发布了主教教书，详细阐述了天主教对经济的社会训导，并给出了“贡献”正义的明确定义。所有人“都有义务做社会生活中积极的、有生产力的参与者”，而政府“有责任组织经济和社会机构，以便人们以尊重自由和劳动尊严的方式为社会做出贡献”。[45]

一些世俗的哲学家也表达了类似的观点。德国社会理论家阿克塞尔·霍耐特主张，当代关于收入和财富分配的争执最好可以理解为认可和尊重的争执。[46]尽管他把这个观点追溯到黑格尔哲学（众所周知，黑格尔的思想艰深晦涩），但是对于那些密切注意高薪运动员的薪资纠纷的体育迷，这一观点从直觉上看貌似可信。当体育迷们抱怨一个选手已经赚了几百万美元但还坚持要赚更多时，他总是会回应道：“这和钱没关系，这是关于尊重的事。”

这就是黑格尔所说的为认可而斗争。据他所说，劳动力市场不仅仅是有效满足需求的体制，还是获得认可的体制。劳动力市场不仅以收入作为工作报酬，而且公开承认每个人的工作都是对公共利益的贡献。市场本身不向工人提供技能或给予认可，所以黑格尔提议成立一个类似于贸易协会或行会的机构，确保工人的技能足够用来做出值得社会尊重的贡献。简而言之，黑格尔认为在他那个时代出现的资本主义劳动组织只有在两种情况下才能在道德上被证明是正当的，霍耐特做了简要总结：“第一，劳动组织必须提供最低工资；第二，劳动组织必须赋予所有工作活动特定性质，表明这些工作对公共利益有贡献。”[47]

80 年后，法国社会理论家埃米尔·涂尔干在黑格尔对工作的解释的基础上提出，假如每个人都能以其对社会做出的贡献来获得报酬，那社会分工就可以成为社会团结的源泉。[48] 不同于亚当·斯密、凯恩斯等当代经济学家，黑格尔和涂尔干不认为工作主要是达到消费目的的手段。相反，他们认为在最好的情况下，工作是社会融合的活动，是认同的舞台，是履行义务为公共利益做出贡献的方式。

## 贡献正义

在我们这个两极分化严重的时代，许多劳动人民感觉遭到忽视以及得不到尊重，我们迫切需要社会凝聚力和团结之源，这些关于工作尊严的更强势的见解可能就会进入主流政党的争论，但事实并非如此。为什么呢？为什么现任政府的政治议程抵制贡献方面的正义，并抵制作为其基础的以生产者为中心的道德规范呢？

答案似乎仅仅在于我们对消费的热爱，以及对经济增长会带来更丰富的消费品的信念。但是这从深层次来看可能存在问题。除了有希望带来物质利益，把经济增长作为公共政策的首要目标，对我们这种充满分歧的多元社会有着特别的吸引力。这样做似乎能让我们避免淹没于有关道德问题的无休止争论。

人们对什么是生命中重要的东西持有不同看法，对何为繁荣幸福的生活也各执己见。作为消费者，我们的偏好和需求各不相同。面对这些差异，消费者福利最大化似乎是经济政策中不涉及价值判断的目标。如果以消费者福利最大化为目标，那么尽管我们偏好不同，但是多总是比少好。对于如何分配经济增长的成果，不可避免地会产生分歧，因此需要对分配正义展开讨论。但所有人都同意，或者说看起来是这样的：做大经济蛋糕比缩小好。

相比之下，贡献正义对于人类的繁荣或最佳生活方式并不是中立的。从亚里士多德到美国共和主义传统，从黑格尔到天主教社会训导，贡献正义的理论教导我们，当我们为公共利益做出贡献，并因所做贡献而赢得同胞尊重的时候，我们是最完整的人。根据这个传统，人类的根本需求是那些和我们共同生活的人对我们有需要。工作的尊严就在于锻炼我们应对这些需要的能力。如果这才是过上美好生活的真正含义，那么把消费认为是经济活动的唯一根本目的就是错误的。

只关心 GDP 规模和分配的政治经济会逐渐损害工作的尊严，导致公民生活贫困。罗伯特·F. 肯尼迪明白这一点："团体、社群、共有的爱国主义，我们文明的这些核心价值观不是来自大家一起购买和消费商品。"相反，它们来自"有尊严的、收入可观的工作，这种工作让一个人能对他的社群、家庭、国家，最重要的是对他自己说'我为建设这个国家出了力，我参与了这个国家伟大的公共事业'"。[49]

现在很少有政治家这么说。在罗伯特·F. 肯尼迪之后的几十年里，大多数进步人士放弃了社群政治、爱国主义和工作的尊严，反而去追求花言巧语。对于那些担心工作不稳定、业务外包、不平等以及担心移民与机器人会抢走他们的工作的人，统治精英提出了令人振奋的建议：去上大学，用知识武装自己，以便在全球经济中竞争并获胜。你赚多少钱取决于你能学到什么。如果你努力了，你就能成功。

这是一种适应全球化、英才统治、市场驱动时代的理想主义。这种理想取悦了赢家，损害了输家。到 2016 年，这种理想退潮了。英国脱欧和特朗普的当选，以及极端民族主义和反移民政党在欧洲的崛起，都宣告了该方案的失败。现在的问题是，可选的政治方案是什么?

## 讨论工作尊严

工作尊严是一个好的切入点。表面上看，这样的理想几乎没有争议。没有一个政治家会拒绝重建工作尊严。但是严肃对待工作——把工作视为获得认可的舞台——的政治议程会给主流的自由主义者和保守主义者带来令人不安的问题。这是因为重建工作尊严会挑战那些基于市场的全球化的支持者普遍赞同的观点——市场结果反映人们对公共利益所做贡献的真正社会价值。

一想到工资，大多数人就会同意，人们在这份或那份工作中赚的钱总是高于或低于他们所做工作的真正社会价值。只有狂热的极端自由主义者会坚持认为富有的赌场巨头对社会做出的贡献是儿科医生价值的1 000 倍。2020 年的新冠肺炎疫情促使许多人反思，至少短暂思考了杂货店店员、送货员和家庭护理员等必要但收入微薄的工人所从事的工作的重要性。然而，在市场化社会中，我们很容易把赚的钱与对社会做的贡献混淆，这种倾向很难避免。

这种混淆不仅仅是粗心思考的结果。把赚钱与贡献混淆，不会因哲学辩论揭露了其缺点而停止。它反映了精英阶层希望世界的安排方式是让我们得到的与我们应得的达到一致。正是这种希望推动了宿命论者从《旧约》到如今对“在历史正确的一边”言论的思考。

在市场驱动的社会中，存在一种挥之不去的冲动，即想要把物质上的成功解释为道德应得性的标志。我们必须坚决抵制这种诱惑。要做到这一点，一种方法是辩论清楚并制订措施，这些措施会促使我们慎重地、民主地反省什么是对公共利益真正有价值的贡献，以及市场结论在何处错过了目标。

指望这样一场辩论就能让人们达成一致显然不现实，公共利益不可避免地存在争议。但关于工作尊严的新一轮辩论会打破各党派的自以为是，在道德上激励我们的公共话语，并让我们超越 40 年来市场信仰和优绩至上的傲慢遗留下来的两极政治。

作为例证，我们可以考虑两个版本的政治议程，二者都关注工作的尊严，以及挑战市场结果以确认关注工作尊严的必要性。一个版本来自保守方向，另一个来自进步方向。

### “开放议程”的傲慢

第一个版本来自一位年轻的保守派思想家奥伦·卡斯，他曾经担任共和党总统候选人米特·罗姆尼的政策顾问。在见解深刻的《过去和未来的工人》(*The Once and Future Worker*) 一书中，奥伦·卡斯提出了一系列建议，来解决特朗普引发但未化解的不满情绪。卡斯认为，美国工作的革新要求共和党人放弃拥护自由市场的传统。共和党人不应指望通过推动企业减税和加强自由贸易来增加 GDP，而应该把重点放在能让工人找到工资足够高的工作的政策上，以支持强大的家庭和社区。卡斯主张，对一个好的社会来说，这比经济增长更重要。[50]

为实现这一目标，他提出一项政策，就是给低收入工人发工资补贴——这不是共和党人的行事标准。这个想法是，政府根据目标时薪，给低收入工人每小时的工作提供补充工资。工资补贴在某种程度上与所得税相反。政府不但不会扣除工人的所得，还会给每个工人支付一定的工资补贴，希望让低收入工人即使缺乏能获得可观工资的技能，也可以过上体面的生活。[51]

2020 年，新冠肺炎疫情阻断了各国经济发展，许多欧洲国家颁布了引人注目的工资补贴方案。没有像美国政府那样为在疫情中失去工作的工作者提供失业保险，英国、丹麦和荷兰替没有裁员的公司支付了 75%～90% 的工资。工资补贴的好处就是让老板在紧急情况下以工资留住员工，而不是解雇他们，迫使他们依赖失业保险过活。相比之下，美国的方法虽弥补了职工的工资损失，但没能通过让职工保住工作来肯定工作的尊严。[52]

卡斯提出的其他建议对保守派更有吸引力，比如减少影响制造业和采矿业就业的环境法规。[53] 就移民和自由贸易这些令人担忧的主题，卡斯敦促从工人的角度而不是消费者的角度来看待。他评论道，如果我们的目标是尽可能低的消费者价格，那么自由贸易、外包和相对开放的移民政策就是可取的。但是如果我们最关心的是创造劳动力市场，让美国的中低技术工人能过上体面的生活，抚养子女，建立社区，那么对贸易、外包和移民的一些限制就是正当的。[54]

无论卡斯的具体建议有什么优点，其方案的有趣之处在于，这样就把我们的焦点从 GDP 最大化转移到了创造有利于工作尊严和社会凝聚力的劳动力市场。在此过程中，他对全球化支持者提出了严厉的批评，全球化支持者自 20 世纪 90 年代起一直坚持认为关键的政治分歧不再是左翼和右翼，而是开放和封闭。卡斯准确地指出，构建全球化争论的这种方式，把“高技能、受过高等教育的现代经济赢家”认定为思想开放的，给批评他们的人贴上思想闭塞的标签，仿佛质疑商品资本、人口的跨国流动是一种偏执一样。对那些被全球化抛在后面的人来说，很难想象还有比这更居高临下、更盛气凌人的为新自由主义全球化辩护的方式。[55]

支持“开放议程”的人坚持认为，对那些没有获得成功的人来说，应对方法是更好的教育。“开放议程的愿景应该很有吸引力，人们可以得到提升，能获得更多的机会。”卡斯写道，“但开放议程的真正含义可能没有这么高尚。如果经济不再为普通员工服务，那么需要转型来适应经济发展的就是普通员工。”他总结道：“在多数人发现自己被甩在后面的民主政体中，开放议程不可持续，其主张缺乏力量。”卡斯引用“不负责任的民粹主义”的危险性，指出“问题不在于开放议程是否会失败，而在于开放议程会输给什么”。[56]

### 金融、投机和公共利益

第二种恢复工作尊严的方法更可能引起政治进步人士的共鸣，这会突出全球化议程中往往遭到主流政党忽视的方面——金融日益重要的作用。随着 2008 年全球经济危机的爆发，金融业受到了公众的格外关注，引发的争论主要关于纳税人紧急救助的条款，以及如何改革华尔街以降低未来发生危机的风险。

公众极少注意到金融业在近几十年如何重塑经济，以及如何巧妙改变了精英与成功的含义。这种转变深深影响了工作尊严。相比金融业，贸易与移民在民粹主义抵制全球化中的作用更显著，对工人阶级的工作和地位的影响显而易见且更为直接。但是，经济的金融化对工作尊严的损害可能更严重，而且更令人泄气。这是因为经济金融化或许提供了现代经济中最清楚的案例，说明了市场回报与真正为公共利益做出的贡献之间的差距。

在过去几十年里，金融业发展迅猛，如今在发达经济体中显得尤为突出。在美国，金融业在 GDP 中的占比自 20 世纪 50 年代起增长了近两倍，到 2008 年，金融业占有超过 30% 的企业利润。金融业的雇员比其他行业同等资质的员工多赚 70%。[57]

如果金融活动是有生产力的，如果金融活动提高了经济体生产有价值产品和服务的能力，这就不是问题了。但是事实并非如此，即使在最好的情况下，金融本身也是没有生产力的。金融的作用是通过分配资本来促进经济活动以达到对社会有用的目标——新的企业、工厂、道路、机场、学校、医院、家庭。但近几十年来，随着金融业在美国经济中所占比重的爆炸式增长，金融业越来越少地涉及对实体经济的投资。越来越多的事件涉及复杂的金融工程，这些金融工程为参与各方带来了巨额利润，却无助于提高经济的生产率。[58]

正如英国金融服务局主席阿代尔·特纳所说：“没有明确的证据表明，过去二三十年，在富有的发达国家中，金融体系的规模和复杂性的增长推动了经济增长或增强了其稳定性，而且金融活动有可能是从实体经济中提取租金（不正当的暴利），而非实现经济价值。”[59]

这一慎重的判断是对克林顿政府及英国政府在 20 世纪 90 年代

放宽金融业管制的传统观点的毁灭性裁决。简单来说，这意味着近几十年，由华尔街设计的复杂的金融衍生品和其他金融工具对经济的伤害其实大于帮助。

考虑一个具体的事例。迈克尔·刘易斯在其《高频交易员》( *Flash Boys*）一书中讲述了一家公司的故事，这家公司铺设了一条连接芝加哥期货交易商和纽约证券交易所的光缆，这根光缆把五花肉期货和其他投机的交易速度提高了几毫秒。这极小的优势在高频交易员眼中价值数亿美元。[60] 但很难断言，把交易速度从一眨眼增加到更快，能对经济做出有价值的贡献。

高频交易并不是经济价值可疑的唯一一项金融创新；让投机者在不投资任何生产活动的情况下为未来的价格下赌注的信用违约互换，很难与赌场赌博区分开来。一方会赢，另一方会输，钱被转手，但过程中没有发生任何投资。当公司用利润来回购股票，而不是投资于研发或新设备时，股东从中获利，但公司的生产能力并没有提升。

1984 年，当经济金融化开始成功时，耶鲁大学的著名经济学家詹姆斯·托宾对“金融市场的赌场外表”有先见之明地提出了警告。他担心“我们把越来越多的资源，包括我们青春的精华，投入远离产品和服务生产的金融活动，以及能带来与其社会生产力不成比例的高额私人回报的活动。”[61]

很难确切地知道，金融活动的什么部分提高了实体经济的生产能力，而什么部分为金融业本身带来了非生产性的意外之财。但是可靠的权威人士阿代尔·特纳估计，在像美国和英国这样的发达经济体中，只有 15% 的资金流入了新的生产企业，其他都流入对现有资产或复杂金融衍生品的投机活动。[62] 即使金融的生产力方面给低估了一半，这仍然是一个令人警醒的数字。金融的影响不仅体现在经济上，也体现在道德上和政治上。

在经济上，这表明许多金融活动阻碍了经济增长，而不是促进了经济增长。在道德上和政治上，这些估算揭露了市场给金融的报酬与其对公共利益所做贡献的巨大差异。这种差异和那些参与投机活动者享有的不成比例的威望一起，嘲弄了那些在实体经济中生产实用产品和提供服务的人的尊严。

担心现代金融的负面经济影响的人提出了多种改革方法。然而，我关心的是现代金融在道德上和政治上的影响。一项认可工作尊严的政治议程会利用税收制度，阻止投机行为并尊重生产性劳动，以此重新配置经济体系中的尊重（哪些行业与哪些活动更受尊重）。

一般而言，这意味着税收负担从工作转向消费和投机。彻底的做法是降低甚至取消工资税，反过来采取对消费、财富和金融业务征税的方式来提高税收。朝此方向的一小步是降低工资税（工资税导致雇主和雇员的工作成本都很高），并对高频交易征收金融交易税来弥补税收的损失，这些高频交易对实体经济贡献很小。

这些及其他把税收负担从劳动转变到消费和投机的措施，可以让税收制度比现在更有效，对富人收更多税。但是这些考虑因素无论多么重要，都并非唯一要紧的因素。我们也应该考虑税收的表达意义。在此我指的是对成功和失败、荣誉和认可的态度，这些态度根植于我们对公共生活投资的方式。税收不仅是提高收入的方式，也是表达社会判断——什么是对公共利益有价值的贡献——的方式。

## 生产者和索取者

在某种程度上，我们对税收政策的道德方面很熟悉。我们常常争论税收制度的公平性——这个税或那个税会更多地落在富人还是穷人身上。但是对税收公平与否的表达维度超越了对公平本身的争论，达到了社会所做的道德判断的维度，即哪些活动值得尊敬和认可、哪些活动应该受到劝阻。有时候，这些判断是明确的。对烟草、酒精和赌场征的税叫作“罪恶税”，因为这种税收是为了阻止被视为有害的或不良的活动（吸烟、喝酒、赌博）。这种税提高从事这些活动的成本，以此表达社会对这些活动的反对。提议对含糖汽水（以防止肥胖）和碳排放（以应对气候变化）征税同样也是力图改变和塑造行为方式。

并不是所有的税都有这个目的。我们对收入征税不是为了反对有偿工作，也不是阻止人们从事有偿工作。正常的消费税也不是为了遏制购买东西，这些税仅仅是提高税收的手段。

然而，道德判断总是蕴含在看似价值中立的政策中。当税收涉及工作及人们赚钱的各种方式时，尤其如此。例如，为什么对资本利得征税的税率要低于劳动收入的？当沃伦·巴菲特指出作为亿万投资者，他纳税的税率低于他的秘书时，他提出了这个问题。[63]

有些人争辩道，对投资的征税力度小于对工作的征税力度，能鼓励投资从而促进经济增长。在某种程度上，这种争辩纯粹是实用性的，或者说是功利的；这样征税是为了增加 GDP，而不是为了奖赏那些获得资本利得的富有投资者。但从政治上看，这种看似实际的主张是从隐藏在表面之下的道德假设（关于才能的争论）之中获得部分说服力的。这种假设就是投资者是“就业创造者”，他们应当得到

“更低税率”作为回报。

共和党国会议员保罗·瑞安提出了这一论点的一个鲜明版本，他是美国众议院前任议长，也是自由派作家艾恩·兰德的崇拜者。瑞安是福利制度的批评者，他区别了生产者（对经济贡献最大的人）和索取者（领取福利大于纳税的人）。他担心，随着福利制度的发展，所谓的索取者会变得比生产者多。[64]

有些人反对瑞安谈论经济贡献的高度道德化方式。有些人接受了瑞安对生产者和索取者的区分，但认为瑞安没有准确认出这两类人。拉娜·弗洛哈尔是《金融时报》和CNN（美国有线电视新闻网）的商业专栏作家，她在一本很有洞察力的书中提供了第二种观点的有力例子，这本书叫《生产者和索取者：金融的兴起和美国商业的衰落》（*Makers and Takers*：*The Rise of Finance and the Fall of American Business*）。弗洛哈尔引用了阿代尔·特纳和沃伦·巴菲特等批评非生产性金融化的人士的话，认为当今经济中的主要索取者是那些从事投机活动的金融行业人士，他们获得了巨大的意外之财，却没有对实体经济做出贡献：

> 所有这些金融手段都没有让我们更加繁荣。相反，这些金融手段加剧了不平等，并且引发了更多的金融危机，危机每次发生都给经济造成了巨大的破坏。金融对我们的经济非但没有帮助，反而成了一种威胁。更多的金融活动不是在促进我们的经济增长，而是在减缓经济增长。[65]

弗洛哈尔总结道，所谓的“生产者”是那些“在社会中获取最多的人：从占收入比例来看，他们缴纳着最少的税，攫取与贡献不成比例的经济蛋糕份额，推进经常与增长背道而驰的商业模式”。但她认为，真正的“生产者”是那些在实体经济中劳动以提供实用产品和服务的人，以及那些投资于生产性活动的人。[66]

关于当今经济中谁是生产者、谁是索取者的争论，根本上关于贡献正义，关于什么经济角色值得尊敬和认可。要想清楚这个，就需要公开讨论什么是对公共利益的珍贵贡献。我提议向对实体经济没有帮助的赌场式投机行为征收金融交易税——一种“罪恶税”，用这类税来代替部分或全部的工资税。此提议是构建这个辩论的一种方式，毫无疑问还有其他方式，我认为，重塑工作的尊严要求我们面对经济安排背后的道德问题，这些问题被近几十年来的技术官僚政治掩盖了。

其中一个问题是什么样的工作值得认可和尊重，另一个是我们作为公民对彼此肩负什么义务。这些问题都是相互关联的。因为如果不一起思考我们共同生活的目的，我们就无法确定什么算是值得肯定的贡献。如果没有归属感，不把自己看成互相亏欠的社会成员，我们就不能思考共同的目标。只有当我们依赖他人，并认识到自己的依赖性时，我们才有理由感谢他们为我们的集体福祉做出的贡献。这需要足够强的团体意识，让公民能说出来并相信“我们都在一起”——不是作为危机时期的仪式性咒语，而是作为对我们日常生活的可信描述。

在过去 40 年里，市场驱动的全球化和精英的成功观共同作用，解开了这些道德上的联系。全球供应链、资本流动及二者催生的世界性的身份认同，导致我们不再那么依赖我们的同胞，不再那么感激他们做的工作，不太愿意接受团结的诉求。优绩至上制度的分类告诉我们，我们的成功是我们自己的功劳，因此削弱了我们的亏欠感。如今我们正处于这场分裂产生的愤怒旋风中。为了恢复工作的尊严，我们必须修复在优绩至上时代已经瓦解的社会纽带。

# 结语

# CONCLUSION: MERIT AND THE COMMON GOOD

## 优绩与公共利益

亨利·亚伦是最出色的棒球运动员之一，他在种族隔离的美国南方长大。根据其传记作者霍华德·布赖恩特的描述，“亨利小时候看着他父亲被迫把自己在杂货店排队的位置让给每一个进店的白人”。当杰基·罗宾逊打破棒球的肤色界限时，13 岁的亨利受到鼓舞，相信自己有一天也能在大联盟打球。没有棒球和球棒，他就用现有的棍子练习，用一根棍子打他哥哥扔给他的瓶盖。他后来打破了贝比·鲁斯职业生涯的全垒打纪录。[1]

在一次评论中，布赖恩特心酸地写道：“可以说，击球代表了亨利在生命中第一次展现卓越的才华。”[2]

如果不对优绩至上衷心拥护，不把成为精英视为对不公正的终极解决方案，就很难读懂这句话，他们心目中的终极解决方案就是以卓越的才能克服包括偏见、种族主义和机会不平等带来的不公正。从这一思想出发，我们向结论迈出了一小步，即公正的社会应该是优绩至上的社会，在这个社会中，每个人都有平等的机会，他们只要发挥才能和努力奋斗就能得到提升。

但这种想法是错的。亨利·亚伦的故事的寓意不在于我们应该衷心拥护优绩至上，而在于我们应该鄙视一种只有打出本垒打才能逃脱的种族不公正制度。机会均等是对不公正在道德上的必要纠正，但这是补救原则，而不是美好社会的恰当理想。

## 超越机会平等

要保持这种区别并不容易。受到少数人奋力崛起的鼓舞，我们不禁要问，其他人如何才能摆脱让他们不堪重负的境况。我们没有去改变人们想要逃离的生活窘况，而是构建了一种政治，想将提高流动性作为解决不平等的方案。

打破障碍是件好事。任何人都不应该因贫穷或偏见而退缩，但美好的社会不能仅仅以保证逃离不公为前提。

只关注或主要关注社会流动，并不能培养民主所需的社会纽带和公民归属。即使是向上的社会流动性比我们更强的社会，也需要找到办法，让那些没有向上流动的人在原地蓬勃发展，并把自己视为共同事业的一员。我们如果做不到这一点，就会让那些无法成为精英的人日子不好过，让他们怀疑自己的归属。

人们常常认为，机会平等的唯一替代办法是苍白的、压制性的结果平等。但还有另一种选择：生活境况广泛平等，让那些没有获得巨额财富或显赫地位的人能够过上体面和有尊严的生活——在赢得社会尊重的工作中发展和发挥自己的能力，分享广泛传播的学习文化，并与他们的同胞商讨公共事务。

关于生活境况平等的两个最好的解释出现在“大萧条”期间。英国经济史学家、社会批评家 R. H. 托尼在 1931 年出版的《平等》（*Equality*）一书中指出，机会平等充其量只是局部的理想。“‘向上流动’的机会，”他写道，“并不能取代广阔范围内的实际平等，也不会让收入和社会条件的巨大差距变得无关紧要。”[3]

> 社会福利……有赖于凝聚力和团结。这不仅提供了向上流动的机会，而且提供了高水平的通识文化和强烈的公共利益感。个人幸福不仅要求人们能够自由地上升到舒适和卓越的新地位，还要求他们能够过上有尊严和有文化的生活，无论他们是否向上流动。[4]

同年，在大西洋彼岸，一位名叫詹姆斯·特拉斯洛·亚当斯的作家为美国写了一首赞歌——《美国史诗》（*The Epic of America*）。很少有人记得这本书，但每个人都知道他在书的最后几页创造了一个短语——“美国梦”。从我们的时代回顾，我们很容易把他对美国梦的描述与我们对阶层跃升的夸夸其谈等同起来。亚当斯写道，美国给人类的独特礼物是这片土地上的梦想，“在这片土地上，根据自己的能力或成就，每个人都有机会让生活变得更美好、更富足、更充实”。[5]

> 这不是仅追求汽车和高工资的梦想，而是追求社会秩序的梦

想，在这种社会秩序中，每个男人、每个女人都能够达到他们凭借与生俱来的能力所能达到的最高境界，并得到他人的认可，无论他们的出身或地位如何。[6]

但我们仔细阅读就会发现，亚当斯描述的梦想不仅仅是向上流动，还是实现广泛的、民主的平等。作为具体的例子，他提到了美国国会图书馆，“这是民主可以为自己实现什么的象征”，是吸引各行各业的美国人前来参与公共学习的场所。

人们来到普通阅览室，就可以看到仅一间阅览室就有一万卷书，甚至不需要开口问别人就可以取书阅读。人们看到，座位上坐满了安静的读者，老年人和年轻人、富人和穷人、黑人和白人、行政人员和体力劳动者、将军和列兵、著名学者和学生，都在他们自己的民主政体提供的图书馆里阅读。[7]

亚当斯认为这一幕是“美国梦——人民自己积累的资源，（以及）有足够智慧使用这些资源的公众所提供的手段——完美展现的实例”。亚当斯写道，如果这个例子可以在美国国家生活的所有部门中实施，“美国梦就会成为持久的现实”。[8]

## 民主与谦逊

我们今天没有多少境况的平等。把不同阶级、种族、民族和信仰的人聚集在一起的公共空间极为稀少。40 年来，市场驱动的全球化让收入和财富的不平等非常显著，导致我们拥有了不同的生活方式。富人与收入中等的人在一天之中也很少会碰面。我们在不同的地方生活、工作、购物和娱乐，我们的孩子上不同的学校。精英分类机器完成了分类工作时，那些处于顶端的人会发现自己很难抗拒这样的想法：他们应该获得成功，而那些处于底层的人也应该处于底层的位置。这助长了恶毒的政治氛围，加剧了党派之争，现在许多人认为跨党派婚姻比跨信仰婚姻带来的麻烦还大。毫不奇怪，我们已经失去了共同思考重大公共问题的能力，甚至失去了相互倾听的能力。

优绩至上始于一种给我们赋能的理念，即我们可以依靠工作和信仰，让上帝的恩典对我们有利。这一理念的世俗版本带来了令人兴奋的个人自由承诺：我们的命运掌握在自己手中。如果我们努力，我们就能做到。

但这种自由的愿景让我们远离了共同承担民主事业的义务。回想一下我们在第 7 章讨论过的两类公共利益的概念：消费主义的公共利益概念和公民的公共利益概念。如果公共利益仅仅在于最大化消费者福利，那么最终实现境况的平等并不重要。如果民主仅仅是各种手段的经济学，是把我们个人的利益和偏好加在一起的问题，那么民主的命运就与公民的道德纽带无关。无论我们共享充满活力的共同生活，还是与我们自己的同类一起居住在私有化的飞地，消费主义的民主概念可以发挥的作用都很有限。

但是，如果只有与我们的公民同胞商讨符合我们政治共同体的目的和目标，才能实现公共利益，那么民主就不能对共同生活的性质漠不关心。民主并不要求完全平等，但民主确实要求来自不同阶层的公民在公共空间和公共场所相互接触。因为这是我们学会协商和容忍分歧的方式，也是我们关心公共利益的方式。[9]

优绩至上的信念是，人们应该得到市场赋予他们才能的任何财富，这导致团结成为几乎不可能的任务。为什么成功的人要对社会中地位较低的人有所亏欠？这个问题的答案取决于我们是否认识到，尽管我们努力奋斗，但我们不是白手起家、自给自足的；发现自己身处珍视我们才华的社会，是我们的幸运，而不是我们应得的。对我们命运的偶然性的强烈感觉可以激发某种谦卑："若非上帝的恩典，或出生的偶然，抑或是命运的神秘，我也会遭受如此厄运。"这种谦卑是我们从残酷的成功伦理中回归的开始，而正是这种成功伦理让我们分道扬镳。这种谦卑超越了优绩的暴政，为我们走向少一些敌意、多一些包容的公共生活指明了方向。

# 致谢 ACKNOWLEDGMENTS

我很感激有机会在几个场合与我的同事们一起探讨这本书的一些主题：在哈佛大学政府学系的政治理论讨论会上，乔纳森·古尔德的一篇犀利的评论文章让我大受裨益；哈佛大学法学院的夏季教师研讨会，引发了我与理查德·法伦、特里·费希尔、约柴·本克勒和本·萨克斯的挑战性回应和后续交流；我和我的妻子琦库·阿达托在哈佛大学马欣德拉人文中心共同主持的教师研讨会对艺术、流行文化和市民生活进行了讨论。

在 2019 年秋季学期，我在一场关于“优绩至上论及其批评者”的研讨会上给我所遇到的最有活力、最有智慧的一群本科生讲课。我感谢他们所有人加深了我对本书主题的理解。耶鲁大学法学院的丹尼尔·马科维茨近期出版了一本关于优绩至上的书，我们在研讨会上读到了这本书。有一次，他和我们一起参加了一场令人难忘的讨论，我和学生们从中学到了很多东西。

我有幸在讲座中介绍了本书的部分内容，随后在一些具有启发性的学术和公共场合进行了讨论：圣母大学尼迈耶政治哲学讲座；西班牙毕尔巴鄂德乌斯托大学的加门迪亚纪念讲座；德国柏林美国学院的空中客车讲座；伦敦皇家艺术、制造业和商业促进会（RSA）；奥地利维也纳人类科学研究所；意大利威尼斯乔治·奇尼基金会的重启文明对话；伦敦政治经济学院（LSE）马歇尔研究所；西北大学的民主议程会议；在哈佛大学举行的法国日成立仪式。感谢所有这些场合的听众和讨论者的周到参与。

我要感谢伊丽莎白·安德森、莫什·哈尔伯托、彼得·霍尔、丹尼尔·马科维茨、库伦·墨菲和塞缪尔·谢弗勒就本书的各个方面和我进行了有益的对话或电子邮件交流；查尔斯·彼得森分享了他的博士论文中关于精英教育和大学录取的章节，阿拉温德·“文尼”·拜珠提供了出色的研究协助，Farrar, Straus and Giroux 公司（FSG）的德博拉·吉姆提供了周到的编辑支持。我要感谢我的经纪人，纽约 ICM 合伙公司令人尊敬的埃丝特·纽伯格，以及伦敦 Curtis Brown 公司的卡罗丽娜·萨顿、海伦·曼德斯和萨拉·哈维。

由于乔纳森·加拉西、米兹·安格尔、杰夫·塞罗伊和希拉·奥谢慷慨的智力和文学敏感性，这是我第三次与 FSG 合作出书，对我来说是一种乐趣。我要特别感谢埃里克·钦斯基，他是一位才华横溢的编辑，在我写这本书之前，他了解我希望这本书实现的目标，并在写作过程中的每一个环节都提供了明智的建议。我也非常感谢斯图尔特·普罗菲特，他是我在英国的出版商艾伦巷／企鹅出版社的著名编辑，和埃里克一样，他对每一章都进行了仔细的批判性阅读。接受大西洋两岸编辑这样的关怀，让我没有理由为自己仍然存在的任何弱点辩解。

最后也是最重要的，我要感谢“作家小屋”的成员，他们是我的妻子琦库·阿达托、我们的儿子亚当·阿达托·桑德尔和亚伦·阿达托·桑德尔。我已经习惯了向聚集在一起的家庭成员大声朗读草稿段落和章节，邀请大家发表意见，并分享对我们各自项目的评论。他们的关注、建议和爱，帮助了我和本书一起改进。

# 注释　　NOTES

## 序

1. 2020 年 2 月 23 日特朗普总统在海军陆战队一号出发前的讲话，whitehouse.gov/briefings-statements/remarks-president-trump-marine-one-departure-8；2020 年 2 月 27 日特朗普总统在与非裔美籍领导人会晤时发表的讲话，whitehouse.gov/briefings-statements/remarks-president-trump-meeting-african-american-leaders。
2. Farhad Manjoo, "How the World's Richest Country Ran Out of a 75-Cent Face Mask," *The New York Times*, March 25, 2020, nytimes.com/2020/03/25/opinion/coronavirus-face-mask.html.
3. Margot Sanger-Katz, "On Coronavirus, Americans Still Trust the Experts," *The New York Times*, June 27, 2020, nytimes.com/2020/06/27/upshot/coronavirus-americans-trust-experts.html.

## 引言　走进大学校园

1. Jennifer Medina, Katie Benner, and Kate Taylor, "Actresses, Business Leaders and Other Wealthy Parents Charged in U.S. College Entry Fraud," *The New York Times*, March 12, 2019, nytimes.com/2019/03/12/us/college-admissions-cheating-scandal.html.
2. Ibid. See also "Here's How the F.B.I. Says Parents Cheated to Get Their Kids into Elite Colleges," *The New York Times*, March 12, 2019, nytimes.com/2019/03/12/us/admissions-scandal.html; Affidavit in Support of Criminal Complaint, March 11, 2019, U.S. Department of Justice, justice.gov/file/1142876/download.
3. Lara Trump on *Fox News at Night*, March 12, 2019, facebook.com/FoxNews/videos/lara-trump-weighs-in-on-college-admissions-scandal/2334404040124820.
4. Andrew Lelling, U.S. Attorney, District of Massachusetts, March 12, 2019, CNN transcript of statement, edition.cnn.com/TRANSCRIPTS/1903/12/ath.02.html.
5. Frank Bruni, "Bribes to Get into Yale and Stanford? What Else Is New?," *The New York Times*, March 12, 2019, nytimes.com/2019/03/12/opinion/college-bribery-admissions.html; Eugene Scott, "Why Trump Jr. Mocked the Parents Caught Up in the College Admissions Scandal," *The Washington Post*, March 13, 2019, washingtonpost.com/

politics/2019/03/13/why-trump-jr-mocked-parents-caught-up-college-admissions-scandal. 有关贾里德·库什纳案及金钱在招生中的作用的原始报道，请参见 Daniel Golden, *The Price of Admission* (New York: Broadway Books, 2006), pp. 44–46。关于特朗普向沃顿商学院捐赠的报道，请参见 Luis Ferre Sadurni, "Donald Trump May Have Donated over $1.4 Million to Penn," *Daily Pennsylvanian*, November 3, 2016, thedp.com/article/2016/11/trumps-history-of-donating-to-penn。

6. 引自辛格在刑事诉讼中附带誓言的书面陈述，March 11, 2019, U.S. Department of Justice, justice.gov/file/1142876/download,p.13。
7. Andrew Lelling, U.S. Attorney, District of Massachusetts, March 12, 2019, CNN transcript of statement, edition.cnn.com/TRANSCRIPTS/1903/12/ath.02.html.
8. Andre Perry, "Students Need a Boost in Wealth More Than a Boost in SAT Scores," *The Hechinger Report*, May 17, 2019, hechingerreport.org/students-need-a-boost-in-wealth-more-than-a-boost-in-sat-scores.
9. Ron Lieber, "One More College Edge," T*he New York Times*, March 16, 2019; Paul Tough, The Years That Matter Most: How College Makes or Breaks Us (Boston: Houghton Mifflin Harcourt, 2019), pp. 153–67.
10. "Some Colleges Have More Students from the Top 1 Percent Than the Bottom 60," *The New York Times*, January 18, 2017, nytimes.com/interactive/2017/01/18/upshot/some-colleges-have-more-students-from-the-top-1-percent-than-the-bottom-60.html. 数据来自 Raj Chetty, John Friedman, Emmanuel Saez, Nicholas Turner, and Danny Yagan, "Mobility Report Cards: The Role of Colleges in Intergenerational Mobility," NBER Working Paper No. 23618, revised version, December 2017, opportunityinsights.org/paper/mobilityreportcards。
11. Caroline M. Hoxby, "The Changing Selectivity of American Colleges," *Journal of Economic Perspectives* 23, no. 4 (Fall 2009), pp. 95–118.
12. Ibid., pp. 95–100; Paul Tough, The Years That Matter Most, p. 39.
13. Matthias Doepke and Fabrizio Zilibotti, *Love, Money & Parenting: How Economics Explains the Way We Raise Our Kids* (Princeton: Princeton University Press, 2019), pp. 8–11, 51–84.

## 1 赢家与输家

1. 《经济学人》的封面故事就是这一观点的例证。参见 "Drawbridges Up: The New Divide in Rich Countries Is Not Between Left and Right but Between Open and Closed," *The Economist*, July 30, 2016, economist.com/briefing/2016/07/30/drawbridges-up。关于更细致的阐述，可参见 Bagehot, "Some Thoughts on the Open v Closed Divide," *The Economist*, March 16, 2018, economist.com/bagehots-notebook/2018/03/16/some-thoughts-on-the-open-v-closed-divide。

2. 本节本段及随后几段，来自Michael Sandel, "Right- Wing Populism Is Rising as Progressive Politics Fails—Is It Too Late to Save Democracy?," *New Statesman*, May 21, 2018, newstatesman.com/2018/05/right-wing-populism-rising-progressive-politics-fails-it-too-late-xsavex-democracy; and Michael J. Sandel, "Populism, Trump, and the Future of Democracy," openDemocracy.net, May 9, 2018, opendemocracy.net/en/populism-trump-and-future-of-democracy。
3. 在美国，1980 年以来，经济增长的大部分都流向了收入最高的 10% 的人，他们的收入增长了 121%；几乎没有流向后半部分人口，他们在 2014 年的平均收入（约 1.6 万美元）与 1980 年的实际收入大致相同。对处于工作年龄的男性来说，2014 年的收入中位数与 1964 年一样，约为 3.5 万美元。半个多世纪以来，男性工人的收入中位数一直没有增长。Thomas Piketty, Emmauel Saez, and Gabriel Zucman, "Distributional National Accounts: Methods and Estimates for the United States," *Quarterly Journal of Economics* 133, issue 2 (May 2018), pp. 557, 578, 592- 93, available at eml.berkeley.edu/~saez/PSZ2018QJE.pdf; Facundo Alvaredo, Lucas Chancel, Thomas Piketty, Emmanuel Saez, and Gabriel Zucman, *World Inequality Report* 2018 (Cambridge, MA: Harvard University Press, 2018), pp. 3, 83–84. 美国和其他国家的收入分配数据可以在世界财富与收入数据库网站 wid.world 中找到。也可参见 Thomas Piketty, *Capital in the Twenty-First Century* (Cambridge, MA: Harvard University Press, 2014), p. 297, 皮凯蒂在其中指出，1977—2007 年，美国最富有的 10% 的人吸收了美国整个经济增长额的四分之三。

   在美国，收入最高的 1% 的人口获得了全国收入的 20.2%，而收入最低的那一半人口获得了 12.5%。在美国，收入最高的 10% 的人获得了近一半（47%）的国民收入，而西欧为 37%，中国为41%，巴西和印度为55%。参见Piketty, Saez, and Zucman, "Distributional National Accounts," p. 575, available at eml.berkeley.edu/~saez/PSZ2018QJE.pdf; Alvaredo, Chancel, Piketty, Saez, and Zucman, *World Inequality Report* 2018, pp. 3, 83–84。
4. 作者在美国总统项目中搜索了美国总统演讲和公开论文的在线存档，U.C. Santa Barbara, presidency.ucsb.edu。
5. 根据皮尤慈善信托基金的一项研究，在出生于收入最低的 20% 的家庭的美国人中，有 4% 的人在成年后升至收入最高的 20% 的人口，30% 的人升至收入居前 60% 或前 40% 的人口，43% 的人仍停留在收入最低的那 20%。"Pursuing the American Dream: Economic Mobility Across Generations," Pew Charitable Trusts, July 2012, p. 6, Figure 3, available at pewtrusts.org/~/media/legacy/uploadedfiles/wwwpewtrustsorg/reports/economic_mobility/pursuingamericandreampdf.pdf. 哈佛大学经济学家哈吉·柴提及其同事的一项研究得出结论：7.5% 出生于收入最低的 20% 的家庭的美国人升至收入最高的 20% 的人口，38% 升至收入居前 60% 或前 40% 的人口，34% 仍停留在收入最底层。Raj Chetty, Nathaniel Hendren, Patrick Kline, and Emmanuel Saez, "Where Is the Land of Opportunity? The Geography of Intergenerational Mobility in the United States,"

*Quarterly Journal of Economics* 129, no. 4 (2014), pp. 1553–623; available at rajchetty.com/chettyfiles/mobility_geo. pdf (mobility figures at p. 16 and Table II). 根据阿奇布里奇研究所的斯科特·温希普的一项研究，在出生于收入最低的 20% 的家庭的孩子中，只有 3% 的孩子成为收入最高的 20% 的人口，只有 26% 的孩子进入了收入居前 60% 或前 40% 的人口，46% 的人仍停留在底部。Scott Winship, "Economic Mobility in America," Archbridge Institute, March 2017, p. 18, Figure 3, available at archbridgeinst.wpengine.com/wp-content/uploads/2017/04/Contemporary-levels-of-mobility-digital-version_Winship.pdf.

6. Miles Corak, "Income Inequality, Equality of Opportunity, and Intergenerational Mobility," *Journal of Economic Perspectives* 27, no. 3 (Summer 2013), pp. 79–102 (see Figure 1, p. 82), online at pubs.aeaweb.org/doi/pdfplus/10.1257/jep.27.3.79; Miles Corak, "Do Poor Children Become Poor Adults? Lessons from a Cross Country Comparison of Generational Earnings Mobility," IZA Discussion Paper No. 1993, March 2006 (see Table 1, p. 42), at ftp.iza.org/dp1993.pdf; *A Broken Social Elevator? How to Promote Social Mobility* (Paris: OECD Publishing, 2018), online at doi.org/10.1787/9789264301085-en. 经济合作与发展组织的研究显示的结果与克拉克的结论相似，除了德国的数据。根据经济合作与发展组织的研究，德国的流动性不如美国。See country comparisons in Figure 4.8, p. 195.
7. Stefanie Stantcheva, "Prisoners of the American Dream," *Project Syndicate*, February 22, 2018, scholar.harvard.edu/files/stantcheva/files/prisoners_of_the_american_dream_by_stefanie_stantcheva_-_project_syndicate_0.pdf.
8. Raj Chetty, John Friedman, Emmanuel Saez, Nicholas Turner, and Danny Yagan, "Mobility Report Cards: The Role of Colleges in Intergenerational Mobility," NBER Working Paper No. 23618, Revised Version, July 2017, equality-of-opportunity.org/papers/coll_mrc_paper.pdf.
9. fivethirtyeight.com/features/even-among-the-wealthy-education-predicts-trump-support/; jrf.org.uk/report/brexit-vote-explained-poverty-low-skills-and-lack-opportunities.
10. Aaron Blake, "Hillary Clinton Takes Her 'Deplorables' Argument for Another Spin," *The Washington Post*, March 13, 2018, washingtonpost.com/news/the-fix/wp/2018/03/12/hillary-clinton-takes-her-deplorables-argument-for-another-spin. 特朗普在高收入选民中以微弱优势战胜了希拉里。但他在来自农村地区和小城市的选民（62% 比 34%）、没有大学文凭的白人选民（67% 比 28%）以及认为与其他国家的贸易带走了而不是创造了更多就业机会的选民（65% 比 31%）中取得了决定性胜利。参见"Election 2016: Exit Polls," *The New York Times*, November 8, 2016, nytimes.com/interactive/2016/11/08/us/politics/election-exit-polls.html。
11. Donald J. Trump, "Remarks Announcing United States Withdrawal from the United

Nations Framework Convention on Climate Change Paris Agreement," June 1, 2017, the American Presidency Project, presidency.ucsb.edu/node/328739.

12. 对儒家政治的优绩至上论有几种不同的解释，参见 Daniel A. Bell and Chenyang Li, eds., *The East Asian Challenge for Democracy: Political Meritocracy in Comparative Perspective* (New York: Cambridge University Press, 2013); 关于柏拉图的优绩至上论，参见 *The Republic of Plato*, translated by Allan Bloom (New York: Basic Books, 1968), Book VI; 关于亚里士多德的优绩至上论，参见 *The Politics of Aristotle*, translated by Ernest Barker (Oxford: Oxford University Press, 1946), Book III, and *The Nicomachean Ethics of Aristotle*, translated by Sir David Ross (Oxford: Oxford University Press, 1925), Books I and VI。
13. Joseph F. Kett, *Merit: The History of a Founding Idea from the American Revolution to the 21st Century* (Ithaca, NY: Cornell University Press, 2013), pp. 1–10, 33–44. Thomas Jefferson to John Adams, October 28, 1813, in Lester J. Cappon, ed., *The Adams-Jefferson Letters: The Complete Correspondence Between Thomas Jefferson and Abigail and John Adams* (Chapel Hill: University of North Carolina, 1959), vol. 2, pp. 387–92.
14. Michael Young, *The Rise of the Meritocracy* (Harmondsworth: Penguin Books, 1958).
15. Ibid., p. 106.

## 2 "因践行善德而伟大"：优绩的道德简史

1. "lot, n." OED Online, Oxford University Press, June 2019, oed.com/view/Entry/110425. Accessed July 16, 2019.
2. 例如，《约拿书》1:4–16。
3. 《约伯记》4:7。关于本处及随后对约伯的讨论，我都深深受益于 Moshe Halbertal's fine essay "Job, the Mourner," in Leora Batnitzky and Ilana Pardes, eds., *The Book of Job: Aesthetics, Ethics, and Hermeneutics* (Berlin: de Gruyter, 2015), pp. 37–46。
4. Ibid., pp. 39, 44–45. 哈伯塔尔把对约伯的这一理解归因于迈蒙尼德。关于荒无人烟之地的降雨，参见《约伯记》38:25–26。
5. Ibid., pp. 39, 45.
6. 关于此处及随后段落的详细讨论，我受益于 Anthony T. Kronman, *Confessions of a Born-Again Pagan* (New Haven, CT: Yale University Press, 2016), esp. pp. 88–98, 240–71, 363–93。
7. Halbertal, "Job, the Mourner," p. 37.
8. Kronman, *Confessions of a Born-Again Pagan*, pp. 240–59; J. B. Schneewind, *The Invention of Autonomy* (Cambridge: Cambridge University Press, 1998), pp. 29–30.
9. Eric Nelson, *The Theology of Liberalism: Political Philosophy and the Justice of God* (Cambridge, MA: Harvard University Press, 2019); Michael Axworthy, "The Revenge of Pelagius," *New Statesman*, December 7, 2018, p. 18; Joshua Hawley, "The Age of Pelagius," *Christianity Today*, June 2019, at christianitytoday.com/ct/2019/june-web-

only/age-of-pelagius-joshua-hawley.html.

10. Kronman, *Confessions of a Born-Again Pagan*, pp. 256–71; Schneewind, *The Invention of Autonomy*, p. 272.
11. Kronman, *Confessions of a Born-Again Pagan*, pp. 363–81.
12. Max Weber, *The Protestant Ethic and the Spirit of Capitalism* (originally published 1904- 1905), translated by Talcott Parsons (New York: Charles Scribner's Sons, 1958).
13. Ibid., p. 104.
14. Ibid., pp. 109–10.
15. Ibid., pp. 110–15.
16. Ibid., p. 115.
17. Ibid., p. 160.
18. Ibid., pp. 154, 121.
19. Ibid., pp. 121–22.
20. Max Weber, "The Social Psychology of the World Religions," in H. H. Gerth and C. Wright Mills, eds., *From Max Weber: Essays in Sociology* (New York: Oxford University Press, 1946), p. 271. 原文是斜体字。
21. Jackson Lears, *Something for Nothing: Luck in America* (New York: Viking, 2003), p. 34.
22. Ibid.
23. Ibid., pp. 57–62. Ecclesiastes 9:11–12, cited at p. 59.
24. Lears, *Something for Nothing*, p. 60.
25. Ibid., p. 76.
26. Ibid.
27. Ibid., p. 22.
28. Ibid.
29. John Arlidge and Philip Beresford, "Inside the Goldmine," *The Sunday Times* (London), November 8, 2009.
30. Graham quoted in "Hurricane Katrina: Wrath of God?," *Morning Joe* on NBC News, October 5, 2005, at nbcnews.com/id/9600878/ns/msnbc-morning_joe/t/hurricane-katrina-wrath-god/#.XQZz8NNKjuQ.
31. Robertson quoted in Dan Fletcher, "Why Is Pat Robertson Blaming Haiti?" *Time*, Jan. 14, 2010.
32. Falwell quoted in Laurie Goodstein, "After the Attacks: Finding Fault," *The New York Times*, September 15, 2001.
33. Devin Dwyer, "Divine Retribution? Japan Quake, Tsunami Resurface God Debate," ABC News, March 18, 2011, at abcnews.go.com/Politics/japan-earthquake-tsunami-

divine-retribution-natural-disaster-religious/story?id=13167670; Harry Harootunian, "Why the Japanese Don't Trust Their Government," *Le Monde Diplomatique*, April 11, at mondediplo.com/2011/04/08japantrust.

34. Kenyon quoted in Kate Bowler, "Death, the Prosperity Gospel and Me," *The New York Times*, February 13, 2016. See also Kate Bowler, *Blessed: A History of the American Prosperity Gospel* (New York: Oxford University Press, 2013).
35. Bowler, "Death, the Prosperity Gospel and Me."
36. Osteen quoted in Bowler, Ibid.
37. David Van Biema and Jeff Chu, "Does God Want You to Be Rich?" *Time*, September 10, 2006.
38. Bowler, "Death, the Prosperity Gospel and Me."
39. Bowler, *Blessed*, p. 181; polling data in Biema and Chu, "Does God Want You to Be Rich?"
40. Bowler, *Blessed*, p. 226.
41. Ibid.
42. Bowler, "Death, the Prosperity Gospel and Me."
43. Vann R. Newkirk II, "The American Health Care Act's Prosperity Gospel," *The Atlantic*, May 5, 2017.
44. Brooks quoted in Newkirk, ibid., and in Jonathan Chait, "Republican Blurts Out That Sick People Don't Deserve Affordable Care," *New York*, May 1, 2017.
45. John Mackey, "The Whole Foods Alternative to ObamaCare," *The Wall Street Journal*, August 11, 2009. See also Chait, ibid.
46. Mackey, Ibid.
47. Hillary Clinton, "Address Accepting the Presidential Nomination at the Democratic Convention in Philadelphia, Pennsylvania," July 28, 2016, at presidency.ucsb.edu/documents/address-accepting-the-presidential-nomination-the-democratic-national-convention.
48. President Dwight D. Eisenhower, "Address at the New England 'Forward to '54' Dinner," Boston, Massachusetts, September 21, 1953, at presidency.ucsb.edu/documents/address-the-new-england-forward-54-dinner-boston–Massachusetts.
49. John Pitney, "The Tocqueville Fraud," *The Weekly Standard*, November 12, 1995, at weeklystandard.com/john-j-pitney/the-tocqueville–frau.
50. 算上这句话的变体，杰拉尔德 · R. 福特在担任总统期间用了 6 次，罗纳德 · 里根用了 10 次，老布什用了 6 次。使用率是根据美国总统项目的可搜索文件档案计算得出的。University of California, Santa Barbara, at presidency.ucsb.edu/advanced–search.
51. President Ronald Reagan, "Remarks at the Annual Convention of the National Association of Evangelicals in Columbus, Ohio," March 6, 1984, at presidency.

ucsb.edu/documents/remarks-the-annual-convention-the-national-association-evangelicals-columbus-ohio.

52. 使用率是根据美国总统项目的可搜索文件档案计算得出的。University of California, Santa Barbara, at presidency.ucsb.edu/advanced-search. 该档案包括所有总统演讲和言论，以及一些不是在任总统的总统候选人的竞选演讲。一项档案搜索显示，约翰·克里在 2004 年竞选期间至少使用了 1 次这个短语，希拉里·克林顿在 2016 年竞选期间至少使用了 7 次。
53. Yascha Mounk, *The Age of Responsibility: Luck, Choice, and the Welfare State* (Cambridge, MA: Harvard University Press, 2017).
54. 第一位使用这个短语的总统是罗纳德·里根，他是在 1988 年谈到与加拿大的自由贸易协定时说的，见 presidency.ucsb.edu/documents/remarks-the-american-coalition-for-trade-expansion-with-canada。但几个月后，在美国企业研究所的一次演讲中，他批评“历史正确的一边”是那些在 20 世纪 70 年代想要接受苏联统治东欧的人所使用的“令人不快的马克思主义短语”，见 presidency.ucsb.edu/documents/remarks-the-american-enterprise-institute-for-public-policy-research。See generally Jay Nordlinger, “The Right Side of History,” *National Review*, March 31, 2011, and David A. Graham, “The Wrong Side of ‘the Right Side of History,’” *The Atlantic*, December 21, 2015.
55. President George W. Bush, “Remarks to Military Personnel at Fort Hood, Texas,” April 12, 2005, at presidency.ucsb.edu/documents/remarks-military-personnel-fort-hood-texas. Vice President Richard B. Cheney, “Vice President’s Remarks at a Rally for Expeditionary Strike Group One,” May 23, 2006, at presidency.ucsb.edu/documents/vice-presidents-remarks-rally-for-expeditionary-strike-group-one.
56. 使用率是根据美国总统项目的可搜索文件档案计算得出的。University of California, Santa Barbara, at presidency.ucsb.edu/advanced-search.
57. President Barack Obama, “Commencement Address at the United States Military Academy in West Point, New York,” May 22, 2010, at presidency.ucsb.edu/documents/commencement-address-the-united-states-military-academy-west-point-new-york-2; Obama, “Commencement Address at the United States Air Force Academy in Colorado Springs, Colorado,” June 2, 2016, at presidency.ucsb.edu/documents/commencement-address-the-united-states-air-force-academy-colorado-springs-colorado-1.
58. President William J. Clinton, “Interview with Larry King,” January 20, 1994, at presidency.ucsb.edu/documents/interview-with-larry-king-1; President Barack Obama, “Inaugural Address,” January 20, 2009, at presidency.ucsb.edu/documents/inaugural-address-5.
59. President Barack Obama, “The President’s News Conference,” June 23, 2009, at presidencyx.ucsb.edu/documents/the-presidents-news-conference-1122; Obama, “The President’s News Conference,” March 11, 2011, at presidency.ucsb.edu/

documents/the-presidents-news-conference-1112; Obama, "The President's News Conference," February 15, 2011, at presidency.ucsb.edu/documents/the-presidents-news-conferencex-1113.

60. 使用率是根据美国总统项目的可搜索文件档案计算得出的。University of California, Santa Barbara, at presidency.ucsb.edu/advanced-search. On the rug, see Chris Hayes, "The Idea That the Moral Universe Inherently Bends Toward Justice Is Inspiring. It's Also Wrong." At nbcnews.com/think/opinion/idea-moral-universe-inherently-bends-towards-justice-inspiring-it-s-ncna859661, and David A. Graham, "The Wrong Side of 'the Right Side of History.'"

61. Theodore Parker, *Ten Sermons of Religion*, 2nd ed. (Boston: Little, Brown and Company, 1855), pp. 84–85.

62. Google books Ngram at <iframe name="ngram_chart"src="https://books.google.com/ngrams/interactive_chart?content=right+side+of+history&year_start=1980&year_end=2010&corpus=15&smoothing=3&share=x&direct_url=xt1%3B%2Cright%20side%20of%20history%3B%2Cc0" width=900 height=500 marginwidth=0 marginheight=0 hspace=0 vspace=0 frameborder=0 scrolling=no></iframe>.

63. President William J. Clinton, "Media Roundtable Interview on NAFTA," November 12, 1993, at presidency.ucsb.edu/documents/media-roundtable-interview-nafta; Clinton, "Remarks to the People of Germany in Berlin," May 13, 1998, at presidency.ucsb.edu/documents/remarks-the-people-germany-berlin.

64. President William J. Clinton, "Remarks at a Campaign Concert for Senator John F. Kerry in Boston," September 28, 1996, at presidency.ucsb.edu/documents/remarks-campaign-concert-for-senator-john-f-kerry-boston; President Barack Obama, "Remarks at a Democratic National Committee Reception in San Jose, California," May 8, 2014, at presidency.ucsb.edu/documents/remarks-democratic-national-committee-reception-san-jose-california; Obama, "Remarks on Signing an Executive Order on Lesbian, Gay, Bisexual, and Transgender Employment Discrimination," July 21, 2014, at presidency. ucsb.edu/documents/remarks-signing-executive-order-lesbian-gay-bisexual-and-transgender-employment; William J. Clinton, "Address at the Democratic National Convention in Denver, Colorado" , August 27, 2008, at presidency.ucsb.edu/documents/address-the-democratic-national-convention-denver-colorado.

65. President Barack Obama, "Remarks at a Reception Celebrating Lesbian, Gay, Bisexual, and Transgender Pride Month," June 13, 2013, at presidency.ucsb.edu/documents/remarks-reception-celebrating-lesbian-gay-bisexual-and-transgender-

pride-month.

66. President Barack Obama, "Remarks at an Obama Victory Fund 2012 Fundraiser in Beverly Hills, California," June 6, 2012, at presidency.ucsb.edu/documents/remarks-obama-victory-fund-2012-fundraiser-beverly-hills-california.
67. Eric Westervelt, "Greatness Is Not a Given: 'America The Beautiful' Asks How We Can Do Better," National Public Radio, April 4, 2019, at npr.org/2019/04/04/709531017/america-the-beautiful-american-anthem.
68. Katharine Lee Bates, *America the Beautiful and Other Poems* (New York: Thomas Y. Crowell Co., 1911), pp. 3–4.
69. Mark Krikorian, "God Shed His Grace on Thee," *National Review*, July 6, 2011.
70. A video of Ray Charles's performance of "America the Beautiful" at the 2001 World Series is available at youtube.com/watch?v=HIHMQEegpFs.

### 3 阶层跃升的话语

1. Evan Osnos, *Age of Ambition: Chasing Fortune, Truth, and Faith in the New China* (New York: Farrar, Straus and Giroux, 2014), pp. 308–10.
2. 作为总统，比尔·克林顿用过此短语 21 次。例如“我们有很大的责任来确保没有一个孩子被剥夺了这个机会，因为他们碰巧是穷人，或者他们碰巧出生在一个没有很多经济机会的地区，或者他们碰巧是少数族裔的一员，或者因为我们没有人可以帮助他们而被抛在后面。因为我们没有一个可以浪费的人。这是一个高度竞争的世界，它依靠人的力量运行，我们需要我们所能得到的全部人。” William J. Clinton, "Remarks in San Jose, California," August 7, 1996, the American Presidency Project, presidency.ucsb.edu/node/223422.
3. Yascha Mounk, *The Age of Responsibility: Luck, Choice, and the Welfare State* (Cambridge, MA: Harvard University Press, 2017), and Jacob S. Hacker, *The Great Risk Shift* (New York: Oxford University Press, 2006).
4. Ronald Reagan, "Address Before a Joint Session of Congress on the State of the Union," January 27, 1987, the American Presidency Project, presidency.ucsb.edu/node/252758.
5. 柯立芝、胡佛和罗斯福都用过这个短语，在美国总统项目中可以查到：presidency.ucsb.edu/advanced-search。
6. 作为总统，里根用过 26 次“不是他们自己的错”这句话，克林顿用了 72 次，奥巴马用了 56 次。作者用美国总统项目的可搜索档案做的计算：presidency.ucsb.edu/advanced-search.
7. William J. Clinton, "Inaugural Address," January 20, 1993, the American Presidency Project, presidency.ucsb.edu/node/219347.
8. William J. Clinton, "Address Before a Joint Session of the Congress on the State of

the Union," January 24, 1995, the American Presidency Project, presidency.ucsb.edu/node/221902.

9. William J. Clinton, "Remarks on Arrival at McClellan Air Force Base, Sacramento, California," April 7, 1995, the American Presidency Project, presidency.ucsb.edu/node/220655.
10. William J. Clinton, "Statement on Signing the Personal Responsibility and Work Opportunity Reconciliation Act of 1996," August 22, 1996, at the American Presidency Project, presidency.ucsb.edu/node/222686.
11. Tony Blair, *New Britain: My Vision of a Young Country* (London: Fourth Estate, 1996), pp. 19, 173. See also pp. 273, 292.
12. Gerhard Schröder, December 31, 2002, quoted in Yascha Mounk, *The Age of Responsibility: Luck, Choice, and the Welfare State* (Cambridge, MA: Harvard University Press, 2017), pp. 220–21. Translated by Mounk. See also pp. 1–6.
13. Mounk, Ibid., quote at p. 30; see generally pp. 28–37.
14. Ronald Reagan, "Remarks at a White House Briefing for Black Administration Appointees," June 25, 1984, the American Presidency Project, presidency.ucsb.edu/node/260916; Ronald Reagan, "Radio Address to the Nation on Tax Reform," May 25, 1985, the American Presidency Project, presidency.ucsb.edu/node/259932.
15. William J. Clinton, "Remarks to the Democratic Leadership Council," December 3, 1993, the American Presidency Project, presidency.ucsb.edu/node/218963; 奥巴马在他的总统任期内用了 50 次，里根 15 次，克林顿 14 次，小布什 3 次，老布什 2 次，福特 1 次，尼克松 1 次。这句话出现在尼克松的三份书面声明和林登·约翰逊的两份书面声明中，而在约翰逊之前的任何一位美国总统的口头或书面声明中都没有出现过。作者用可搜索的总统演讲档案计算出的频率：presidency.ucsb.ed/advanced-search。
16. Barack Obama, "Remarks at the White House College Opportunity Summit," December 4, 2014, the American Presidency Project, presidency.ucsb.edu/node/308043.
17. Barack Obama, "Remarks at a Campaign Rally in Austin, Texas," July 17, 2012, the American Presidency Project, presidency.ucsb.edu/node/301979.
18. Google Ngram search at books.google.com/ngrams/graph?content=you+deserve&year_start=1970&year_end=2008&corpus=15&smoothing=3&share=&direct_url= t1%3B%2Cyou%20deserve%3B%2Cc0. 根据《纽约时报》可搜索的线上档案，"你值得拥有"在 1981 年出现了 14 次，在 2018 年出现了 69 次。档案还显示了该数据每十年的稳步增长趋势，从 20 世纪 70 年代的 111 次增加到 20 世纪 80 年代的 175 次、20 世纪 90 年代的 228 次、21 世纪头十年的 480 次和 2010 年至 2019 年 7 月 31 日的 475 次。
19. John Lofflin, "What's New in Subliminal Messages: 'I Deserve to Succeed. I Deserve to Reach My Goals. I Deserve to Be Rich,'" *The New York Times*, March 20, 1988,

nytimes.com/1988/03/20/business/what-s-new-subliminal-messages-deserve-succeed-deserve-reach-my-goals-deserve-be.html?searchResultPosition = 1; David Tanis, "You Deserve More Succulent Chicken," *The New York Times*, March 29, 2019, nytimes.com/2019/03/29/dining/chicken-paillard-recipe.html?searchResultPosition=1.

20. 参见第 3 章弗里德里希 · 哈耶克、约翰 · 罗尔斯和运气平等主义者的讨论。
21. 根据美国总统项目可搜索的总统演讲档案，里根用了 31 次“你值得拥有”，而肯尼迪、约翰逊、尼克松、福特和卡特总统总共使用了 27 次，见 presidency.ucsb.edu/advanced-search。
22. Ronald Reagan, "Remarks and a Question-and-Answer Session with Members of the Commonwealth Club of California in San Francisco," March 4, 1983, the American Presidency Project, presidency.ucsb.edu/node/262792.
23. 根据美国总统项目的总统演讲可搜索档案，里根用了 31 次“你值得拥有”，克林顿用了 68 次，奥巴马用了 104 次，见 presidency.ucsb.edu/advanced-search。William J. Clinton, "Remarks to the Community in San Bernardino, California," May 20, 1994, the American Presidency Project, presidency.ucsb.edu/node/220148; Barack Obama, "Remarks at the Costco Wholesale Corporation Warehouse in Lanham, Maryland," January 29, 2014, the American Presidency Project, presidency.ucsb.edu/node/305268; Barack Obama, "Remarks at Cuyahoga Community College Western Campus in Parma, Ohio," September 8, 2010, the American Presidency Project, presidency.ucsb.edu/node/288117.
24. Theresa May, "Britain, the Great Meritocracy: Prime Minister's Speech," September 9, 2016, at gov.uk/government/speeches/britain-the-great-meritocracy-prime-ministers-speech.
25. Ibid.
26. Barack Obama, Interview with Bill Simmons of ESPN, March 1, 2012, the American Presidency Project, presidency.ucsb.edu/node/327087.
27. Hillary Clinton, "Remarks at the Frontline Outreach Center in Orlando, Florida," September 21, 2016, the American Presidency Project, presidency.ucsb.edu/node/319595; "Remarks at Eastern Market in Detroit, Michigan," November 4, 2016, the American Presidency Project, presidency.ucsb.edu/node/319839; "Remarks at Ohio State University in Columbus, Ohio," October 10, 2016, the American Presidency Project, presidency.ucsb.edu/node/319580.
28. Erin A. Cech, "Rugged Meritocratists: The Role of Overt Bias and the Meritocratic Ideology in Trump Supporters' Opposition to Social Justice Efforts," *Socius: Sociological Research for a Dynamic World* 3 (January 1, 2017), pp. 1–20, journals.sagepub.com/doi/full/10.1177/2378023117712395.

29. Ibid.
30. 在美国，收入最高的 1% 人口获得了全国收入的 20.2%，而收入最低的一半人口获得了 12.5%。 在美国，收入最高的 10% 的人获得了近一半（47%）的国民收入，而西欧为 37%，中国为 41%，巴西和印度为 55%。Thomas Piketty, Emmauel Saez, and Gabriel Zucman, "Distributional National Accounts: Methods and Estimates for the United States," *Quarterly Journal of Economics* 133, issue 2 (May 2018), p. 575, available at eml.berkeley.edu/~saez/PSZ2018QJE. pdf; Alvaredo, Chancel, Piketty, Saez, and Zucman, *World Inequality Report* 2018, pp. 3, 83–84. 美国和其他国家的收入分配数据也可以在世界财富与收入数据库网站 wid.world 中找到。
31. 在美国，1980 年以来，经济增长的大部分都流向了收入最高的 10% 的人，他们的收入增长了 121%。后半部分人口的收入几乎没有增长，他们在 2014 年的平均收入（约 1.6 万美元）与 1980 年的实际收入大致相同。处于工作年龄的男性，2014 年的收入中位数与 1964 年一样，约为 3.5 万美元。半个多世纪以来，男性工人的收入中位数一直没有增长。Piketty, Saez, and Zucman, "Distributional National Accounts," pp. 557, 578, 592–93. See also Thomas Piketty, *Capital in the Twenty-First Century* (Cambridge, MA: Harvard University Press, 2014), p. 297, 皮凯蒂在其中指出，1977—2007 年，美国最富有的 10% 的人吸收了美国整个经济增长额的四分之三。
32. 对于"只要肯努力，大多数人都能成功"这一观点，77% 的美国人同意，20% 的美国人不同意。德国人同意和不同意这一观点的比例是 51% 对 48%。在法国和日本，大多数人更认同对大多数人来说，努力工作并不是成功的保证这一说法，认同和不认同的比例分别为 54% 对 46%（法国）和 59% 对 40%（日本）。Pew Global Attitudes Project, July 12, 2012, pewresearch.org/global/2012/07/12/chapter-4-the-casualties-faith-in-hard-work-and-capitalism.
33. 73% 的美国人表示，努力工作对在生活中取得成功非常重要，而德国和法国的这一比例分别为 49% 和 25%。在韩国和日本的受访者中，这一比例分别为 34% 和 42%。Pew Research Center, Spring 2014 Global Attitudes survey, October 7, 2014, pewresearch.org/global/2014/10/09/emerging.and.developing-economies-much-more-optimistic-than-rich-countries-about-the-future/inequality-05.
34. 当人们被问及为什么有些人很富有时，43% 的人说他们工作更努力，42% 的人说他们在生活中有优势。当被问及为什么有些人贫穷时，52% 的人说是因为他们无法控制的环境，31% 的人说是因为缺乏努力。民主党人和共和党人对这些问题的回答各不相同。Amina Dunn, "Partisans Are Divided over the Fairness of the U.S. Economy—and Why People Are Rich or Poor," Pew Research Center, October 4, 2018, pewresearch.org/fact-tank/2018/10/04/partisans-are-divided-over-the-fairness-of-the-u-s-economy-and-why-people-are-rich-or-poor.
35. 当被问及生活中的成功是否在很大程度上由我们无法控制的力量决定时，74% 的韩国人、67% 的德国人和 66% 的意大利人表示同意，而美国人的这一比例仅为 40%。

Pew Research Center, Spring 2014 Global Attitudes survey, October 9, 2014, pewresearch.org/global/2014/10/09/emerging-and-developing-economies-much-more-optimistic-than-rich-countries-about-the-future.

36. Raj Chetty, David Grusky, Maximilian Hell, Nathaniel Hendren, Robert Manduca, and Jimmy Narang, "The Fading American Dream: Trends in Absolute Income Mobility Since 1940," *Science* 356 (6336), 2017, pp. 398–406, available at opportunityinsights.org/paper/the-fading-american-dream. 比较父亲和儿子的收入，这种转变更加明显：出生于 1940 年的男性有 95% 比他们的父亲赚得更多。在 1984 年出生的男性中，只有 41% 的人的收入超过父亲。
37. 根据皮尤慈善信托基金的一项研究，在出生于收入最低的 20% 的家庭的美国人中，有 4% 的人在成年后升至收入最高的 20%，30% 的人升至收入居前 60% 或前 40%，43% 的人仍停留在收入最低的 20%。"Pursuing the American Dream: Economic Mobility Across Generations," Pew Charitable Trusts, July 2012, p. 6, Figure 3, available at pewtrusts.org/~/media/legacy/uploadedfiles/wwwpewtrustsorg/reports/economic_mobility/pursuingamericandreampdf.pdf. 哈佛大学经济学家哈吉·柴提及其同事的一项研究得出结论：7.5% 出生于收入最低的 20% 的家庭的美国人升至收入最高的 20%，38% 升至收入居前 60% 或前 40%，34% 仍停留在收入最底层。Raj Chetty, Nathaniel Hendren, Patrick Kline, and Emmanuel Saez, "Where Is the Land of Opportunity? The Geography of Intergenerational Mobility in the United States," *Quarterly Journal of Economics* 129, no. 4 (2014), pp. 1553–623; available at rajchetty.com/chettyfiles/mobility_geo.pdf (mobility figures at p. 16 and Table II). 根据阿奇布里奇研究所的斯科特·温希普所做的一项研究，在出生于收入最低的 20% 的家庭的孩子中，只有 3% 的孩子能进入收入最高的 20%，只有 26% 的孩子能升至收入居前 60% 或前 40%，46% 的人仍停留在底层。Scott Winship, "Economic Mobility in America," Archbridge Institute, March 2017, p. 18, Figure 3, available at archbridgeinst.wpengine.com/wp-content/uploads/2017/04/Contemporary-levels-of-mobility-digital-version_Winship.pdf
38. Miles Corak, "Income Inequality, Equality of Opportunity, and Intergenerational Mobility," *Journal of Economic Perspectives* 27, no. 3 (Summer 2013), pp. 79–102 (see Figure 1, p. 82), online at pubs.aeaweb.org/doi/pdfplus/10.1257/jep.27.3.79; Miles Corak, "Do Poor Children Become Poor Adults? Lessons from a Cross Country Comparison of Generational Earnings Mobility," IZA Discussion Paper No. 1993, March 2006 (see Table 1, p. 42), at ftp.iza.org/dp1993.pdf; *A Broken Social Elevator? How to Promote Social Mobility* (Paris: OECD Publishing, 2018), online at doi.org/10.1787/9789264301085-en. 经济合作与发展组织的研究显示了与克拉克类似的结果，但德国除外，根据经济合作与发展组织的研究，德国的流动性低于美国。见图 4.8 中的国家比较，第 195 页。

39. Chetty et al., "Where Is the Land of Opportunity?" p. 16. See also Julia B. Isaacs, Isabel Sawhill, and Ron Haskins, *Getting Ahead or Losing Ground: Economic Mobility in America* (Economic Mobility Project: An Initiative of the Pew Charitable Trusts, 2008), at pewtrusts.org//media/legacy/uploadedfiles/wwwpewtrustsorg/reports/economic_mobility/economicmobilityinamericafullpdf.pdf. Mobility data for the U.S. and Denmark is at Figure 1, p. 40.
40. Javier C. Hernández and Quoctrung Bui, "The American Dream Is Alive. In China," *The New York Times*, November 18, 2018, nytimes.com/interactive/2018/11/18/world/asia/china-social-mobility.html.
41. Ibid.
42. Ibid. 世界银行比较中美两国代际流动性的数据来自 Ambar Narayan et al., *Fair Progress?: Economic Mobility Across Generations Around the World* (Washington, DC: World Bank, 2018), pp. 107 (Figure 3.6), 140 (Map 4.1) and 141 (Figure 4.2)。世界银行的研究报告可在网上查阅：openknowledge.worldbank.org/handle/10986/28428。经济合作与发展组织的一项研究引用的数据显示，中国的流动性比美国略低。*A Broken Social Elevator? How to Promote Social Mobility* (Paris: OECD Publishing, 2018), Figure 4.8, p. 195, at doi.org/10.1787/9789264301085-en.
43. *The Republic of Plato*, Book III, 414b–17b. Translated by Allan Bloom (New York: Basic Books, 1968), pp. 93–96.
44. Alberto Alesina, Stefanie Stantcheva, and Edoardo Teso, "Intergenerational Mobility and Preferences for Redistribution," American Economic Review 108, no. 2 (February 2018), pp. 521-54. Online at pubs.aeaweb.org/doi/pdfplus/10.1257/aer.20162015.
45. Summers quoted in Ron Suskind, *Confidence Men: Wall Street, Washington, and the Education of a President* (New York: Harper, 2011), p. 197.
46. President Barack Obama, "The President's Weekly Address," August 18, 2012; the American Presidency Project, presidency.ucsb.edu/node/302249.
47. Ibid.

## 4 文凭主义：最后可接受的偏见

1. Grace Ashford, "Michael Cohen Says Trump Told Him to Threaten Schools Not to Release Grades," *The New York Times*, February 27, 2019, nytimes.com/2019/02/27/us/politics/trump-school-grades.html; full transcript: Michael Cohen's Opening Statement to Congress, *The New York Times*, February 27, 2019, nytimes.com/2019/02/27/us/politics/cohen-documents-testimony.html?module=inline.
2. Maggie Haberman, "Trump: How'd Obama Get into Ivies?," *Politico*, April 25, 2011, politico.com/story/2011/04/trump-howd-obama-get-into-ivies-053694.

3. Nina Burleigh, "Trump Speaks at Fourth-Grade Level, Lowest of Last 15 Presidents, New Analysis Finds," *Newsweek*, January 8, 2018, newsweek.com/trump-fire-and-fury-smart-genius-obama-774169; data and methodology at blog.factba.se/2018/01/08/; Rebecca Morin, "'Idiot,' 'Dope,' 'Moron': How Trump's Aides Have Insulted the Boss," *Politico*, September 4, 2018, politico.com/story/2018/09/04/trumps-insults-idiot-woodward-806455; Valerie Strauss, "President Trump Is Smarter Than You. Just Ask Him," *The Washington Post*, February 9, 2017, washingtonpost.com/news/answer-sheet/wp/2017/02/09/president-trump-is-smarter-than-you-just-ask-him/; Andrew Restuccia, "Trump Fixates on IQ as a Measure of Worth," *Politico*, May 30, 2019, politico.com/story/2019/05/30/donald-trump-iq-intelligence-1347149; David Smith, "Trump's Tactic to Attack Black People and Women: Insult Their Intelligence," *The Guardian*, August 10, 2018, theguardian.com/us-news/2018/aug/10/trump-attacks-twitter-black-people-women.
4. Strauss, "President Trump Is Smarter Than You. Just Ask Him" ; Donald J. Trump, "Remarks at the Central Intelligence Agency in Langley, Virginia," January 21, 2017, the American Presidency Project, presidency.ucsb.edu/node/323537.
5. Trump quoted in Michael Kranish, "Trump Has Referred to His Wharton Degree as 'Super Genius Stuff,'" *The Washington Post*, July 8, 2019, washingtonpost.com/politics/trump-who-often-boasts-of-his-wharton-degree-says-he-was-admitted-to-the-hardest-school-to-get-into-the-college-official-who-reviewed-his-application-recalls-it-differently/2019/07/08/ 0a4eb414-977a-11e9-830a-21b9b36b64ad_story.html.
6. Strauss, "President Trump Is Smarter Than You. Just Ask Him."
7. Donald J. Trump, "Remarks at a 'Make America Great Again' Rally in Phoenix, Arizona," August 22, 2017, the American Presidency Project, presidency.ucsb.edu/node/331393.
8. 拜登评论视频见 youtube.com/watch?v=QWM6EuKxz5A。Trump-Biden comparison discussed in Meghan Kruger, "Who's the Smartest of Them All? Trump and Biden Both Say 'Me,'" *The Washington Post*, July 17, 2019, washingtonpost.com/opinions/whos-the-smartest-of-them-all-trump-and-biden-both-say-me/2019/07/17/30221c46-a8cb-11e9-9214-246e594de5d5_story.html.
9. James R. Dickenson, "Biden Academic Claims 'Inaccurate,'" *The Washington Post*, September 22, 1987, washingtonpost.com/archive/politics/1987/09/22/biden-academic-claims-inaccurate/932eaeed-9071-47a1-aeac-c94a51b668e1.
10. Kavanaugh hearing, transcript, *The Washington Post*, September 27, 2018, washingtonpost.com/news/national/wp/2018/09/27/kavanaugh-hearing-transcript.

11. George H. W. Bush, "Address to the Nation on the National Education Strategy," April 18, 1991, the American Presidency Project, presidency.ucsb.edu/node/266128; Blair quoted in Ewen Macaskill, "Blair's Promise: Everyone Can Be a Winner," *The Guardian*, October 2, 1996, theguardian.com/education/1996/oct/02/schools.uk.
12. William J. Clinton, "Remarks at a Democratic National Committee Dinner," May 8, 1996, the American Presidency Project, presidency.ucsb.edu/node/222520. 根据对美国总统项目在线档案的搜索，克林顿用“what you learn”（你学到了什么）或“what you can learn”（你能学到什么）类似的短语 32 次，presidency.ucsb.edu/advanced-search。约翰·麦凯恩颠倒了克林顿的对句：“In the global economy, what you learn is what you earn.”（在全球经济中，你学到了什么，你就赚到了什么。）For example, McCain, "Address at Epis-copal High School in Alexandria, Virginia," April 1, 2008, the American Presidency Project, presidency.ucsb.edu/node/277705.
13. Barack Obama, "Remarks at Pathways in Technology Early College High School in New York City," October 25, 2013, the American Presidency Project, presidency.ucsb.edu/node/305195.
14. Ibid.
15. Ibid.
16. Christopher Hayes, *The Twilight of the Elites: America After Meritocracy* (New York: Crown Publishers, 2012), p. 48.
17. Ibid.
18. Thomas Frank, *Listen, Liberal—or What Ever Happened to the Party of the People?* (New York: Metropolitan Books, 2016), pp. 34–35.
19. Ibid., pp. 72–73. 关于 1979 年以来生产率和工资之间差异的数据，参见“Productivity-Pay Gap," Economic Policy Institute, July 2019, epi.org/productivity-pay-gap。
20. 2018 年，年龄在 25 岁及以上的美国人中，有 35% 的人完成了四年大学学业，这一比例高于 1999 年的 25% 和 1988 年的 20%。United States Census Bureau, CPS Historical Time Series Tables, 2018, Table A- 2, census.gov/data/tables/time-series/demo/educational-attainment/cps-historical-time-series.html.
21. Jonathan Alter, *The Promise: President Obama, Year One* (New York: Simon and Schuster, 2010), p. 64.
22. Ibid.
23. Patrick J. Egan, "Ashton Carter and the Astoundingly Elite Educational Credentials of Obama's Cabinet Appointees," *The Washington Post*, December 5,2014, washingtonpost.com/news /monkey-cage/wp/2014/12/05/ashton-carter-and-the-astoundingly-elite-educational-credentials-of-obamas-cabinet-appointees. Cited in Frank, Listen, Liberal, p. 164.
24. David Halberstam, *The Best and the Brightest* (New York: Random House, 1969).

25. Alter, *The Promise*, p. 63.
26. Frank, *Listen, Liberal*, p. 40.
27. Ibid., pp. 165–66.
28. Ibid., p. 166; Neil Barofsky, *Bailout: An Inside Account of How Washington Abandoned Main Street While Rescuing Wall Street* (New York: Free Press, 2012).
29. Barofsky, *Bailout*, p. 139.
30. 作者在美国总统项目中使用总统演讲在线档案进行搜索：presidency.ucsb.edu/advanced-search。
31. 在 Google Ngram 中搜索图书词频 books.google.com/ngrams。在《纽约时报》上，“smart”一词在 1980 年出现了 620 次，在 2000 年出现了 2 672 次。在 nytimes.com/search?query=smart 按年份搜索该词。
32. William J. Clinton, "The President's Radio Address," August 19, 2000, the American Presidency Project, presidency.ucsb.edu/node/218332; "Remarks on Proposed Medicare Prescription Drug Benefit Legislation and an Exchange with Reporters," June 14, 2000, the American Presidency Project, presidency.ucsb.edu/node/226899; "The President's Radio Address," September 2, 2000, the American Presidency Project, presidency.ucsb.edu/node/218133.
33. Barack Obama, "Statement on International Women's Day," March 8, 2013, the American Presidency Project, presidency.ucsb.edu/node/303937; "Remarks to the United Nations General Assembly in New York City," September 20, 2016, the American Presidency Project, presidency.ucsb.edu/node/318949; "Remarks on Immigration Reform," October 24, 2013, the American Presidency Project, presidency.ucsb.edu/node/305189; "Remarks at Forsyth Technical Community College in Winston-Salem, North Carolina," December 6, 2010, the American Presidency Project, presidency.ucsb.edu/node/288963.
34. Hillary Clinton quoted in "Press Release—President Obama Announces Key State Department Appointments," March 6, 2009, the American Presidency Project, presidency.ucsb.edu/node/322243.
35. Transcript of Obama's 2002 speech at npr.org/templates/story/story.php?storyId=99591469.
36. Obama quoted in David Rothkopf, Foreign Policy, June 4, 2014, foreignpolicy.com/2014/06/04/obamas-dont-do-stupid-shit-foreign-policy.
37. Barack Obama, "Remarks at Newport News Shipbuilding in Newport News, Virginia," February 26, 2013, the American Presidency Project, presidency.ucsb.edu/node/303848; "The President's News Conference," March 1, 2013, the American Presidency Project, presidency.ucsb.edu/node/303955.
38. Barack Obama, "The President's News Conference," March 1, 2013

39. Toon Kuppens, Russell Spears, Antony S. R. Manstead, Bram Spruyt, and Matthew J. East-erbrook, "Educationism and the Irony of Meritocracy: Negative Attitudes of Higher Educated People Towards the Less Educated," *Journal of Experimental Social Psychology*76 (May 2018), pp. 429–47.
40. Ibid., pp. 441–42.
41. Ibid., pp. 437, 444.
42. Ibid., pp. 438–39, 441–43.
43. Ibid., p. 444.
44. Ibid., pp. 441, 445.
45. Jennifer E. Manning, "Membership of the 116th Congress: A Profile," Congressional Research Service, June 7, 2019, p. 5, crsreports.congress.gov/product/pdf/R/R45583; A. W. Geiger, Kristen Bialik, and John Gramlich, "The Changing Face of Congress in 6 Charts," Pew Research Center, February 15, 2019, pewresearch.org/fact-tank/2019/02/15/the-changing-face-of-congress.
46. Nicholas Carnes, *The Cash Ceiling: Why Only the Rich Run for Office—and What We Can Do About It* (Princeton, NJ: Princeton University Press, 2018), pp. 5–6.
47. Data on MPs is from Rebecca Montacute and Tim Carr, "Parliamentary Privilege—the MPs in 2017," Research Brief, the Sutton Trust, June 2017, pp. 1–3, suttontrust.com/research-paper/parliamentary-privilege-the-mps-2017-education-background. See also Lukas Audickas and Richard Cracknell, "Social Background of MPs 1979–2017," House of Commons Library, November 12, 2018, researchbriefings.parliament.uk/ResearchBriefing/Summary/CBP-7483#fullreport，其中拥有大学文凭的议员比例略低（82%）。普通人群（70% 没有大学文凭）的数据来自 Bagehot, "People Without Degrees Are the Most Underrepresented Group," *The Economist*, May 12, 2018。
48. Ibid., "Social Background of MPs 1979–2017," House of Commons Library, pp. 11–12; Ashley Cowburn, "Long Read: How Political Parties Lost the Working Class," *New Statesman*, June 2, 2017, newstatesman.com/2017/06/long-read-how-political-parties-lost-working-class; Oliver Heath, "Policy Alienation, Social Alienation and Working-Class Abstention in Britain, 1964–2010," *British Journal of Political Science* 48, issue 4 (October 2018), p. 1063, doi.org/10.1017/S0007123416000272.
49. Mark Bovens and Anchrit Wille, *Diploma Democracy: The Rise of Political Meritocracy* (Oxford: Oxford University Press, 2017), pp. 1–2, 5.
50. Ibid., pp. 112–16, 120; Conor Dillon, "Tempting PhDs Lead Politicians into Plagiarism," *DW*, February 13, 2013, p.dw.com/p/17dJu.
51. Bovens and Wille, *Diploma Democracy*, pp. 113–16.
52. Ibid.
53. Jackie Bischof, "The Best US Presidents, as Ranked by Presidential Historians,"

*Quartz*, February 19, 2017, qz.com/914825/presidents-day-the-best-us-presidents-in-history-as-ranked-by-presidential-historians/; Brandon Rottinghaus and Justin S. Vaughn, "How Does Trump Stack Up Against the Best—and Worst—Presidents?," *The New York Times*, February 19, 2018, nytimes.com/interactive/2018/02/19/opinion/how-does-trump-stack-up-against-the-best-and-worst-presidents.html.

54. Binyamin Appelbaum, *The Economists' Hour: False Prophets, Free Markets, and the Fracture of Society* (New York: Little, Brown and Company, 2019), pp. 3–18.
55. Frank, *Listen, Liberal*, p. 39.
56. 关于上私立学校（7%）和上牛津大学或剑桥大学（1%）的普通人口比例的数据来自 *Elitist Britain 2019: The Educational Backgrounds of Britain's Leading People* (The Sutton Trust and Social Mobility Commission, 2019), p. 4, suttontrust.com/wp-content/uploads/2019/06/Elitist-Britain-2019.pdf; 鲍里斯·约翰逊内阁的数据和内阁成员上私立学校的比例来自 Rebecca Montacute and Ruby Nightingale, Sutton Trust Cabinet Analysis 2019, suttontrust.com/research-paper/sutton-trust-cabinet-analysis-2019。
57. Sutton Trust Cabinet Analysis 2019; Adam Gopnik, "Never Mind Churchill, Clement Attlee Is a Model for These Times," *The New Yorker*, January 2, 2018, newyorker.com/news/daily-comment/never-mind-churchill-clement-attlee-is-a-model-for-these-times.
58. Gopnik, "Never Mind Churchill, Clement Attlee Is a Model for These Times"; 关于对贝文和莫里森的工人阶级背景的讨论，参见 Michael Young, "Down with Meritocracy," *The Guardian*, June 28, 2001, theguardian.com/politics/2001/jun/29/comment。有关贝文的背景，参见 BBC, "Aneurin Bevan (1897–1960)," bbc.co.uk/history/historic_figures/bevan_aneurin.shtml。对艾德礼政府的评估来自 BBC, "Clement Attlee (1883–1967)," bbc.co.uk/history/historic_figures/attlee_clement.shtml, and John Bew, *Clement Attlee: The Man Who Made Modern Britain* (New York: Oxford University Press, 2017), quoted in Gopnik.
59. 关于特朗普在未上大学白人选民中获取选票的比例，见 2016 exit polls, CNN, cnn.com/election/2016/results/exit-polls; 关于希拉里在高级学位持有者中获得的选票份额，来自 Thomas Piketty, "Brahmin Left vs. Merchant Right: Rising Inequality & the Changing Structure of Political Conflict," WID.world Working Paper Series, March 2018, piketty.pse.ens.fr/files/Piketty2018. pdf, Figure 3.3b; 关于教育与收入，见 Nate Silver, "Education, Not Income, Predicted Who Would Vote for Trump," November 22, 2016, FiveThirtyEight.com, fivethirtyeight.com/features/education-not-income-predicted-who-would-vote-for-trump。
60. Silver, "Education, Not Income, Predicted Who Would Vote for Trump." Trump quoted in Susan Page, "Trump Does the Impossible—Again," USA Today, February 25, 2016, usatoday.com/story/news/politics/elections/2016/02/24/

analysis-donald-trump-does-impossible-again/80843932.

61. Thomas Piketty, "Brahmin Left vs. Merchant Right: Rising Inequality & the Changing Structure of Political Conflict."
62. Ibid., Figures 1.2c and 1.2d.
63. Ibid., p. 3; 2018 exit polls, CNN, cnn.com/election/2018/exit-polls.
64. 2018 exit polls, CNN, cnn.com/election/2018/exit-polls; Aaron Zitner and Anthony DeBarros, "The New Divide in Politics: Education," *The Wall Street Journal*, November 10, 2018, wsj.com/articles/midterm-results-point-to-a-new-divide-in-politics-education-1541865601.
65. Oliver Heath, "Policy Alienation, Social Alienation and Working-Class Abstention in Britain, 1964–2010," p. 1064, Figure 4; Oliver Heath, "Has the Rise of Middle Class Politicians Led to the Decline of Class Voting in Britain?," February 12, 2015, LSE blogs, blogs.lse.ac.uk/politicsandpolicy/the-rise-of-middle-class-politicians-and-the-decline-of-class-voting-in-britain.
66. "People Without Degrees Are the Most Under-represented Group," *The Economist*, May 12, 2018, economist.com/britain/2018/05/12/people-without-degrees-are-the-most-under-represented-group; Matthew Goodwin and Oliver Heath, "Brexit Vote Explained: Poverty, Low Skills and Lack of Opportunities," Joseph Rowntree Foundation, August 31, 2016, jrf.org.uk/report/brexit-vote-explained-poverty-low-skills-and-lack-opportunities.
67. Goodwin and Heath, "Brexit Vote Explained: Poverty, Low Skills and Lack of Opportunities."
68. Thomas Piketty, "Brahmin Left vs. Merchant Right: Rising Inequality & the Changing Structure of Political Conflict," pp. 13, Figures 2.3a–2.3e.
69. Ibid., pp. 2, 61.
70. Jérôme Fourquet, "Qui sont les Français qui soutiennent Emmanuel Macron?," *Slate*, February 7, 2017, slate.fr/story/136919/francais-marchent-macron.
71. Pascal-Emmanuel Gobry, "The Failure of the French Elite," *The Wall Street Journal*, February 22, 2019. See also Christopher Caldwell, "The People's Emergency," *The New Republic*, April 22, 2019, newrepublic.com/article/153507/france-yellow-vests-uprising-emmanuel-macron-technocratic-insiders.
72. Kim Parker, "The Growing Partisan Divide in Views of Higher Education," Pew Research Center, August 19, 2019, pewsocialtrends.org/essay/the-growing-partisan-divide-in-views-of-higher-education.
73. Obama quoted in Adam J. White, "Google. gov," *The New Atlantis*, Spring 2018, p. 15, the newatlantis.com/publications/googlegov. 奥巴马总统在谷歌公司的讲话视频，见 youtube.com/watch?v=m4yVIPqeZwo&feature=youtu.be&t=1h1m42s。

74. Ibid., 也可见 Steven Levy, *In the Plex: How Google Thinks, Works, and Shapes Our Lives* (New York: Simon & Schuster, 2011), p. 317。
75. 作者使用了美国总统项目的在线档案，搜索奥巴马使用“cost curve”一词的情况：presidency.ucsb.edu/advanced-search。
76. 作者使用了美国总统项目的在线档案，搜索奥巴马使用“incentivize”一词的情况：presidency.ucsb.edu/advanced-search。
77. 作者使用了美国总统项目的在线档案，搜索奥巴马使用“smart”一词的情况：presidency.ucsb.edu/advanced-search。
78. Henry Mance, “Britain Has Had Enough of Experts, says Gove,” June 3, 2016, *Financial Times*, ft.com/content/3be49734-29cb-11e6-83e4-abc22d5d108c.
79. Peter Baker, “From Obama and Baker, a Lament for a Lost Consensus,” *The New York Times*, November 28, 2018, nytimes.com/2018/11/28/us/politics/obama-baker-consensus.html.
80. Quotes from Obama speaking at MIT's Sloan Sports Analytics Conference on February 23, 2018. 尽管这次会议是非公开的，但奥巴马讲话的录音被发布在极端自由主义杂志《理性》的网站上：reason.com/2018/02/26/barack-obama-mit-sloan-sports。
81. Obama quoted in Baker, “From Obama and Baker, a Lament for a Lost Consensus.” 准确的引用来自 2018 年 11 月 27 日奥巴马总统在莱斯大学的 C-SPAN 视频，见 c-span.org/video/?455056-1/president-obama-secretary-state-james-baker-discuss-bipartisanship。
82. Hillary Clinton, “Address Accepting the Presidential Nomination at the Democratic National Convention in Philadelphia, Pennsylvania,” July 28, 2016, the American Presidency Project, presidency.ucsb.edu/node/317862; Barack Obama, “Remarks to the Illinois General Assembly in Springfield, Illinois,” February 10, 2016, the American Presidency Project, presidency.ucsb.edu/node/312502; Katie M. Palmer, “Cool Catchphrase, Hillary, but Science Isn't about Belief,” *Wired*, July 29, 2016, wired.com/2016/07/cool-catchphrase-hillary-science-isnt-belief.
83. 奥巴马在不同场合引用了莫伊尼汉的话，包括在 Barack Obama, *The Audacity of Hope: Thoughts on Reclaiming the American Dream* (New York: Three Rivers Press, 2006) 中；在 2007 年谷歌公司的竞选活动中（见 Adam J. White, “Google.gov,” *The New Atlantis*, Spring 2018, p. 16）；在 2018 年麻省理工学院的演讲中，当时他补充了他观察到莫伊尼汉聪明的说法，见 reason.com/2018/02/26/barack-obama-mit-sloan-sports。
84. Frank Newport and Andrew Dugan, “College-Educated Republicans Most Skeptical of Global Warming,” Gallup, March 26, 2015, news.gallup.com/poll/182159/college-educated-republicans-skeptical-global-warming.aspx. 2018 年，有 69% 的共和党人认为全球变暖被夸大了，而只有 4% 的民主党人这样认为。89% 的民主党人认为全球变暖是由人类活动造成的，这样认为的共和党人占 35%。Megan Brenan and Lydia Saad, “Global

Warming Concern Steady Despite Some Partisan Shifts," Gallup, March 28, 2018, news.gallup.com/poll/231530/global-warming-concern-steady-despite-partisan-shifts.aspx.

85. Ibid.
86. Caitlin Drummond and Baruch Fischhoff, "Individuals with Greater Science Literacy and Education Have More Polarized Beliefs on Controversial Science Topics," *Proceedings of the National Academy of Sciences* 114, no. 36 (September 5, 2017), pp. 9587–92, doi.org/10.1073/pnas.1704882114.
87. Obama quoted in Robby Soave, "5 Things Barack Obama Said in His Weirdly Off-the-Record MIT Speech," February 27, 2018, *Reason*, at reason.com/2018/02/26/barack-obama-mit-sloan-sports, 其中还包括演讲的音频记录。
88. Ibid.
89. Encyclical Letter Laudato Si' of the Holy Father Francis, "On Care for Our Common Home," May 24, 2015, paragraph 22, w2.vatican.va/content/dam/francesco/pdf/encyclicals/documents/papa-francesco_20150524_enciclica-laudato-si_en.pdf.

## 5 成功伦理学

1. 此类不平等正是当今美国普遍存在的现象。收入分配数据来自 Thomas Piketty, Emmanuel Saez, and Gabriel Zucman, "Distributional National Accounts: Methods and Estimates for the United States," *Quarterly Journal of Economics* 133, issue 2 (May 2018), p. 575。财富的分配更是不平等。大部分财富（77%）由前 10% 的人持有，前 1% 的人的财富现在远远超过了底层 90% 人口的财富总和。见 Alvardo et al., eds., *World Inequality Report* 2018, p. 237。世界财富与收入数据库是很有价值的在线资源，提供美国和其他国家的最新信息：wid.world。
2. Piketty, Saez, and Zucman, "Distributional National Accounts," p. 575.
3. Michael Young, *The Rise of the Meritocracy* (Harmondsworth, UK: Penguin Books, 1958).
4. Ibid., p. 104.
5. Ibid., pp. 104–5.
6. Ibid., p. 105.
7. Ibid., p. 106.
8. Ibid.
9. Ibid., pp. 106–7.
10. Ibid., p. 107.
11. Amy Chozick, "Hillary Clinton Calls Many Trump Backers 'Deplorables,' and G.O.P. Pounces," *The New York Times*, September 10, 2016, nytimes.com/2016/09/11/us/politics/hillary-clinton-basket-of-deplorables.html.

12. Young, *The Rise of the Meritocracy*, pp. 108–9.
13. Piketty, Saez, and Zucman, "Distributional National Accounts," p. 575.
14. 越来越多的文献记载了精英统治特权的巩固，包括 Matthew Stewart, "The Birth of a New American Aristocracy," *The Atlantic*, June 2018, pp. 48–63; "An Hereditary Meritocracy," *The Economist, January* 22, 2015; Richard V. Reeves, *Dream Hoarders* (Washington, DC: Brookings Institution Press, 2017); Robert D. Putnam, *Our Kids: The American Dream in Crisis* (New York: Simon & Schuster, 2015); Samuel Bowles, Herbert Gintis, and Melissa Osborne Groves, eds., *Unequal Chances: Family Background and Economic Success* (Princeton, NJ: Princeton University Press, 2005); Stephen J. McNamee and Robert K. Miller, Jr., *The Meritocracy Myth* (Lanham, MD: Rowman & Littlefield, 3rd ed., 2014)。
15. 对掰手腕运动员和其他小众体育项目的运动员来说，收视率和财务前景似乎正在改善。Paul Newberry, "Arm Wrestling Looks to Climb Beyond Barroom Bragging Rights," Associated Press, September 6, 2018, available at apnews.com/842425dc6ed44c6886f9b3aedaac9141; Kevin Draper, "The Era of Streaming Niche Sports Dawns," *The New York Times*, July 17, 2018.
16. Justin Palmer, "Blake Trains Harder Than Me, but Won't Take 200 Title: Bolt," Reuters, November 12, 2011, available at reuters.com/article/us-athletics-bolt/blake-works-harder-than-me-but-wont-take-200-title-bolt-idUSTRE7AB0DE20111112; Allan Massie, "Can a Beast Ever Prevail Against a Bolt?," *The Telegraph*, August 6, 2012, available at telegraph. co.uk/sport/olympics/athletics/9455910/Can-a-Beast-ever-prevail-against-a-Bolt.html.
17. 这一段来自本人著作 *The Case Against Perfection: Ethics in the Age of Genetic Engineering* (Cambridge, MA: Harvard University Press, 2007), pp. 28–29。
18. "Global Attitudes Project," Pew Research Center, July 12, 2012: pewglobal.org/2012/07/12/chapter-4-the-casualties-faith-in-hard-work-and-capitalism.
19. Friedrich A. Hayek, *The Constitution of Liberty* (Chicago: University of Chicago Press, 1960), pp. 92–93.
20. Ibid., pp. 85–102.
21. Ibid., p. 93.
22. Ibid., p. 94.
23. John Rawls, *A Theory of Justice* (Cambridge, MA: Harvard University Press, 1971).
24. Ibid., pp. 73–74.
25. Ibid., p. 75.
26. Kurt Vonnegut, Jr., "Harrison Bergeron" (1961) in Vonnegut, *Welcome to the Monkey House*(New York: Dell Publishing, 1998). See discussion in Michael J. Sandel, *Justice: What's the Right Thing to Do?* (New York: Farrar, Straus and Giroux, 2009),

pp. 155–56.

27. Rawls, *A Theory of Justice*, p. 102.
28. Ibid., pp. 101–2.
29. Ibid., p. 104.
30. 对本主张的详细说明，见Michael J. Sandel, *Liberalism and the Limits of Justice* (Cambridge: Cambridge University Press, 1982), pp. 96–103, 147–54.
31. "Remarks by the President at a Campaign Event in Roanoke, Virginia," July 13, 2012: obamawhitehouse.archives.gov/the-press-office/2012/07/13/remarks-president-campaign-event-roanoke-virginia.
32. Ibid.
33. 本观点的另一个例子，可参见 T. M. Scanlon, *Why Does Inequality Matter?* (Oxford: Oxford University Press, 2018), pp. 117–32。
34. Hayek, *The Constitution of Liberty*, pp. 94, 97.
35. Rawls, *A Theory of Justice*, pp. 310–11; Hayek, *The Constitution of Liberty*, p. 94.
36. 关于道德应得性这一概念的地位，自由主义哲学与大众观念之间存在差异，有学者进行了很有意思的讨论，参见 Samuel Scheffler, "Responsibility, Reactive Attitudes, and Liberalism in Philosophy and Politics," *Philosophy & Public Affairs* 21, no. 4 (Autumn 1992), pp. 299–323.
37. Hayek, *The Constitution of Liberty*, p. 98.
38. C. A. R. Crosland, *The Future of Socialism* (London: Jonathan Cape, 1956), p. 235, 转引自 Hayek, *The Constitution of Liberty*, p. 440。
39. N. Gregory Mankiw, "Spreading the Wealth Around: Reflections Inspired by Joe the Plumber," *Eastern Economic Journal* 36 (2010), p. 295.
40. Ibid.
41. Frank Hyneman Knight, *The Ethics of Competition* (New Brunswick, NJ: Transaction Publishers, 1997), p. 46. 该卷重印了奈特的文章 "The Ethics of Competition"，该文最早出现在 *The Quarterly Journal of Economics* xxxvii (1923), pp. 579–624。关于奈特的一般情况，请参见 Richard Boyd 在 Transaction 出版社版本上的介绍。
42. 有关罗尔斯借鉴了奈特思想的说明很有价值，见 Andrew Lister, "Markets, Desert, and Reciprocity," *Politics, Philosophy & Economics* 16 (2017), pp. 47–69。
43. Ibid., pp. 48–49.
44. Ibid., p. 34.
45. Ibid., p. 38
46. Ibid., p. 41.
47. Ibid., p. 47.
48. Ibid., pp. 43–44.
49. Rawls, *A Theory of Justice*, pp. 310–15.

50. Ibid., p. 311.
51. Ibid., pp. 311–12.
52. Ibid., pp. 312–13.
53. Ibid., p. 313.
54. 这种对薪酬差异的解释在某些方面类似于我想象中的大学可能会给成功和不成功的申请人寄发信函，解释他们接受或拒绝的理由，见 *Liberalism and the Limits of Justice*, pp. 141–42。
55. 斯坎伦似乎承认，在对待成功和失败的态度处于危险之中的情况下，很难将“正确”与“好”区分开来。见 Scanlon, *Why Does Inequality Matter?*, pp. 29, 32–35。
56. Thomas Nagel, “The Policy of Preference,” *Philosophy & Public Affairs* 2, no. 4 (Summer 1973), reprinted in Nagel, *Mortal Questions* (Cambridge: Cambridge University Press, 1979), p. 104.
57. Rawls, *A Theory of Justice*, p. 102.
58. Richard Arneson, “Rawls, Responsibility, and Distributive Justice,” in Marc Fleurbaey, Maurice Salles, and John Weymark, eds., *Justice, Political Liberalism, and Utilitarianism: Themes from Harsanyi and Rawls* (Cambridge: Cambridge University Press, 2008), p. 80.
59. 运气平等主义一词由伊丽莎白·安德森提出。我对这一学说的讨论得益于伊丽莎白对运气平等主义的有力批评。Elizabeth S. Anderson, “What Is the Point of Equality?,” *Ethics* 109, no. 2 (January 1999), pp. 287–337.
60. Ibid., p. 311.
61. Ibid., pp. 292, 299–96. 关于有司机没有保险的问题，安德森引用了 Eric Rakowski, *Equal Justice* (New York: Oxford University Press, 1991)。
62. Anderson, “What Is the Point of Equality?,” pp. 302–11.
63. Yascha Mounk, *The Age of Responsibility: Luck, Choice, and the Welfare State* (Cambridge, MA: Harvard University Press, 2017), pp. 14–21.
64. Ibid.
65. Ibid., pp. 308, 311.
66. Ronald Dworkin, “What Is Equality? Part 2: Equality of Resources,” *Philosophy & Public Affairs* 10, no. 4 (Autumn 1981), p. 293.
67. Ibid., pp. 297–98.
68. 正如塞缪尔·谢弗勒所观察到的那样，运气平等主义者强调选择与环境之间的区别，这一观点默认了人们确实应该得到他们选择的结果。这意味着运气平等主义赋予“应该得到”（deserve）概念的地位比其支持者所承认的高。Scheffler, “Justice and Desert in Liberal Theory,” California Law Review 88, no. 3 (May 2000), p. 967, n. 2.
69. G. A. Cohen, “On the Currency of Egalitarian Justice,” *Ethics* 99, no. 4 (July 1989), p. 933.
70. Nagel, “The Policy of Preference,” p. 104.

71. Anderson, "What Is the Point of Equality?," p. 325.
72. Joseph Fishkin, *Bottlenecks: A New Theory of Equal Opportunity* (New York: Oxford University Press, 2014), pp. 83–99.
73. Blair quoted in David Kynaston, "The Road to Meritocracy Is Blocked by Private Schools," *The Guardian*, February 22, 2008.
74. Tony Blair, "I Want a Meritocracy, Not Survival of the Fittest," Independent, February 9, 2001: independent.co.uk/voices/commentators/i-want-a-meritocracy-not-survival-of-the-fittest-5365602.html.
75. Michael Young, "Down with Meritocracy," *The Guardian*, June 28, 2001.
76. Ibid.
77. Ibid.

## 6 分类机器

1. Jerome Karabel, *The Chosen: The Hidden History of Admission and Exclusion at Harvard, Yale, and Princeton* (Boston: Houghton Mifflin, 2005), pp. 21–23, 39–76, 232–36.
2. Nicholas Lemann, *The Big Test: The Secret History of the American Meritocracy* (New York: Farrar, Straus and Giroux, 1999), p. 7.
3. Ibid., p. 8.
4. Ibid., pp. 5–6.
5. Ibid.
6. Ibid., p. 28.
7. James Bryant Conant, "Education for a Classless Society: The Jeffersonian Tradition," *The Atlantic*, May 1940, theatlantic.com/past/docs/issues/95sep/ets/edcla.htm. 科南特对特纳关于社会流动性的论述的引用来自 "Contributions of the West to American Democracy," *The Atlantic*, January 1903, reprinted in Frederick Jackson Turner, *The Frontier in American History* (New York: Henry Holt and Co., 1921), p. 266。
8. 关于特纳是第一个使用"社会流动性"这一术语的人，参见 Christopher Lasch, *The Revolt of the Elites and the Betrayal of Democracy* (New York: W. W. Norton, 1995), p. 73。也可见 Lemann, *The Big Test*, p. 48. 查尔斯 · W. 艾略特于 1869—1909 年担任哈佛大学校长，他在 1897 年的论文"The Function of Education in a Democratic Society"中使用了"社会流动性"这一术语，这一点引自 Karabel, *The Chosen*, p. 41。
9. Conant, "Education for a Classless Society."
10. Ibid.
11. Ibid.
12. Ibid.
13. Ibid. Conant quoting Jefferson, *Notes on the State of Virginia* (1784), edited by William Peden (Chapel Hill: University of North Carolina Press, 1954), Queries 14

and 19.

14. Ibid.
15. Thomas Jefferson to John Adams, October 28, 1813, in Lester J. Cappon, ed., *The Adams Jefferson Letters: The Complete Correspondence between Thomas Jefferson and Abigail and John Adams* (Chapel Hill: University of North Carolina Press, 1959).
16. Jefferson, *Notes on the State of Virginia* (1784).
17. Ibid.
18. Conant quoted in Lemann, *The Big Test*, p. 47. 莱曼引用了一本未出版的书中的话，这本书是科南特在 20 世纪 40 年代初写的：James Bryant Conant, *What We Are Fighting to Defend*, unpublished manuscript, in the papers of James B. Conant, Box 30, Harvard University Archives.
19. Karabel, *The Chosen*, p. 152; Lemann, *The Big Test*, p. 59.
20. Karabel, *The Chosen*, pp. 174, 189.
21. Ibid., p. 188.
22. Ibid., pp. 172, 193–97.
23. Andrew H. Delbanco, "What's Happening in Our Colleges: Thoughts on the New Meritocracy," *Proceedings of the American Philosophical Society* 156, no. 3 (September 2012), pp. 306–7.
24. Andre M. Perry, "Students Need More Than an SAT Adversity Score, They Need a Boost in Wealth," *The Hechinger Report*, May 17, 2019, brookings.edu/blog/the-avenue/2019/05/17/students-need-more-than-an-sat-adversity-score-they-need-a-boost-in-wealth/, Figure 1; Zachary A. Goldfarb, "These Four Charts Show How the SAT Favors Rich, Educated Families," *The Washington Post*, March 5, 2014, washingtonpost.com/news/wonk/wp/2014/03/05/these-four-charts-show-how-the-sat-favors-the-rich-educated-families. 美国大学理事会上一次公布按家庭收入划分的 SAT 平均成绩数据是在 2016 年。"College-Bound Seniors, Total Group Profile Report, 2016," secure-media.collegeboard.org/digitalServices/pdf/sat/total-group-2016.pdf, Table 10.
25. Paul Tough, *The Years That Matter Most: How College Makes or Breaks Us* (Boston: Houghton Mifflin Harcourt, 2019), p. 171, 其中引用了导师、考试顾问兼作家詹姆斯·墨菲对 2017 年美国大学理事会数据的未发表分析。
26. Daniel Markovits, *The Meritocracy Trap* (New York: Penguin Press, 2019), p. 133, 其中引用了 Charles Murray, *Coming Apart* (New York: Crown Forum, 2012), p. 60, 后者称，在 2010 年参加 SAT 的即将上大学的高三学生中，87% 的数学和语文考试成绩超过 700 分的学生，其父母中至少有一人拥有本科学历，56% 的学生父母中至少有一人拥有研究生学历。默里（在该书第 363 页）说，这些百分比是大学理事会提供给他的未公布的数据。安东尼·P. 卡内瓦莱和斯蒂芬·J. 罗斯利用 1988 年至 20 世纪 90 年代的数据发现，在所有 SAT

分数超过 1 300 分的学生（前 8%）中，66% 的学生来自社会经济地位较高的家庭（家庭收入和受教育程度最高的那 25%），只有 3% 来自社会经济地位较低的人群（最低的那 25%）。Carnevale and Rose, "Socioeconomic Status, Race/Ethnicity, and Selective College Admission," in Richard B. Kahlenberg, ed., *America's Untapped Resource: Low-Income Students in Higher Education* (New York: Century Foundation, 2004), p. 130, Table 3.14.

27. Douglas Belkin, "The Legitimate World of High-End College Admissions," *The Wall Street Journal*, March 13, 2019, wsj.com/articles/the-legitimate-world-of-high-end-college-admissions-11552506381; Dana Goldstein and Jack Healy, "Inside the Pricey, Totally Legal World of College Consultants," *The New York Times*, March 13, 2019, nytimes.com/2019/03/13/us/admissions-cheating-scandal-consultants.html; James Wellemeyer, "Wealthy Parents Spend up to $10,000 on SAT Prep for Their Kids," *MarketWatch*, July 7, 2019, marketwatch.com/story/some-wealthy-parents-are-dropping-up-to-10000-on-sat-test-prep-for-their-kids-2019-06-21; Markovits, *The Meritocracy Trap*, pp. 128–29.
28. Tough, *The Years that Matter Most*, pp. 86–92.
29. Ibid., pp. 172–82.
30. Ibid.
31. 例如，在普林斯顿大学，2023 届有 56% 的学生自认为是有色人种。见Princeton University Office of Communications, "Princeton Is Pleased to Offer Admission to 1,895 Students for Class of 2023," March 28, 2019, princeton.edu/news/2019/03/28/princeton-pleased-offer-admission-1895-students-class-2023。在哈佛大学，2023 届毕业生的这一比例为 54%，见入学统计：Harvard College Admissions and Financial Aid, college.harvard.edu/admissions/admissions-statistics。其他常春藤联盟高校的比例，见 Amy Kaplan, "A Breakdown of Admission Rates Across the Ivy League for the Class of 2023," *The Daily Pennsylvanian*, April 1, 2019, thedp.com/article/2019/04/ivy-league-admission-rates-penn-cornell-harvard-yale-columbia-dartmouth -brown-princeton.
32. 一项针对 146 所顶尖大学的研究发现，74% 的学生来自社会经济地位排名前 25% 的家庭。Carnevale and Rose, "Socioeconomic Status, Race/Ethnicity, and Selective College Admissions," p. 106, Table 3.1. 对 91 所最具竞争力的高校进行的一项类似研究发现，72% 的学生来自前 25%。Jennifer Giancola and Richard D. Kahlenberg, "True Merit: Ensuring Our Brightest Students Have Access to Our Best Colleges and Universities," Jack Kent Cooke Foundation, January 2016, Figure 1, jkcf.org/research/true-merit-ensuring-our-brightest-students-have-access-to-our-best-colleges-and-universities.
33. Raj Chetty, John N. Friedman, Emmanuel Saez, Nicholas Turner, and Danny Yagan, "Mobility Report Cards: The Role of Colleges in Intergenerational Mobility," NBER Working Paper No. 23618, July 2017, p. 1, opportunityinsights.org/wp-

content/uploads/2018/03/coll_mrc_paper.pdf. See also "Some Colleges Have More Students from the Top 1 Percent Than the Bottom 60. Find Yours," *The New York Times*, January 18, 2017, nytimes.com/interactive/2017/01/18/upshot/some-colleges-have-more-students-from-the-top-1-percent-than-the-bottom-60.html.《纽约时报》在线互动专题利用柴提研究的数据，展示了 2 000 所大学的经济概况。关于耶鲁大学的经济概况，见 nytimes.com/interactive/projects/college-mobility/yale-university; 关于普林斯顿大学的概况，见 nytimes.com/interactive/projects/college-mobility/princeton-university.

34. Chetty et al., "Mobility Report Card," p. 1. 按收入状况列出的大学招生百分比，可见 nytimes.com/interactive/2017/01/18/upshot/some-colleges-have-more-students-from-the-top-1-percent-than-the-bottom-60.html。
35. Jerome Karabel, *The Chosen*, p. 547.
36. Chetty et al., "Mobility Report Cards," and "Mobility Report Cards," Executive Summary, opportunityinsights.org/wp-content/uploads/2018/03/coll_mrc_summary.pdf.
37. Ibid. 哈佛大学和普林斯顿大学的学生社会流动率，见 nytimes.com/interactive/projects/college-mobility/harvard-university, nytimes.com/interactive/projects/college-mobility/princeton-university。
38. Ibid. 密歇根大学和弗吉尼亚大学的学生社会流动率，见 nytimes.com/interactive/projects/college-mobility/university-of-michigan-ann-arbor, nytimes.com/interactive/projects/college-mobility/university-of-virginia。
39. Chetty et al., "Mobility Report Cards," Table IV; Chetty et al., "Mobility Report Cards," Executive Summary, opportunityinsights.org/wp-content/uploads/2018/03/coll_mrc_summary.pdf.
40. Chetty et al., "Mobility Report Cards," Table II.
41. 《纽约时报》在线互动专栏根据柴提等人提供的数据，列出了每所大学中经济地位至少上升 40% 的学生比例。例如，在哈佛大学，11% 的学生上升了 40%；在耶鲁大学，该数字为 10%；普林斯顿大学为 8.7%。见 nytimes.com/interactive/projects/college-mobility/harvard-university; 每所大学的"整体流动性指数"显示了上升 40% 或更多的可能性。
42. 有关余荫录取的一般讨论，见 William G. Bowen, Martin A. Kurzweil, and Eugene M. Tobin, *Equity and Excellence in American Higher Education* (Charlottesville: University of Virginia Press, 2005), pp. 103–8, 167–71; Karabel, *The Chosen: The Hidden History of Admission and Exclusion at Harvard, Yale, and Princeton*, pp. 266–72, 283, 359–63, 506, 550–51; Daniel Golden, *The Price of Admission* (New York: Broadway Books, 2006), pp. 117–44。对"6 倍"的估计出自 Daniel Golden, "How Wealthy Families Manipulate Admissions at Elite Universities," *Town & Country*, November 21, 2016, townandcountrymag.com/society/money-and-power/news/a8718/daniel-golden-college-admission。哈佛余

荫录取的数据来自 2018 年一场诉讼中公开的数据，参见 Peter Arcidiacono, Josh Kinsler, and Tyler Ransom, "Legacy and Athlete Preferences at Harvard," December 6, 2019, pp. 14 and 40 (Table 1), public.econ.duke.edu/~psarcidi/legacyathlete.pdf; and Delano R. Franklin and Samuel W. Zwickel, "Legacy Admit Rate Five Times That of Non-Legacies, Court Docs Show," *The Harvard Crimson*, June 20, 2018, thecrimson.com/article/2018/6/20/admissions-docs-legacy。

43. Daniel Golden, "Many Colleges Bend Rules to Admit Rich Applicants," *The Wall Street Journal*, February 20, 2003, online.wsj.com/public/resources/documents/golden2.htm; see also Golden, *The Price of Admission*, pp. 51–82.
44. 2018 年，针对哈佛大学按平权法案录取发起了诉讼，该诉讼相关文件显示，哈佛大学的 2019 届学生中有超过 10% 是从哈佛大学管理人员维护的捐赠关系申请人名单中录取的。从 2014 届到 2019 届的六年间，被录取的学生中有 9.34% 来自捐赠者附属名单。在这些学生中，有 42% 被录取，这大约是这一时期哈佛大学整体录取率的 7 倍。Delano R. Franklin and Samuel W. Zwickel, "In Admissions, Harvard Favors Those Who Fund It, Internal Emails Show," *The Harvard Crimson*, October 18, 2018, thecrimson.com/article/2018/10/18/day-three-harvard-admissions-trial. 在此期间，哈佛大学的整体录取率约为 6%。Daphne C. Thompson, "Harvard Acceptance Rate Will Continue to Drop, Experts Say," *The Harvard Crimson*, April 16, 2015, thecrimson.com/article/2015/4/16/admissions-downward-trend-experts.
45. Golden, *The Price of Admission*, pp. 147–76.
46. David Leonhardt, "The Admissions Scandal Is Really a Sports Scandal," *The New York Times*, March 13, 2019, nytimes.com/2019/03/13/opinion/college-sports-bribery-admissions.html; Katherine Hatfield, "Let's Lose the Directors' Cup: A Call to End Athletic Recruitment," *The Williams Record*, November 20, 2019, williamsrecord.com/2019/11/lets-lose-the-directors-cup-a-call-to-end-athletic-recruitment.
47. Bowen, Kurzweil, and Tobin, *Equity and Excellence in American Higher Education*, pp. 105–6 (Table 5.1).
48. Tough, *The Years That Matter Most*, pp. 172–82.
49. Daniel Golden, "Bill Would Make Colleges Report Legacies and Early Admissions," *The Wall Street Journal*, October 29, 2003, online.wsj.com/public/resources/documents/golden9.htm; Daniel Markovits, *The Meritocracy Trap* (New York: Penguin Press, 2019), pp. 276–77.
50. 见 Lemann, *The Big Test*, p. 47, 以及上文引自科南特在 20 世纪 40 年代初所写的一本未出版的书的段落（注 18）：James Bryant Conant, *What We Are Fighting to Defend*, 未出版手稿，被收入 James B. Conant, Box 30, Harvard University Archives。
51. John W. Gardner, *Excellence: Can We Be Equal and Excellent Too?* (New York: Harper

& Brothers, 1961), pp. 33, 35–36.

52. Ibid., pp. 65–66.
53. Ibid., pp. 71–72.
54. Ibid., pp. 80–81.
55. Ibid., p. 82.
56. Brewster quoted in Geoffrey Kabaservice, "The Birth of a New Institution," *Yale Alumni Magazine*, December 1999, archives.yalealumnimagazine.com/issues/99_12/admissions.html.
57. Caroline M. Hoxby, "The Changing Selectivity of American Colleges," *Journal of Economic Perspectives* 23, no. 4 (Fall 2009), pp. 95–118.
58. Ibid. 关于大多数大学的高录取率，见 Drew Desilver, "A Majority of U.S. Colleges Admit Most Students Who Apply," Pew Research Center, April 9, 2019, pewresearch.org/fact-tank/2019/04/09/a-majority-of-u-s-colleges-admit-most-students-who-apply/; Alia Wong, "College-Admissions Hysteria Is Not the Norm," *The Atlantic*, April 10, 2019, theatlantic.com/education/archive/2019/04/harvard-uchicago-elite-colleges-are-anomaly/586627.
59. 1972 年，斯坦福大学的录取率为 32%。Doyle McManus, "Report Shows Admission Preference," *Stanford Daily*, October 23, 1973, archives.stanforddaily.com/1973/10/23?page=1&section=MODSMD_ARTICLE4#article; Camryn Pak, "Stanford Admit Rate Falls to Record-Low 4.34% for class of 2023," *Stanford Daily*, December 18, 2019, stanforddaily.com/2019/12/17/stanford-admit-rate-falls-to-record-low-4-34-for-class-of-2023/. 约翰·霍普金斯大学 1988 年的录取率数据来自 Jeffrey J. Selingo, "The Science Behind Selective Colleges," *The Washington Post*, October 13, 2017, washingtonpost.com/news/grade-point/wp/2017/10/13/the-science-behind-selective-colleges/; Meagan Peoples, "University Admits 2,309 Students for the Class of 2023," *Johns Hopkins News-Letter*, March 16, 2019, jhunewsletter.com/article/2019/03/university-admits-2309-students-for-the-class-of-2023。芝加哥大学 1993 年的录取率数据来自 Dennis Rodkin, "College Comeback: The University of Chicago Finds Its Groove," *Chicago Magazine*, March 16, 2001, chicagomag.com/Chicago-Magazine/March-2011/College-Comeback-The-University-of-Chicago-Finds-Its-Groove/; Justin Smith, "Acceptance Rate Drops to Record Low 5.9 Percent for Class of 2023," *The Chicago Maroon*, April 1, 2019, chicagomaroon.com/article/2019/4/1/uchicago-acceptance-rate-drops-record-low。
60. Drew Desilver, "A Majority of U.S. Colleges Admit Most Students Who Apply," Pew Research Center.
61. Hoxby, "The Changing Selectivity of American Colleges."
62. Tough, *The Years That Matter Most*, pp. 138–42, drawing upon Lauren A. Rivera,

*Pedigree: How Elite Students Get Elite Jobs* (Princeton, NJ: Princeton University Press, 2015).

63. Dana Goldstein and Jugal K. Patel, "Extra Time on Tests? It Helps to Have Cash," *The New York Times*, July 30, 2019, nytimes.com/2019/07/30/us/extra-time-504-sat-act.html; Jenny Anderson, "For a Standout College Essay, Applicants Fill Their Summers," *The New York Times*, August 5, 2011, nytimes.com/2011/08/06/nyregion/planning-summer-breaks-with-eye-on-college-essays.html. 关于为大学论文提供暑期经历的领先供应商，请访问 everythingsummer.com/pre-college-and-beyond。
64. "parent, v." OED Online, Oxford University Press, December 2019, oed.com/view/Entry/137819. Accessed January 24, 2020; Claire Cain Miller, "The Relentlessness of Modern Parenting," *The New York Times*, December 25, 2018, nytimes.com/2018/12/25/upshot/the-relentlessness-of-modern-parenting.html.
65. Matthias Doepke and Fabrizio Zilibotti, *Love, Money & Parenting: How Economics Explains the Way We Raise Our Kids* (Princeton, NJ: Princeton University Press, 2019), p. 57.
66. Nancy Gibbs, "Can These Parents Be Saved?," *Time*, November 10, 2009.
67. Doepke and Zilibotti, *Love, Money & Parenting*, pp. 51, 54–58, 67–104.
68. Madeline Levine, *The Price of Privilege: How Parental Pressure and Material Advantage Are Creating a Generation of Disconnected and Unhappy Kids* (New York: HarperCollins, 2006), pp. 5–7.
69. Ibid., pp. 16–17.
70. Ibid.，引用了苏尼娅 · S. 卢瑟的研究。
71. Suniya S. Luthar, Samuel H. Barkin, and Elizabeth J. Crossman, "'I Can, Therefore I Must': Fragility in the Upper Middle Classes," *Development & Psychopathology* 25, November 2013, pp. 1529–49, ncbi.nlm.nih.gov/pubmed/24342854.
72. Ibid., see also Levine, *The Price of Privilege*, pp. 21, 28–29.
73. Laura Krantz, "1-in-5 College Students Say They Thought of Suicide," *The Boston Globe*, September 7, 2018, 报告结果来自 Cindy H. Liu, Courtney Stevens, Sylvia H. M. Wong, Miwa Yasui, and Justin A. Chen, "The Prevalence and Predictors of Mental Health Diagnoses and Suicide Among U.S. College Students: Implications for Addressing Disparities in Service Use," *Depression & Anxiety*, September 6, 2018, doi.org/10.1002/da.22830。
74. Sally C. Curtin and Melonie Heron, "Death Rates Due to Suicide and Homicide Among Persons Aged 10–24: United States, 2000–2017," NCHS Data Brief, No. 352, October 2019, cdc.gov/nchs/data/databriefs/db352-h.pdf.
75. Thomas Curran and Andrew P. Hill, "Perfectionism Is Increasing Over Time: A MetaAnalysis of Birth Cohort Differences from 1989 to 2016," *Psychological*

*Bulletin* 145 (2019), pp. 410–29, apa.org/pubs/journals/releases/bul-bul0000138.pdf; Thomas Curran and Andrew P. Hill, "How Perfectionism Became a Hidden Epidemic Among Young People," *The Conversation*, January 3, 2018, theconversation.com/how-perfectionism-became-a-hidden-epidemic-among-young-people-89405; Sophie McBain, "The New Cult of Perfectionism," *New Statesman*, May 4–10, 2018.

76. Curran and Hill, "Perfectionism Is Increasing Over Time," p. 413.
77. college.harvard.edu/admissions/apply/first-year-applicants/considering-gap-year.
78. Lucy Wang, "Comping Harvard," *The Harvard Crimson*, November 2, 2017, thecrimson.com/article/2017/11/2/comping-harvard/; Jenna M. Wong, "Acing Rejection 10a," *The Harvard Crimson*, October 17, 2017, thecrimson.com/article/2017/10/17/wong-acing-rejection-10a.
79. Wang, "Comping Harvard."
80. Richard Pérez-Peña, "Students Disciplined in Harvard Scandal," *The New York Times*, February 1, 2013, nytimes.com/2013/02/02/education/harvard-forced-dozens-to-leave-in-cheating-scandal.html; Rebecca D. Robbins, "Harvard Investigates 'Unprecedented' Academic Dishonesty Case," *The Harvard Crimson*, August 30, 2012, thecrimson.com/article/2012/8/30/academic-dishonesty-ad-board.
81. Hannah Natanson, "More Than 60 Fall CS50 Enrollees Faced Academic Dishonesty Charges," *The Harvard Crimson*, May 3, 2017, thecrimson.com/article/2017/5/3/cs50-cheating-cases-2017.
82. 约翰·霍普金斯大学在 2014 年取消了余荫录取。Ronald J. Daniels, "Why We Ended Legacy Admissions at Johns Hopkins," *The Atlantic*, January 18, 2020, theatlantic.com/ideas/archive/2020/01/why-we-ended-legacy-admissions-johns-hopkins/605131.
83. 据以计算的数据来源是 Desilver, "A Majority of U.S. Colleges Admit Most Students Who Apply," Pew Research Center。
84. Katharine T. Kinkead, *How an Ivy League College Decides on Admissions* (New York: W. W. Norton, 1961), p. 69.
85. 近几十年来，许多人提出了招生抽签的建议。其中一位是罗伯特·保罗·沃尔夫，他在 1964 年提出将高中生随机分配到大学。Wolff, "The College as Rat-Race: Admissions and Anxieties," *Dissent*, Winter 1964; Barry Schwartz, "Top Colleges Should Select Randomly from a Pool of 'Good Enough,'" *The Chronicle of Higher Education*, February 25, 2005; Peter Stone, "Access to Higher Education by the Luck of the Draw," *Comparative Education Review* 57, August 2013; Lani Guinier, "Admissions Rituals as Political Acts: Guardians at the Gates of Our Democratic Ideals," *Harvard*

*Law Review* 117 (November 2003), pp. 218–19. 有关随机选择的讨论，我受益于 Charles Petersen, "Meritocracy in America, 1930–2000" (PhD dissertation, Harvard University, 2020)。

86. 关于将成绩作为资格门槛的概念，我要感谢在我的本科生研讨会"优绩至上论及其批评者"上与丹尼尔·马科维茨和学生们的一次谈话。
87. Andrew Simon, "These Are the Best Late-Round Picks in Draft History," MLB News, June 8, 2016, mlb.com/news/best-late-round-picks-in-draft-history-c182980276.
88. National Football League draft, 2000, nfl.com/draft/history/fulldraft?season=2000.
89. Petersen 的"Meritocracy in America, 1930–2000"在档案研究的基础上，提出了斯坦福实验的建议。
90. Sarah Waldeck, "A New Tax on Big College and University Endowments Is Sending Higher Education a Message," *The Conversation*, August 27, 2019, theconversation.com/a-new-tax-on-big-college-and-university-endowments-is-sending-higher-education-a-message-120063.
91. 正如上文所讨论的，丹尼尔·马科维茨建议，私立大学捐赠收入的免税地位应以增加学生群体的阶级多样性为条件，理想的做法是扩大招生。Markovits, *The Meritocracy Trap* (New York: Penguin Press, 2019), pp. 277–78.
92. Michael Mitchell, Michael Leachman, and Matt Saenz, "State Higher Education Funding Cuts Have Pushed Costs to Students, Worsened Inequality," Center on Budget and Policy Priorities, October 24, 2019, cbpp.org/research/state-budget-and-tax/state-higher-education-funding-cuts-have-pushed-costs-to-students.
93. Jillian Berman, "State Colleges Receive the Same Amount of Funding from Tuition as from State Governments," *MarketWatch*, March 25, 2017, 引用了克利夫兰联邦储备银行的经济学家彼得·辛里奇斯的分析：marketwatch.com/story/state-colleges-receive-the-same-amount-of-funding-from-tuition-as-from-state-governments-2017-03-24。
94. Andrew Delbanco, *College: What It Was, Is, and Should Be* (Princeton, NJ: Princeton University Press, 2012), p. 114.
95. Budget in Brief,Budget Report 2018–2019, University of Wisconsin–Madison, p. 3, budget.wisc.edu/content/uploads/Budget-in-Brief-2018-19-Revised_web_V2.pdf.
96. "The State of the University: Q&A with President Teresa Sullivan," *Virginia*, Summer 2011, uvamagazine.org/articles/the_state_of_the_university.
97. UT Tuition: Sources of Revenue, tuition.utexas.edu/learn-more/sources-of-revenue. 这些数字不包括来自产生石油和天然气营收的捐赠基金的收入。学杂费所占比例从 1984—1985 年的 5% 上升到 2018—2019 年的 22%。
98. Nigel Chiwaya, "The Five Charts Show How Bad the Student Loan Debt Situation Is," NBC News, April 24, 2019, nbcnews.com/news/us-news/student-

loan-statistics-2019-n997836; Zack Friedman, "Student Loan Debt Statistics in 2020: A Record $1.6 Trillion," *Forbes*, February 3, 2020, forbes.com/sites/zackfriedman/2020/02/03/student-loan-debt-statistics/#d164e05281fe。

99. Isabel Sawhill, *The Forgotten Americans: An Economic Agenda for a Divided Nation* (New Haven, CT: Yale University Press, 2018), p. 114.
100. Ibid.
101. Ibid., pp. 111–113. 数据来自经济合作与发展组织成员国。
102. Ibid., p. 113.
103. 虽然这是个人的、印象主义的观察，但我不是第一个这样做的人。参见 Delbanco, *College: What It Was, Is, and Should Be*; Anthony T. Kronman, *Education's End: Why Our Colleges and Universities Have Given Up on the Meaning of Life* (New Haven, CT: Yale University Press, 2008); William Deresiewicz, *Excellent Sheep: The Miseducation of the American Elite and the Way to a Meaningful Life* (New York: Free Press, 2014)。
104. Michael J. Sandel, *Democracy's Discontent: America in Search of a Public Philosophy* (Cambridge, MA: The Belknap Press of Harvard University Press, 1996), pp. 168–200.
105. Christopher Lasch, *The Revolt of the Elites and the Betrayal of Democracy* (New York: W. W. Norton & Company, 1995), pp. 59–60.
106. Ibid., pp. 55–79.

## 7 认可工作的价值

1. Anne Case and Angus Deaton, *Deaths of Despair and the Future of Capitalism* (Princeton, NJ: Princeton University Press, 2020), p. 51. See also Sawhill, *The Forgotten Americans*, p. 60; Oren Cass, *The Once and Future Worker* (New York: Encounter Books, 2018), pp. 103–4.
2. Case and Deaton, *Deaths of Despair and the Future of Capitalism*, p. 161; Sawhill, *The Forgotten Americans*, p. 86.
3. Sawhill, *The Forgotten Americans*, pp. 140–41; Case and Deaton, *Deaths of Despair and the Future of Capitalism*, p. 152.
4. Sawhill, *The Forgotten Americans*, p. 141.
5. Case and Deaton, *Deaths of Despair and the Future of Capitalism*, p. 7; Sawhill, *The Forgotten Americans*, p. 19.
6. Sawhill, *The Forgotten Americans*, p. 18; Case and Deaton, *Deaths of Despair and the Future of Capitalism*, p. 51. See also Nicholas Eberstadt, *Men Without Work: America's Invisible* Crisis (West Conshohocken, PA: Templeton Press, 2016).
7. Case and Deaton, *Deaths of Despair and the Future of Capitalism*, pp. 2, 37–46; Associated Press, "For 1st Time in 4 Years, U.S. Life Expectancy Rises—a Little,"

*The New York Times*, January 30, 2020, nytimes.com/aponline/2020/01/30/health/ap-us-med-us-life-expectancy-1st-ld-writethru.html; Nicholas D. Kristof and Sheryl WuDunn, *Tightrope: Americans Reaching for Hope* (New York: Alfred A. Knopf, 2020).

8. Case and Deaton, *Deaths of Despair and the Future of Capitalism*.
9. Ibid., pp. 40, 45.
10. Ibid., p. 143.
11. 2016 年，有 6.4 万名美国人死于吸毒过量。数据来自 National Center for Health Statistics of the Centers for Disease Control and Prevention: cdc.gov/nchs/nvss/vsrr/drug-overdose-data.htm。在越南战争中，有 58 220 名美国人丧生，参见 “Vietnam War U.S. Military Fatal Casualty Statistics, National Archives” : archives. gov/research/military/vietnam-war/casualty-statistics。
12. Nicholas Kristof, “The Hidden Depression Trump Isn’t Helping,” *The New York Times*, February 8, 2020, nytimes.com/2020/02/08/opinion/sunday/trump-economy.html. See also Kristof and WuDunn, *Tightrope*, p. 10.
13. Case and Deaton, *Deaths of Despair and the Future of Capitalism*, p. 3.
14. Ibid., p. 57.
15. Ibid., pp. 57–58.
16. Ibid., pp. 133, 146.
17. Ibid., p. 3.
18. Michael Young, “Down with Meritocracy,” *The Guardian*, June 28, 2001, theguardian.com/politics/2001/jun/29/comment.
19. John W. Gardner, *Excellence: Can We Be Equal and Excellent Too?*, p. 66.
20. Jeff Guo, “Death Predicts Whether People Vote for Donald Trump,” *The Washington Post*, March 4, 2016, washingtonpost.com/news/wonk/wp/2016/03/04/death-predicts-whether-people-vote-for-donald-trump.
21. Richard Butsch, “Ralph, Fred, Archie and Homer: Why Television Keeps Re-creating the White Male Working Class Buffoon,” in Gail Dines and Jean Humez, eds., *Gender, Race and Class in Media: A Text-Reader*, 2nd ed. (Thousand Oaks, CA: Sage, 2003), pp. 575–85; Jessica Troilo, “Stay Tuned: Portrayals of Fatherhood to Come,” *Psychology of Popular Media Culture* 6, no. 1 (2017), pp. 82–94; Erica Scharrer, “From Wise to Foolish: The Portrayal of the Sitcom Father, 1950s–1990s,” *Journal of Broadcasting & Electronic Media* 45, no. 1 (2001), pp. 23–40.
22. Joan C. Williams, *White Working Class: Overcoming Class Cluelessness in America* (Boston: Harvard Business Review Press, 2017)
23. Joan C. Williams, “The Dumb Politics of Elite Condescension,” *The New York Times*, May 27, 2017, nytimes.com/2017/05/27/opinion/sunday/the-dumb-politics-of-elite-condescension.html.

24. Joan C. Williams, "What So Many People Don't Get About the U.S. Working Class," *Harvard Business Review*, November 10, 2016, hbr.org/2016/11/what-so-many-people-dont-get-about-the-u-s-working-class.
25. Barbara Ehrenreich, "Dead, White, and Blue," TomDispatch.com, December 1, 2015, tom dispatch.com/post/176075/tomgram:_barbara_ehrenreich,_america_to_working_class_whites:_drop_dead!/; the W. E. B. Du Bois quote is from *Black Reconstruction in America* (1935).
26. Barbara Ehrenreich, "Dead, White, and Blue."
27. Katherine J. Cramer, *The Politics of Resentment: Rural Consciousness in Wisconsin and the Rise of Scott Walker* (Chicago: The University of Chicago Press, 2016).
28. Katherine J. Cramer, "For Years, I've Been Watching Anti-Elite Fury Build in Wisconsin. Then Came Trump," *Vox*, November 16, 2016, vox.com/the-big-idea/2016/11/16/13645116/rural-resentment-elites-trump.
29. Arlie Russell Hochschild, *Strangers in Their Own Land: Anger and Mourning on the American Right* (New York: The New Press, 2016), p. 135.
30. Ibid., p. 141.
31. Ibid., pp. 136–40.
32. Ibid., p. 144.
33. 作者在美国总统项目在线档案中检索 "dignity of labor"（工作的尊严）：presidency.ucsb.edu/advanced-search。
34. Jenna Johnson, "The Trailer: Why Democrats Are Preaching About 'the Dignity of Work,'" *The Washington Post*, February 21, 2019, washingtonpost.com/politics/paloma/the-trailer/2019/02/21/the-trailer-why-democrats-are-preaching-about-the-dignity-of-work/5c6ed0181b326b71858c6bff/; Sarah Jones, "Joe Biden Should Retire the Phrase 'Dignity of Work,'" *New York*, May 1, 2019, nymag.com/intelligencer/2019/05/joe-biden-should-retire-the-phrase-dignity-of-work.html; Marco Rubio, "America Needs to Restore the Dignity of Work," *The Atlantic*, December 13, 2018, theatlantic.com/ideas/archive/2018/12/help-working-class-voters-us-must-value-work/578032/; Sherrod Brown, "When Work Loses Its Dignity," *The New York Times*, November 17, 2016, nytimes.com/2016/11/17/opinion/when-work-loses-its-dignity.html; Arthur Delaney and Maxwell Strachan, "Sherrod Brown Wants to Reclaim 'The Dignity of Work' from Republicans," *Huffington Post*, February 27, 2019, dignityofwork.com/news/in-the-news/huffpost-sherrod-brown-wants-to-reclaim-the-dignity-of-work-from-republicans/; Tal Axelrod, "Brown, Rubio Trade Barbs over 'Dignity of Work' as Brown Mulls Presidential Bid," *The Hill*, February 22, 2019, thehill.com/homenews/campaign/431152-brown-and-rubio-trade-barbs-over-dignity-of-work-as-brown-mulls.

35. 农业部长桑尼·珀杜的话引自 Johnson, "Why Democrats Are Preaching about 'The Dignity of Work'"; Donald J. Trump, "Remarks on Tax Reform Legislation," December 13, 2017, the American Presidency Project, presidency.ucsb.edu/node/331762; 关于减税的分配效果，可见 Danielle Kurtzleben, "Charts: See How Much of GOP Tax Cuts Will Go to the Middle Class," NPR, December 19, 2017, npr.org/2017/12/19/571754894/charts-see-how-much-of-gop-tax-cuts-will-go-to-the-middle-class。
36. Robert F. Kennedy, Press Release, Los Angeles, May 19, 1968, in Edwin O. Guthman and C. Richard Allen, eds., *RFK: Collected Speeches* (New York: Viking, 1993), p. 385.
37. 对分配正义的讨论，参见 Paul Gomberg, "Why Distributive Justice Is Impossible but Contributive Justice Would Work," *Science & Society* 80, no. 1 (January 2016), pp. 31–55。Andrew Sayer, "Contributive Justice and Meaningful Work," *Res Publica* 15, 2009, pp. 1–16; Cristian Timmermann, "Contributive Justice: An Exploration of a Wider Provision of Meaningful Work," *Social Justice Research* 31, no. 1, pp. 85–111; and United States Conference of Catholic Bishops, "Economic Justice for All: Pastoral Letter on Catholic Social Teaching and the U.S. Economy," 1986, p. 17, usccb.org/upload/economic_justice_for_all.pdf.
38. 对公民政治观与消费主义政治观的更详细对比，参见 Sandel, *Democracy's Discontent*, pp. 4–7, 124–67, 201–49; Sandel, *Justice: What's the Right Thing to Do?* (New York: Farrar, Straus and Giroux, 2009), pp. 192–99。
39. Adam Smith, *The Wealth of Nations*, Book IV, Chapter 8 (1776; reprint, New York: Modern Library, 1994), p. 715.
40. John Maynard Keynes, *The General Theory of Employment, Interest, and Money* (1936; reprint, London: Macmillan, St. Martin's Press, 1973), p. 104.
41. Sandel, *Democracy's Discontent*, pp. 124–200.
42. 我描述了这一转变，ibid., pp. 250–315。
43. Martin Luther King, Jr., March 18, 1968, Memphis, Tennessee, kinginstitute. stanford.edu/king-papers/publications/autobiography-martin-luther-king-jr-contents/chapter-31-poor-peoples.
44. John Paul II, *On Human Work* (Encyclical Laborem Exercens), September 14, 1981, vatican.va/content/john-paul-ii/en/encyclicals/documents/hf_jp-ii_enc_14091981_laborem-exercens.html, sections 9 and 10.
45. United States Conference of Catholic Bishops, "Economic Justice for All: Pastoral Letter on Catholic Social Teaching and the U.S. Economy," 1986, p. 17, usccb.org/upload/economic_justice_for_all.pdf.
46. Axel Honneth, "Recognition or Redistribution? Changing Perspectives on the Moral Order of Society," *Theory, Culture & Society* 18, issue 2–3 (2001), pp. 43–55.

47. Axel Honneth, "Work and Recognition: A Redefinition," in Hans-Christoph Schmidt am Busch and Christopher F. Zurn, eds., *The Philosophy of Recognition: Historical and Contemporary Perspectives* (Lanham, MD: Lexington Books, 2010), pp. 229–33. For the relevant passages in Hegel, see G. W. F. Hegel, *Elements of the Philosophy of Right*, edited by Allen W. Wood, translated by H. B. Nisbet (Cambridge: Cambridge University Press, 1991), paragraphs 199–201, 207, 235–56 (Wood edition, pp. 233–34, 238–39, 261–74). See also Nicholas H. Smith and Jean-Philippe Deranty, eds., *New Philosophies of Labour: Work and the Social Bond* (Leiden, NL: Brill, 2012), and Adam Adatto Sandel, "Putting Work in Its Place," *American Affairs* 1, no. 1 (Spring 2017), pp. 152– 62, americanaffairsjournal.org/2017/02/putting-work-place. 我对黑格尔的工作概念的理解得益于与亚当·桑德尔的讨论。
48. Axel Honneth, "Work and Recognition," pp. 234–36. See Émile Durkheim, *The Division of Labor in Society* (1902), edited by Steven Lukes, translated by W. D. Halls (New York: Free Press, 2014).
49. Robert F. Kennedy, Press Release, Los Angeles, May 19, 1968, in Guthman and Allen, eds., *RFK: Collected Speeches*, pp. 385–86.
50. Oren Cass, *The Once and Future Worker: A Vision for the Renewal of Work in America* (New York: Encounter Books, 2018).
51. Ibid., pp. 161–74. 关于工资补贴的想法，也可参见 Daniel Markovits, *The Meritocracy Trap*, pp. 282–83。
52. Peter S. Goodman, "The Nordic Way to Economic Rescue," *The New York Times*, March 28, 2020, nytimes.com/2020/03/28/business/nordic-way-economic-rescue-virus.html; Richard Partington, "UK Government to Pay 80% of Wages for Those Not Working in Coronavirus Crisis," *The Guardian*, March 20, 2020, theguardian.com/uk-news/2020/mar/20/government-pay-wages-jobs-coronavirus-rishi-sunak; Emmanuel Saez and Gabriel Zucman, "Jobs Aren't Being Destroyed This Fast Elsewhere. Why Is That?," *The New York Times*, March 30, 2020, nytimes.com/2020/03/30/opinion/coronavirus-economy-saez-zucman.html.
53. Oren Cass, *The Once and Future Worker*, pp. 79–99.
54. Ibid., pp. 115–39.
55. Ibid., pp. 25–28, 210–12.
56. Ibid., pp. 26, 211–12.
57. Robin Greenwood and David Scharfstein, "The Growth of Finance," *Journal of Economic Perspectives* 27, no. 2 (Spring 2013), pp. 3–5, pubs.aeaweb.org/doi/pdfplus/10.1257/jep.27.2.3, citing Thomas Philippon and Ariell Reshef, "Wages and Human Capital in the U.S. Financial Industry: 1909–2006," NBER Working Paper 14644 (2009) on financial service earnings; Adair Turner, *Between Debt*

*and the Devil: Money, Credit, and Fixing Global Finance* (Princeton, NJ: Princeton University Press, 2016), pp. 1, 7, 19–21; See also Greta R. Krippner, *Capitalizing on Crisis: The Political Origins of the Rise of Finance* (Cambridge, MA: Harvard University Press, 2011), p. 28.

58. Rana Foroohar, *Makers and Takers: The Rise of Finance and the Fall of American Business* (New York: Crown Business, 2016); Adair Turner, *Economics After the Crisis: Objectives and Means* (Cambridge, MA: MIT Press, 2012), pp. 35–55; J. Bradford Delong, "Starving the Squid," Project Syndicate, June 28, 2013, project-syndicate.org/commentary/time-to-bypass-modern-finance-by-j-bradford-delong.
59. Adair Turner, "What Do Banks Do? Why Do Credit Booms and Busts Occur and What Can Public Policy Do About It?" in *The Future of Finance: The LSE Report*, London School of Economics (2010), harr123et.wordpress.com/download-version.
60. Michael Lewis, *Flash Boys: A Wall Street Revolt* (New York: W. W. Norton & Company, 2015), pp. 7–22.
61. James Tobin, "On the Efficiency of the Financial System," *Lloyds Bank Review*, July 1984, p. 14, cited in Foroohar, *Makers and Takers*, pp. 53–54.
62. Foroohar, *Makers and Takers*, p. 7.
63. Warren E. Buffett, "Stop Coddling the Super-Rich," *The New York Times*, August 14, 2011, nytimes.com/2011/08/15/opinion/stop-coddling-the-super-rich.html.
64. 瑞安后来修正了他的陈述。See Paul Ryan, "A Better Way Up from Poverty," *The Wall Street Journal*, August 15, 2014, wsj.com/articles/paul-ryan-a-better-way-up-from-poverty-1408141154?mod=article_inline。Greg Sargent, "Paul Ryan Regrets That 'Makers and Takers' Stuff. Sort of, Anyway," *The Washington Post*, March 23, 2016, washingtonpost.com/blogs/plum-line/wp/2016/03/23/paul-ryan-regrets-that-makers-and-takers-stuff-sort-of-anyway.
65. Rona Foroohar, *Makers and Takers*, p. 13.
66. Ibid., p. 277.

## 结语 优绩与公共利益

1. Howard Bryant, *The Last Hero: A Life of Henry Aaron* (New York: Pantheon Books, 2010), p p. 23 – 27.
2. Ibid., p. 25.
3. R. H. Tawney, *Equality* (1931, reprint ed., London: Unwin Books, 1964).
4. Ibid.
5. James Truslow Adams, *The Epic of America* (Garden City, NY: Blue Ribbon Books, 1931), p. 404.

6. Ibid.
7. Ibid., pp. 414–15.
8. Ibid., p. 415.
9. 本段来自 Michael J. Sandel, *What Money Can't Buy: The Moral Limits of Markets* (New York: Farrar, Straus and Giroux, 2009), p. 203。

# 译后记

近些年来，美国在经济持续繁荣的形势下，其政治、社会与文化陷入了严重的分裂。大多数人是从经济政策、经济制度乃至经济环境变迁的角度来追溯该现象的源头的，而桑德尔这本书另辟蹊径，从公共哲学及由公共哲学塑造的管理体制来探究肇始。

主流政治人物及媒体无法理解政治怨恨何以弥漫，以为给这些政治怨恨贴上民粹主义、仇外主义之类的标签就能解释清楚。美国政治、社会与文化的严重分裂，首先表现为美国社会不同群体在全球化经济中赢家与输家的分裂。赢家与输家的全面分裂，固然有经济上的原因，也有政治、文化及制度安排方面的原因，按照桑德尔的梳理，优绩至上主义在其中扮演了关键性的角色。优绩至上思维深入人心，人们总以为问题在于没有真正做到优绩至上，而很少有人想到优绩至上原则自身具有重大缺陷。

优绩至上主义的核心是信奉自己的命运靠自己创造，自己的选择带来的后果应完全由自己承担。按照桑德尔的追溯，优绩至上主义的观念，无论在基督教传统中，还是在中国儒家传统中，其实都起源甚早，只是到近几十年才占据了主导地位。吊诡的是，优绩至上主义相比世袭等级制度，已经是巨大的进步，但桑德尔引用了英国社会学家迈克尔·扬在 20 世纪 60 年代就已做出的预言：优绩至上的逻辑会助长赢家的狂妄自大，加重失败者的屈辱，导致社会不和谐。迈克尔·扬当初并未预料到近几十年的市场全球化扩张方式，赢家与输家的分裂方式可能因全球化的进程而有所不同，但优绩至上的逻辑本身倾向于带来赢家与输家的分裂，这是确定无疑的。

优绩至上主义允诺了美好的愿景——每个人都能凭自己的天分和努力争取成功，但是，它也容易给在竞争中失利的人带来沉重的羞辱——自己失利是由于自己无能。优绩至上主义要求没有走上成功道路的人为自己的失利负责，削弱了精英设身处地理解弱者的能力，也削弱了整个社会同呼吸共命运的情感联结。

基督教传统中历来就存在对命运的两种不同的解释：一种是天命论，即完全由上帝决定人的命运；一种是自力论，即完全由自己的作为与天分决定命运。二者在基督教传统中一直此消彼长，但到了最近几十年，成功神学把天命论与自力论的优绩至上主义融为一体，尽管世俗的自由主义与成功神学有异曲同工之妙，也同样把天命论与优绩至上主义糅合，但更为常见的优绩至上主义已沛然成为主流话语。然而，优绩至上话语日益盛行之际，正是美国社会分裂加剧之时。优绩至上主义削弱社会的团结，营造文凭主义偏见，损害普通劳动者的尊严，激发了遭受贬损的阶层对精英群体的愤恨，加深了社会对立。

桑德尔着重分析了优绩至上思维在政治、教育、工作三个领域的表现。第一，在政治上，主流政治人物和政党完全没有想到优绩至上主义自身就是政治、社会与文化分裂的渊源之一。面对经济社会问题，从优绩至上主义的角度提出的解决方案，总想将高等教育作为解决不平等的手段，这不仅无力解决问题，反而还深化了问题。“一门心思想将更广泛地实施高等教育作为解决普通劳动者职位不保的办法”，吟诵“只要你努力，你就能成功”的咒语，一方面忽视了绝大多数没有大学文凭的普通劳动者的劳动价值，另一方面对真正的劳动贡献缺乏理解。优绩至上在政治上的恶果，表现为传统左翼政党逐步信奉优绩至上，结果逐渐背离了历来的社会基础——普通劳动者阶层，把这一阶层推向了民粹主义。第二，在教育领域，优绩至上主义逐步把教育设计成了分类机器，年轻人不断接受分类、筛选、排名，教育逐步异化，分类与争先取代了教育中的教与学，大学——尤其是名牌大学的教育功能在衰减，而资格认证功能则不断膨胀。基础教育中的激烈竞争也让优胜者付出了极为残酷的代价，优胜者身心俱疲，被筛选掉的人则蒙受羞辱，陷入沮丧和无力感。优绩至上的教育分类机制并未带来预想中的社会流动性，却在实质上把教育成就与社会价值捆绑在一起。文凭主义由此对共同的公民生活带来严重的破坏性后果。大学文凭，尤其是名牌大学的文凭，成了精英资格的门槛。高等院校投放极大的精力在分类竞争上，反而削弱了其本职所在——教育职能。第三，优绩至上预设的成功伦理，把人区分为成功者与失败者。优绩至上的逻辑直接贬损普通劳动者，判定普通劳动者对公共利益的贡献价值更小，相应地把对普通劳动者的贬低正当化了。优绩至上的思维鼓励了羞辱普通劳动者的文化，下层阶级的焦虑与抱怨只得到了精英阶层的嘲弄与漠视。十多年来，普通劳动者“绝望而死”的比例大幅上升，反映了优绩至上逻辑剥夺就业市场失利者尊严的黑暗后果。桑德尔顺带批评了自由市场自由主义和福利制度自由主义，认为这两种自由主义观念都未能有效消除优绩至上主义给精英阶层带来的道德自负。

桑德尔分别从政治、教育、工作三个领域提出了扭转优绩暴政的具体设想。这些设想尽管不无道理，但总显得未能切中肯綮。桑德尔的这本书，从始至终关注精英的傲慢。桑德尔认为要克服精英的傲慢，就需要精英意识到自己的成功有运气、偶然性之类的因素。这一论断可能说服力有限，精英即使意识到自己的成功在很大程度上是运气所致，也照样可以表现得傲慢，就像当年的世袭贵族可以表面谦虚，实质上还是傲慢的。要克服精英阶层与普通劳动者阶层的分裂，核心还是要维护精英阶层与普通劳动者的一体感，也就是说，优绩至上问题的核心不是精英的态度傲慢，而是精英阶层在情感上脱离大众，这又与他们的生活经历脱离大众有很大关系。按照桑德尔也多次引用的皮凯蒂的《21 世纪资本论》，社会贫富差距增大几乎是社会的惯常趋势；20 世纪上半叶贫富差距的大幅缩小，在很大程度上是由于大规模战争对富裕阶层财富的破坏，而二战后，贫富差距被控制在相当温和的程度内，则拜战后经济高速增长所赐。在和平年代，恐怕需要政治上的极大勇气与魄力才能对这个问题采取相应措施。

2004 年，我在追溯欧美共和主义思想传统时接触了迈克尔·桑德尔的大作《民主的不满》。该书梳理了美国的公共哲学传统，力陈在自由主义思想传统之外，美国共和主义的思想传统其实更为源远流长，相比之下，自由主义反而是近期才得以在美国公共话语中占据主流地位的。桑德尔在这本书中反复辨析共和主义思想在宗教信仰自由、言论自由、隐私、家庭法、经济制度的公民后果这些方面的看法与自由主义观念存在重大差异，重申共和主义思想依然具有合理性，为当代人思考这些主题提供重要参考。该书得到读者广泛关注，2008 年以来，其中文译本前后印刷了三次。

2020 年 11 月，周奥扬编辑找到我，说桑德尔教授的新书 *The Tyranny of Merit* 受到广泛关注，中信出版社计划出版该书的中文译本，问我是否有时间翻译该书。我大致看了一下该书内容，觉得挺有意思，值得翻译出来给没有时间仔细阅读原著的读者参考。中信出版社在译著出版上已经树立了很好的声誉，也积累了相当出色的经验。在正式确认翻译合同之前，周编辑发过来一份有关翻译工作的完整说明，其中专门指出，“译文应符合中国读者的阅读习惯，避免生硬直译。可适当拆分长难句。对于过于简短的原文语句，可酌情增加翻译词语以使译文更易被理解”，这一规则也非常符合本人的想法。

为了译本的完善，周奥扬编辑付出的心血超出我的预期。之前参加翻译工作，我很少看到编辑对译本的具体翻译语句提出可供商榷的详细建议。本书译稿分三个批次提交，周编辑对每个批次的每个篇章都回复了修改建议，对其中一些句子或词语的翻译做出批注，或是提出改进建议，抑或是询问能否调整。另外，首都师范大学的朱慧玲教授曾赴哈佛大学访学，就如何理解这本书的一些重要概念亲自向桑德尔教授请教，这本书中“merit”等关键概念的翻译，也受益于与朱慧玲教授的讨论。

上海财经大学公共经济与管理学院的2019级财政学与2017级投资学专业的学生当时正在上我开设的《政治学》课程，得知我正在翻译本书，一些同学很有兴趣参与。其中，2017级投资学专业的龚志强和薛宗岳一起负责翻译了这本书的第2章"'因践行善德而伟大'：优绩的道德简史"的初稿，2019级财政学专业的许嘉晖和王英建一起翻译了这本书的第7章"认可工作的价值"的初稿，2019级财政学专业的梁书宁和李沐泽一起翻译了这本书的注释初稿。这六位同学又分别通读了本书译稿全文，检查可能存在的漏译、笔误、翻译不当、语句不通顺等问题，龚志强和薛宗岳两位同学特别用心，提出的很多建议得到了采纳。在此感谢这六位同学的热心参与。

最后，我想特别表示对思果先生的敬意。本人在翻译桑德尔《民主的不满》一书时接触了思果先生的《翻译研究》《翻译新究》，大为惊异。思果先生力主"翻译要像中文"的翻译原则，两书细致总结各种翻译错误及失当，说明各种常见的翻译有何不妥，并指出了改进的方法。对照之下，我惭愧地发现，自己之前参与翻译，有相当多的坑都踩过，若不是看到思果先生的辨析，我还会继续把各种"硬译"作为理所当然的标准翻译。在翻译这本书的过程中，我也不时翻阅《翻译研究》《翻译新究》二书，不敢说追求多出色的翻译水平，务求尽量避免思果先生指陈的各种谬误。

思果先生说过，即使对于自己觉得翻译好了的稿子，再重新阅读一遍，也总免不了发现还有些不尽妥当之处。每次翻译完一本书，要将其交付给出版社时，我一方面会期待读者看到我费心琢磨的作品，能从阅读中获得享受，对翻译予以认可，另一方面却又惴惴不安，知道总有不少地方颇有可议之处。如果读者朋友发现这本书的翻译存在应该纠正的地方，恳请来邮告知，所有的批评与建议都是我进步的助力！译者信箱：zengjmao@mail.shufe.edu.cn。

曾纪茂

2021 年 2 月 26 日于凤凰楼